복지국가와 기본소득

논쟁과 전략의 탐색

복지국가와 기본소득

논쟁과 전략의 탐색

이명현

경북대학교출판부

이명현

현 경북대학교 사회복지학과 교수

일본사회사업대학/부산대학교 행정학 박사

주로 사회복지 정책 및 제도를 연구해 왔다. 최근 관심 분야는 최저소득보장과 기본소득, 권리 옹호
와 성년 후견, 돌봄 윤리와 복지국가이다. 주요 논문으로 「시민권과 기본소득」, 「한국에서의 기본소
득 도입을 위한 우선순위 설정에 관한 연구」, 「영국 성년후견법을 통해 본 복지사회 구상」 등이 있다.

복지국가와 기본소득
논쟁과 전략의 탐색

초판 1쇄 2014년 2월 28일 | **초판 5쇄** 2018년 1월 9일

지은이 이명현 | **펴낸이** 김상동 | **펴낸 곳** 경북대학교출판부

출판등록 1973년 10월 10일 ⓐ97호 | **주소** 대구광역시 북구 대학로 80

전화 053-950-6741~3 | **팩스** 053-953-4692

이메일 press@knu.ac.kr | **홈페이지** http://knupress.com

ISBN 978-89-7180-390-5 93330

복지국가는 사람들의 복지를 실현하는 데에 최적의 국가 시스템인가? 복지국가 이상으로 국민들의 행복을 담보할 수 있는 대안적 복지 체제는 불가능한가? 이 책은 사회복지에 관심을 가진 사람이라면 누군가 한 번쯤은 생각할 수 있는 단순한 물음에서 시작되었다. 전 세계적으로 영원히 번영할 것처럼 보이던 20세기 복지국가는 1980년대 이후 쇠퇴하면서 민간·시장·노동을 강조하는 복지의 재구조화를 맞이하였다. 하지만 경쟁과 개인책임이 강조되는 개혁은 소득격차 확대나 서민생활 파탄을 불러와 복지국가 성격을 둘러싼 논쟁을 불러일으켰다.

특히 세계적인 금융위기를 통한 지구적 규모의 일자리 감소와 빈곤 확대로 워크페어 중심의 신자유주의적 복지국가 노선은 근본적인 전환을 요구받고 있다. 그 배경에는 사회보장과 고용보장이 현저히 후퇴하고 있는 복지국가 자본주의의 현실이 있다. 복지국가는 모든 국민의 인간다운 생활과 행복을 추구하는 제도와 법, 서비스의 결정판으로서 국가 및 지역사회의 발전과 주민 행복을 향상시켜 사회 통합을 가능하게 해야 한다. 그러기 위해서는 인간의 자유를 보호하면서 생존의 권리도 보장할 수 있는 가치를 충실히 반영하는 복지 체제가 되어야 할 것이다.

이 저서는 자유와 생존이라는 복지의 근원적 문제를 중심으로 복지국가 대안으로 주목받고 있는 기본소득 구상을 둘러싼 논쟁을 고찰하는 것이 목적이다. 하지만 기본소득이 완성된 사례가 없으므로, 그 내용은 실증적 분석을 통한 수치 검증이 말해 주는 복지의 세계가 아니라, 일어날 수 있는 가능성을 두고 상상해 보는 사고 실험에 가깝다. 여기에서 얻은 함의를 바탕으로 우리나라 복지국가의 미래와 관련하여 기본소득 관련 쟁점들이 어떤 소재와 전략을 제공할 수 있는지 예측해 볼 수 있을 것이다.

기본소득 구상에 대한 관심은 에스핑 앤더슨(Esping-Andersen)이 말하는 북유럽의 사회민주주의적 복지국가 모델의 전통 속에서, 특히 1980년대 이후에 높아져 계속적으로 성장해 왔다. 전후 자본주의의 고도성장기가 위기를 맞이하게 된 시점에서 시장의 경쟁을 되살리고 다양한 분야의 규제를 완화하는 신자유주의가 지배적 정책조류가 되었다. 하지만 자본주의의 유력한 대안이라 간주되던 소련형 사회주의는 경제적 실패와 과도한 관료주의, 비민주성 등으로 자유로운 사회를 희망하는 사람들에게 실망과 반감을 불러일으켜 실패하였다. 신자유주의적 정책 조류는 현대 자본주의의 정보기술을 기반으로 다국적 기업을 추진하였고, 특히 여성의 저임금 노동을 다양한 비정규 고용형태를 통해 대량으로 동원하면서 노동조합을 약화시켰다. 가족이나 가정의 역할도 변용시켜 왔으며 개인주의적 근로와 생활 및 소비 스타일을 강화하는 데에 경제적 기반을 두어 왔다. 그러나 이 과정에서 새로운 리스크가 발생하였고 여성 인력의 대량 동원에 따른 아동이나 노인의 돌봄을 둘러싼 사회문제가 심각해졌다. 정규직 노동자를 중심으로 했던 노동조합도, 가족 단위의 사회보장제도뿐만 아니라 가족의 사적 부양에 의해서도 새로운 리스크에 충분히 대응하지 못했다. 특히 여성들은 사회적 보상도 없이 가사 노동의 대부분을 담당하는 데 따른 부담이 심해지고, 시장 노동에서도 비정규직과 같은 불완전 근로형태에 시달리고 있다. 대학 등록금 부담이 늘어나면서 적절한 취업 기회가 충분히 제공되지 않은 채 생활기반을 마련하기 위해 고민하는 청년들이 증가하고 있고, 이들이 정규직 노동과 자유로운 여가시간을 확보하기는 더 어려워지고 있다. 이처럼 복지국가의 위기에 대응하기 위한 자본주의의 재편 과정에서 사회적 책임보다는 개인주의적 자율에 맡겨서 대응하려는 요구가 더욱 커졌다. 노동과 여가의 구분이 개인에 따라 차이가 생기고 각자 선택 가능한 삶의 방식이 파편화되면서 과거의 사회보장제도와 가족관계, 노동조합으로도 쉽게 대응할 수 없는 생활불안이 누적되고 있는 위기 상황에서 기본소득이 새로운 대안으로서 기대를 받고 있는 것이다.

기본소득 구상은 과거의 사회제도 개혁안에 머무르지 않는다. 신자유주의에 친화적인 자유주의자도 포함하여 개인의 자유를 확대하는 방안으로서 자본주의를 전제로 하는 사회민주주의를 재생하여 민주적 사회주의로의 길까지 전망할 수 있다. 예를 들어, 피츠패트릭(Fitzpatrick, 1999)은 기본소득 구상이 급진우파와 복지집합주의, 사회주의, 여성주의, 생태주의 등 다양한 이데올로기로부터 지지받고 있는 현실을 바탕으로 각각의 이데올로기적 관점에서 이 구상에 기대하는 상이한 역할들에 대해 검토하고 있다. 하트와 네그리(Hardt & Negri, 2000), 글린(Glyn, 2006) 등이 기본소득을 지지하는 것은 사회주의의 미래로서 기대를 걸고 싶기 때문일 것이다.

이처럼 자본주의 시장경제의 구조를 당연한 전제로 하면서, 복지국가의 결함을 바로잡고 개혁하는 대안적 구상으로서만 기본소득을 논의할 수 있는 것은 아니다. 하지만 소득보장에 초점을 두고 보편적인 방식으로 소득을 이전하기 위한 대안적 수단으로 이해할 수도 있다. 직접적인 소득이전은 사회보험과 공공부조, 무조건 급여로 구분할 수 있는데, 기본소득은 무조건 급여에 해당하기 때문이다. 사회보험과 공공부조는 누구에게나 급여되지 않지만 기본소득은 그 반대이다. 따라서 현행 복지국가의 주축을 이루는 사회보장제도와는 근본적으로 다른 가치와 방향을 설정하고 있다.

오늘날과 같이 불확실한 사회·경제적 환경에서 복지국가 성립의 최저한의 목적은 모든 사람에게 충분한 기본소득을 보장하는 것이 아닐까? 물론 앞으로 전개될 기본소득과 관련된 논쟁 속에는 다양한 반론적 시각도 제기될 것이다. 잠재능력이 되었든, 가장 불리한 사람들의 상태를 최대화하려는 것이든, 반드시 그들에게 기본적으로 필요한 수준을 보장하는 것이 아니라는 지적은 아직 이 구상의 미성숙을 보여 주는 한계일 수 있다. 가장 불리한 사람들의 상태를 최대화하는 데에는 다른 사람들의 사적인 선호, 어느 정도 일하고 소득을 얻고 싶은지, 어느 정도 여가를 유보하고 싶은지와 관련하여 다양한 선호의 문제가 실제로 개입되어 있기 때문이다. 따라서 기본적인 수준을 외적으로 어떻게 해서든 확정하는 것이 중요하다. 경우에 따라서는 그 수준을 인상함에도 불구하고 사람들은 받는 혜택이 많아질수록 요구가 높아지는 것을 당연하게 받아들일 수도 있다. 오히려 요구를 개개인이 자제하는 것이 더 중요하다는 지적도 있을 수 있다. 이런 문제까지 고려하여 재구성한다면, 기본소득 구상은 소득이전 프로그램을 넘어 재분배가 필요 없는 복지국가를 꿈꾸는 이상적인 대안이 될 수 있다.

이 책은 전체 2부로 구성되어 있다. 제1부는 총 네 장이다. 먼저 제1장에서 복지국가의 변화와 기본소득의 정책적 필요성을 중심으로 풀어 가고자 한다. 제2장에서는 워크페어와 사회신용론을 중심으로 복지국가 개혁 논의를 검토하고 기본소득 구상과 비교해 볼 것이다. 제3장에서는 기본소득의 원리와 계보를 살펴볼 것이다. 철학적 기반으로서 실질적 자유, 민주주의, 호혜성, 리스크 매니지먼트의 관계를 중심으로 기본소득이 더 설득력이 있다는 것을 부각시킬 것이다. 제4장 '비판과 옹호'에서는 노동 문제, 공정성, 빈곤함정과 포착률 등과 관련된 기본소득 비판과 반비판 논의를 살펴볼 것이다. 제2부는 두 장으로 구성했다. 먼저 제5장에서는 자유주의, 복지집합주의, 사회주의, 여성주의, 생태주의 관점에서 기본소득에 대한 비판과 한계에 대한 논의를 비교할 것이다. 제6장 '가능성과 전략'에서는 보수와 진보의 관점에서 기본소득의 가능성에 대한 논의를 구분하여 살펴보고, 노동과 학습, 사회운동, 제도적·정치적 차원으로 구분하여 실현 전략과 관련된 논의를 고찰하겠다.

애초에 이 책은 고급 교양도서를 목표로 기획된 것이지만, 막상 원고를 살펴보니 무미건조한 문장과 용어, 유사한 논리의 중복과 과도한 비약이 거슬린다. 서둘러 끝을 맺은 느낌이다. 이 모든 한계는 오로지 저자 개인의 능력의 한계 탓이다. 아울러 이미 선행하는 기본소득 연구자들의 저작이 없었더라면 원고의 완성은 절대 불가능했을 것이다. 무엇보다 책의 구성과 내용 전개에 큰 영감을 준 피츠패트릭과 빠레이스의 연구 성과가 나침반이 되었고, 기본소득한국네트워크(BIKN)의 헌신적인 도입 운동과 연구 활동이 큰 활력소가 되었다. 지면을 빌려 감사드린다.

마지막으로 서툰 글쓰기 실력과 촉박한 일정에도 불구하고 원고 교정과 편집 작업을 위해 시간과 노력을 아끼지 않은 경북대학교출판부 관계자 여러 분들께 깊이 감사드린다.

2014년 2월
이명현

목차

제1부

복지국가와 기본소득의 이해

제1장
복지국가의 변용과 기본소득

1. 시민의 자격과 복지국가

전통적으로 복지국가는 안정된 고용상태를 유지하고 적절하게 임금이 보장되는 경제 활동을 수행하는 노동자의 기여를 토대로 설계되었다. 그러나 이런 프로그램들은 후기 산업사회로 넘어오면서 등장한 새로운 사회적 위험에 대한 대응책으로는 한계를 드러내었다. 복지국가가 직면한 새로운 환경은 노동시장의 유연화와 맞물려 나타나는 실업, 빈곤과 같은 사회적 위험들이다. 전반적으로 노동 수요는 줄어들었지만 노동 공급이 늘어나면서 불안정한 고용상태에 놓인 실업자와 시간제 근로자가 크게 확대되었다.

이와 같은 새로운 사회적 위험을 인식하면서 전개된 포스트 복지국가의 역할과 대안에 대한 담론 중의 하나가 사회투자전략(social investment strategy)이다. 근로 연계 복지와 활성화 정책 등 노동과 복지를 연계한 프로그램들이 부각되면서 개별 복지국가에 전파되었지만, 일부 국가에서는 전통적 복지국가의 한계를 넘어서기 위해 더욱 적극적인 국가의 역할을 찾는 시도를 하였다. 그 이유는 전통적인 사회보호 프로그램은 노동시장에 참여하지 않은 사람들이 대규모로 존재하는 오늘날과 같은 사회에서는 기능 상실에 빠질 수밖에 없었기 때문이다.[1]

우리가 알던 사회보장제도는 노동 중심적 복지 패러다임을 따르고 있으므로 고용상태가 안정되지 못하거나 일할 수 없는 사람들을 효과적으로 보호하기 어렵다. 사회보험제도에서 가장 중요한 원리인 법적 강제성은 안정된 고용상태를 유지할 수 있는 근로자를 중심으로 적용할 수 있다. 하지만 비정규직이나 영세기업의 피용자, 자영업자 등 고용불안 계층에는 효과적이지 못하다. 따라서 남성 주부양자 중심의 노동시장 환경에서는 광범위한 소득보장의 사각지대가 구조적으로 발생할 수밖에 없다. 특히 법적인 적용 대상임에도 불구하고 보험료 부담 또는 사업주의 의무 불이행으로 가입하지 않는 경우는 수급배제의 가장 중요한 원인이 될 것이다(장지연 외, 2011). 반면 공공부조는 수급요건은 갖추었지만 급여를 받지 못해 배제되는 사태가 발생하는 문제가 사각지대 발생의 가장 중요한 원인이 된다(구인회·백학영, 2008).[2]

복지국가는 사회적 불평등을 제거할 뿐만 아니라 실제적인 서열도 형성한다. 예를 들어, 공공부조와 같은 제도는 수급자에게 노동시장 참여를 강제하는 노동연계 복지전략을 강조하므로 개인은 자신의 노동력을 상품화하지 않고서는 복지 실현이 어렵다(김은하·박경하, 2011:231). 또한 급여수준은 열등처우의 원칙이 적용되므로 공공부조 수혜자와 실업자 간에 서열이 만들어지는 기제로 작용한다. 복지국가 시스템이 노동과 관계없이 필요에 따른 분배를 가로막는 걸림돌이 되고 있는 것이다. 또한 사회보험은 노동시장에서의 업적을 기초로 하는 보험원칙에 의존하므로 사회적 지위의 차이를 유지하는 데에 초점을 둔다. 즉 임금 노동자들 사이의 격차를 고착화시키는 수단이 되는 것이다(Esping-Andersen, 1993). 예를 들어,

---

1 5대 사회보험제도가 확충되고 맞춤형 복지와 보편적 수당 프로그램이 확대되고 있는 오늘날, 소위 20대 100명 중 5명은 비경제 활동 인구로, 총 200만 명 이상이 구직, 취업, 가사, 육아, 학업 등 쉬는 인구라는 지적은 전통적 복지국가의 기능과 관련하여 매우 시사하는 바가 크다(통계청 「2012년 1월 고용동향」 참조).
2 이 외에도 사각지대 발생 원인으로서는 법으로 적용에서 제외되는 경우, 수급하더라도 급여 수준이 낮거나 수급기간이 짧아서 보장을 받지 못하는 경우 등이 있다(장지연 외, 2011).

공적연금은 국가나 사회에 노동을 제공함으로써 사회발전에 공헌해 왔던 노동자에 대한 대가라 할 수 있지만, 노동 및 경제적 능력 등에 의해 보험 혜택에 의한 사회적 신분이 반영되는 제도라 할 수 있다. 다시 말하면 사회보험은 노동을 통해 얻는 이익의 연장선상에서 급여를 제공함으로써 탈상품화 효과, 소득재분배 역할을 극대화하기에는 한계가 있을 수밖에 없다. 사회보험에 대한 의존도가 높은 사회일수록 노동할 시기의 지위에 따라 노후의 불평등한 위치가 더욱 악화될 가능성이 높다. 이런 사회에서는 생애 초기에 획득한 교육, 기술, 직업 경험 등을 통해 안정된 경험을 확보한 근로자들은 더 많은 보상을 받는 반면, 낮은 인적 자원을 확보한 노동자들은 오히려 보상이 낮은 고용구조에 머물게 되어, 고령화가 진행될수록 경제적 지위는 더욱 악화될 수 있다.

복지국가의 사회적 서비스에 대한 권리를 논의하는 경우에 가장 자주 인용되는 것이 마샬(Marshall)의 시민권 이론이다. 시민권은 공동사회의 완전한 성원인 사람들에게 주어지는 지위이며, 복지국가 단계에서는 시민적·정치적·사회적 권리로 이루어진다. 이 중에서 특히 사회적 권리는 경제적 복지와 안전을 최소한으로 청구할 권리에서부터 시작하여 사회적 부를 나누어 가질 권리나 사회의 표준적인 수준에 비추어 문화시민으로서의 생활을 보낼 권리에 이르기까지 광범위한 권리를 의미하고 있다. 이러한 사회권 개념에 기초한 시민 자격의 기본을 구성하는 이데올로기가 전후 영국 복지국가의 사상적 뒷받침이 된 집합주의다(George and Wilding, 1976). 파시즘에 대한 전쟁 체험은 인간의 이기적인 속성보다는 이타성을 중요시하는 인식을 강화시켜, 그러한 사회적 사조가 제2차 세계대전 후의 영국 사회의 중심적인 위치를 차지하게 되었다. 티트머스(Titmuss)는 이와 같은 복지관을 체계적으로 제시하였다(Titmuss, 1997). 그는 인간의 행동이나 동기에서 이타주의의 중요성에 주목하고 평등하고 연대성이 높은 사회를 구상하였다. 정부는 사회복지에 대한 공공적 이익을 동일하게 적용하기 위하여 필요한 권위와 통제 능력을 보유하여야 하며, 사적인 행위자의 이해로부터 공공적 이익을 사수하고 모든 시민의 평등한 복지 급여를 보장해야 한다(Cox, 1998:4). 시민권으로서의 수급자격은 국민에게 보편적으로 부여되며 그 자격을 얻거나 계속 보유하기 위한 특별한 조건을 실업자나 빈민 등 특정 계층에게 따로 부과해서는 안 된다.

그런데 복지국가는 위기를 계기로 다양한 사상적 관점으로부터 매서운 비판을 받게 되었다. 신자유주의 입장에서는 사람들이 노동을 통하여 스스로 부양하거나 가족을 통하여 상호 부양하는 전통적인 의무를 복지국가가 갉아먹고 있다고 비난하며, 복지국가의 억압적 속성을 비판하는 입장에서는 가부장적인 복지국가가 배제된 사람들의 진정한 자율을 부정하고 있다고 문제를 제기해 왔다. 또한 전통적 좌파 일부에서는 사회권에 대한 신자유주의 비판에는 동의하지 않지만, 개인의 도덕적 책임에 대한 요구나 세대 간 의무에 대하여 재검토해야 한다는 주장도 제기되었다(Dean, 2002:197). 이런 논의들은 복지국가 시민권 패러다임의 비판을 의미하는 것이었다. 즉 복지국가는 개인의 사회적 의무를 회피하게 만들고 강인한 의지를 발휘하는 것을 방해하고 사회가 스스로를 조직할 수 있는 능력을 잃게 만든다는 것이다. 따라서 시민의 권리는 일정한 근로의무와 책임을 전제하는 워크페어와 연결되었고, 합리적인 정부에 대한 신뢰감 저하는 복지혼합(Welfare mix)이나 준시장(Quasi-market) 제도로 연결되었다. 지금까지 사회권 개념에서 복지 급여는 시민권이라는 자격을 바탕으로 보편적으로 제공되는 권리로서 서비스 이용자의 개인적인 행태를 문제 삼는 경우는 없었다. 그렇지만 워크페어는 공적인 급여를 받는 시민도 사회에 대한 의무나 책임이 조건으로 부과되면서 개인의 행태나 의지가 문제로 된 것이다. 또한 적극적으로 복지 확충의 역할을 수행하도록 국가에 대하여 요구하는 권리보다 시장에서 자율적으로 선택하고 결단하는 소비자로서의 권리가 강조되기 시작하였다.

2. 복지국가와 억압적 통합

복지국가는 사람들의 자유로운 생존을 보장하기 위해 민족, 지역사회, 가족 등 '비자발적 연합(association)'(Walzer, 2004)의 커뮤니티를 안정적으로 보완하면서 성립되었다.[3] 그렇지만 1970년대 중반부터 위기가 현재화된 복지국가는 시장의 글로벌화에 의해 생산과 소비의 네트워크 확대를 촉구하고 복지국가에 대한 자본의 합의는 점차 저하된다. 노동집약형으로부터 지식집약형, 나아가서는 분산 및 네트워크형 경제가 출현하였고 오늘날 선진국은 5%를 초과하는 만성적 실업을 경험하면서 완전 고용은 과거의 신화가 되었다(Werner, 2009). 고도성장은 종말을 맞고 복지국가의 기능이 쇠퇴하면서 지금까지 복지국가의 울타리 속에서 그 기능을 지탱해온 가족, 지역사회, 직역(職域) 집단 등의 응집력은 점차 약화되었다. 이런 현상은 복지국가의 기능 쇠퇴를 가속화했을 뿐 아니라 사람들의 사회적 귀속을 둘러싼 불안감을 높게 하는 것이었다. 따라서 보호 기능은 약화되고 부담만을 강제하는 제도로서 가부장적으로 통제하는 장치로만 되고 있다는 비판에 직면하였다(宮本, 2010:154). 그리하여 신자유주의적 개혁의 기치 아래 복지국가의 규모를 축소하거나 재분배 제도에 기생하는 복지 의존층을 배제하려는 조치들이 강화되었다. 또한 대처리즘과 레이거노믹스의 주도 아래 시장주의적 개혁과 함께 가족의 가치나 민족주의가 강조되었다. 지역사회의 해체를 더욱 촉진할 시장 중심의 개혁 속에서 사람들의 삶에 대한 불안은 더욱 가중되었다. 신자유주의는 이러한 복지국가의 한계 상황을 바탕으로 사람들의 개인적 자립과 그 사회적 귀속이 의문시되는 시대에 대응하려 했던 정치적 프로젝트의 일환이라는 지적은 매우

---

3 예를 들면, 노동조합원이면서 한 가정의 주된 소득원인 남성의 고용과 소득을 보장함으로써 피부양가족의 생활도 안정시키는 것을 조건으로 하고 있었다.

시의적절한 평가라 생각된다(宮本, 2010:174-175). 그런데 시장만능은 인간과 사회를 상호경쟁 속으로 휘말리게 하는 강제적 성격을 지니고 있다. 신자유주의는 사람들에게 자유의 확대를 선물하기보다 오히려 빈곤이나 불평등, 격차 확대를 통해 생활기회를 제약하는 결과를 낳았던 것이다. 그렇다면 어떻게 사회 속에서 삶의 자유를 실현할 것인가? 그에 대한 대응은 정부, 시장, 가족을 어떻게 조합하여 사람들의 자기실현을 위한 참가 방식을 조정할 것인가에 달려 있다.

하이에크(Hayek)는 복지국가를 '억압적 통합'의 구조라고 비판하였다. 그는 사회보장을 모두 부정하지 않았지만, 자유로운 질서에 위협을 주는 보장과 그렇지 않은 보장을 구별할 것을 주장하였다. "건강하게 노동력을 유지하기 위한 최저한의 식량·주거·의복을 사회 구성원 전원에게 보장"하는 것은 가능하며 빈곤층에 대한 최저소득보장은 자유로운 질서를 침해하는 것이 아니다. 이것은 시장 외부로부터의 보장이기 때문이다. 시장 외부로부터의 보장에 머무는 한, 공공부조뿐만 아니라 각종 사회보험도 자유와 공존할 수 있다. 그렇지만 복지국가는 일부의 생활수준을 안정적으로 보장하기 위해 특정 소득을 보장해 주는 방향으로 가는 경향이 있다. 그 결과, 보장을 받은 특권층을 낳게 되고 시장 규칙의 제한이나 실질적 폐지로 연결되면 개인의 자유를 침식하게 될 것이라 주장하였다(Hayek, 1944:154-155). 복지국가는 최저한의 보살핌을 초월하는 재분배 제도로서 전문 관료제의 권력을 비대하게 하고 교육에 대한 정부 지배를 강화하는 억압의 제도라는 것이다. 따라서 복지국가의 형태를 다음과 같이 제한할 것을 주장한다. 즉 "국가는 스스로를 부양할 수 없는 자 모두에게 일정한 균일의 최저한의 보호를 제공하고, 아울러 주기적 실업을 적절한 통화정책을 활용하여 가능한 한 감축하는 노력을 해야 한다. 나아가 그 이상의 보호를 요구하고 관습적인 기준을 유지할 필요가 있다면 그것은 자발적인 노력"에 맡겨야 한다는 것이다(Hayek, 1960:67). 반면 하버마스

(Habermas)는 시장질서와 복지국가가 결합되어 사람들의 자유를 억압한다고 주장한다. 그에게 있어서 시장질서는 계급적 질서를 내포하여 경제적인 강제력을 갖춘 것이지만, 이러한 관계를 조정하고 자유를 보장하려는 복지국가의 개입도 또한 자유의 박탈을 낳는다는 것이다. 복지국가의 개입으로 화폐 또는 임금노동 관계를 통한 제어는 관료제 권력으로 치환된다. 노동자는 클라이언트가 되어 수동적인 존재가 된다. 즉 시장경제와 복지국가는 상호 긴장관계를 가지면서도 양자가 일체가 되어 생활의 자유를 빼앗는다(Habermas, 1987:358-380). 한편, 롤스(Rawls)는 최저소득보장 체제가 시민의 자유로운 협력관계를 손상한다고 주장한다. 그는 미국과 같이 최저소득보장을 주축으로 하는 구조를 '복지국가형 자본주의'라 보고 자신이 명명한 '재산소유제 민주주의' 체제와 비교한다. 전자는 가난한 사람들을 선별한 후, 사후적으로 재화를 재분배하는 구조로서 하이에크의 억압적 통합으로서의 최저소득보장 체제와 겹친다. 그 속에서는 시장 경쟁 속에 불평등이 확대되고 일부가 생산수단을 독점하므로 제도에 만성적으로 의존하는 하층계급이 양산된다는 것이다. 이에 반하여 재산소유제 민주주의는 사후적으로 인적자본과 재화가 충분히 이전된 상태를 상정하여 자유롭고 평등한 시민 사이의 협동을 실현하려는 구조를 만든다.[4] 즉 자립과 자유를 촉진하는 체제이다(Rawls, 1999:246-250). 그렇지만 스웨덴의 렌(Rehn)은 오히려 성숙된 복지국가야말로 롤스가 전망한 사회를 실현해 갈 가능성이 있다고 주장한다. 그는 사회보장의 형태를 리스크가

---

4 재산소유제 민주주의의 배경적 제도는 경쟁적 시장 시스템과 아울러 재산이나 자본의 소유를 분산시켜, 사회의 소부분이 경제, 그리고 간접적으로 정치생활 그 자체가 관리하는 것을 방지하기 위한 것이다. 재산소유제가 이것을 회피하는 수단은 사후적으로 부족한 사람들에게 소득을 재분배하는 것이 아니라, 오히려 사전적으로 생산재나 인적자본(교육된 능력이나 훈련된 기능)의 광범위한 소유를 보증하는 것이다. 이 사상은 단순히 좌절된 사람들을 원조하는 것이 아니라 모든 시민이 적절하고 평등한 조건하에서 상호 존경을 바탕으로 스스로의 관심사를 처리하고 사회적인 협동에 참가할 수 있도록 하는 것이다(Rawls, 1999:15)

현실화되었을 때 사회보험이나 공공부조를 통하여 사후적으로 현금을 제공하는 것이라 보았고, 한편으로는 교육, 훈련 등으로 개개인이 인적자본을 확충하고 다양한 리스크에 대처할 수 있는 힘과 조건을 사전에 확보하는 형태로 구분하였다. 아울러 스웨덴과 같이 적극적 노동시장 정책이나 생애교육이나 보육서비스 등이 잘 갖춰진 복지국가를 '자유선택 사회'라 규정하였다(Rehn, 1977). 그는 현대 사회에서 자유는 복지국가가 제공하는 교육, 주택, 의료, 각종 서비스, 나아가 노동시간 단축이나 장기적인 유급휴가를 통해 확대된다고 주장하였다(宮本, 2010:179). 우리들은 복지국가를 통해 탈상품화와 개인화가 진행되고 자본제와 가부장제의 권력이 억제되면서 자유가 확대되었다는 데 동의할 수 있지만, 그 자체도 하나의 권력이 되어서 비대해질 때는 자유와의 긴장관계를 낳을 수밖에 없다는 것도 잘 알고 있다.

그리고 복지문제에 대한 관심이 고조되고 있는 현실 상황에서 지역사회를 통한 안정된 귀속의 장의 상실과 고립감의 상승도 누구에게나 발생할 수 있는 리스크라 할 수 있다. 격차 확대나 고용 조건의 악화 속에서 사람들은 사회적 승인을 얻지 못하고 심각한 스트레스를 경험할 수 있다. 사회적 연결의 약화는 경제적 빈곤뿐만 아니라 사회불안의 요인이 된다(Wilkinson, 2005:104-106). 따라서 정책이나 제도에 의해 사회적 참가의 장을 조성하고 관계를 창출해야 한다. 예를 들어 북유럽의 노사관계는 소득 대체율이 높은 실업보험의 도입과 직업훈련 등에 의해 노동자를 재고용하도록 연결하면서 해고 위험을 약화시켜 왔다. 스웨덴의 가족지원 정책은 가족 요건으로서 협의의 결혼이나 혈연을 요구하지 않는다. 유급육아휴직, 간호휴가의 경우도 돌봄 대상이 반드시 혈연관계일 필요가 없다(宮本, 2010:193). 사회민주주의 복지국가는 탈상품화 및 탈가족화와 같은 수단을 통해 자본주의와 가부장 제도의 권력을 억제하면서 노동시장이나 가족을 초월하여 자발적 참가를 확대하려는 점에서, 보수주의나 자유주의 복지국가보다 적극적 자유 확대에 유리하다고 판단된다. 하지만 사회민주주의 복지국가도 노동과 복지의 연결을 전제로 하는 조건형 복지(Conditionnal Welfare)를 벗어나지 못한다면 자유를 억압하며 사회적 통합을 지향하는 체제라는 비판에서 자유로울 수 없을 것이다(Peck, 2001). 하지만 라벤토스(Raventós)의 지적처럼, 기본소득은 제한적이기는 하지만 모든 사람에게 근로의무로부터의 자유를 주고자 하는 제안이다(Raventós, 2007:179-181). 기본소득이 보장되는 사회에서는 개인은 고용상태와 상관없이 자신이 원하는 일을 할 수 있는 자유를 얻을 수 있으므로 적극적으로 사회에 참가할 가능성이 있다. 이러한 사회제도를 실현하는 것이 기본소득이 지향하는, 억압에서 자유로운 통합사회라 할 수 있다.

3. 복지국가 재편과 기본소득

복지국가 재편의 전략은 탈억압적 통합을 초월하여 노동과 복지의 관계를 다시 강화하려는 사회적 포섭을 목표로 해야 한다. 이에 대하여 기본소득은 노동과 복지를 단절시켜 자유로운 통합을 지향하는 포섭을 목표로 한다. 애초부터 기본소득에는 다양하고 유사한 개념이 병존하고 있다. 그렇지만 아무런 조건도 요구하지 않는 기본소득(unconditional basic income)에 해당하는 완전 기본소득이 정통이다. 이야말로 기존의 복지국가관을 초월하는 사상이며 그렇기 때문에 가장 강한 비판에 노출될 수밖에 없다. 아무런 조건 없이 개인에게 지불하는 최저소득보장은 오래된 소득보장 프로그램에 비춰볼 때 매우 자극적이다. 여기서 아무런 조건이 없는 상태는 자산조사나 소득조사가 부과되지 않으며 취업이나 근로의욕을 묻지 않는 것이다. 즉 소득의 많고 적음이나 일할 의욕 여부와 관계없이 최저소득을 보편적으로 나누어 주는 것이다.

복지국가가 '상품화 → 탈상품화'를 제도화하는 것이라면, 기본소득은 상품화되지 않은 미상품 상태에 머무름을 허용하는 것이자 탈상품화한 세계를 선택할 가능성을 보다 확대하는 것이다. 복지국가의 경우, 실업·질병·고령 등 정당한 이유를 통하여 탈상품화가 인정되지만, 기본소득은 언제, 어떠한 이유에서든 탈상품화가 진행되는 것을 허용한다. 따라서 익숙하지 않은 사람들의 눈에는 매우 불손한 원리로 비춰질 수 있으며 그에 따른 비판과 반발은 강할 수밖에 없다.

복지국가의 남성중심주의를 비판해 온 여성주의자들도 기본소득에 대해 위화감을 느낄 것이다. 그들은 여성의 일할 권리를 주장해 왔으므로, 일하지 않아도 좋다고 하는 것은 반동적으로 들릴지도 모른다. 가정에 머물고 있어도 기본소득은 받을 수 있으므로 그런 의미에서는 여성의 노동력 상품화에 대한 압력은 완화된다. 그러나 그것은 기본소득에 의해 선택의 폭이 넓어진다는 것이며 임금노동이 부정되는 것이 아니다. 임금노동은 자본주의 경제가 계속되는 한 당연한 전제가 될 것이다. 단지 무조건 일할 필요가 없어지고, 하고 싶은 일을 선택할 수 있게 될 뿐이다. 그것은 일에 대한 만족도를 높이는 결과가 될 것이다. 또한 남성 부양자에 대한 재정적 의존도는 약해지므로 기본소득이 탈가족화와 개인화를 촉진할 가능성은 분명히 있다.

그렇다면 기본소득의 무조건성에 대하여 다소 냉정하게 검토해 보자. 소득의 많고 적음을 묻지 않는 것은 보편주의 원칙에 공통적인 관점이므로 그 자체만으로 독창적인 원리가 될 수는 없다. 그러나 충분한 소득을 얻고 있는 사람에게까지 기본소득을 분배하는 데 대해서는 비판이 강력할 수밖에 없다. 이런 비판을 수용한다면, 한번 분배한 급여에 대하여 소득에 상한선을 두고 이를 초월하는 부분에 대해서는 수준에 따라 지급된 기본소득을 국고에 반납하게 하는 방법을 생각할 수 있다. 조세방식의 기초연금 형태로 운용하면서 환급할 수도 있을 것이다. 이런 논리를 더욱 정밀하게 발전시키면 부의 소득세(Negative Income Tax)에 이르게 된다. 이것은 신자유주의의 교조적 존재인 프리드먼(Freedman)이 제창한 것으로 알려져 있는데, 일정 기준 이하의 소득이 있으면 소득에 따라 급여가 제공되고 그 이상 있으면 소득에 따라 과세되는 체제이다. 일원적인 구조를 이용하여 급여가 필요한 사람들만을 선별해 내는 효과적인 아이디어다(Freedman, 1962). 신청자에 대하여 자산조사나 소득심사를 부과하는 것이 아니라 모든 사람의 소득신고에 근거하여 급여/과세액이 결정되므로 사회적 낙인 효과는 대폭 완화된다.

부의 소득세가 기본소득의 자유주의 버전으로 제창되는 경우가 있다. 부의 소득세는 전년도 또는 이전 회기의 소득신고에 근거하여 확정되므로 현재의 빈곤 상태를 실질적으로 반영하기 어렵지만, 보완적 제도를 통해 이 문제가 해결되면 기본소득과 유사한 정책효과를 가진다고 할 수 있다. 그러나 복지와 노동의 관계에서 보면 기본소득과 전혀 다르다. 부의 소득세는 소득 실적에 따라 급여가 결정되므로 노동과 밀접히 연결되어 있다. 부의 소득세 지지자들이 노동에 종사하게 함으로써 소득이 늘어나게 하는 효과가 있다고 강조하는 것은 그 의도가 충분히 짐작할 수 있다. 노동과 급여를 확실히 결부시킨다는 점에서는 오히려 전통적 복지국가를 재생하기 위한 전략과 친화적이다.

그런데, 기본소득에 대해서는 특히 복지 대상과 관련하여 고소득자에 초점을 맞추어 그들에게 기본소득을 분배하는 것이 정말로 낭비적인 것인가 하는 논란이 제기된다. 개인의 효용 측면에서 본다면 기본소득이 필요 없으므로 낭비적인 성격이 있는 것이 분명하다. 그러나 기본소득을 빈곤에 대한 구제대책이 아니라 시민에게 제공되는 기본적 권리로 확장하면, 소득이 많다는 이유로 그들만을 배제해서는 안 될 것이다. 또한 재분배와 평등화 측면에서, 정률의 소득세를 부과하여 모든 사람에게 정액제 급여를 행하더라도 충분한 효과가 있다. 예를 들어, 소득이나 자산 등 급여조건을 설정하지 않는다면, 중산층 이하 소득계층도 수익자가 될 수 있다. 얼핏 생각하면 저소득층과의 격차를 확대하는 조치처럼 생각되지만 상이한 소득계층에게 무조건적인 일률적 급여를 제공한 경우의 소득격차의 변화를 보면, 〈표 1〉과 같이 소득과는 무관하게 기본소득과 같은 정액급여를 실시하는 것이 오히려 격차를 줄어들게 한다.

〈표 1〉 소득격차 축소 효과 (단위: 만 원)

	최초소득	세율 30%	과세 후 소득	기본소득	최종소득
A	200	60	140	100	240
B	1,000	300	700	100	800
C	2,000	600	1,400	100	1,500
C/A	격차 10배	·			격차 6.3배

출처: 宮本太郎(2010:135)의 내용을 참조로 재구성함.

무조건성보다 중요한 의미는 기본소득 분배가 노동 의사를 묻지 않는다는 데에 있다. 이 점은 단순히 부의 소득세나 복지국가 재편 정치와 대립하는 것이 아니라 근대의 노동관 그 자체를 초월하는 것이므로 가장 격렬하게 공격당하는 지점이기도 하다. 노동하지 않고 급여만을 취득하는 나태한 자를 허용해서는 안 된다는 가장 강력한 논거에는 노동윤리와 호혜성 원리가 깔려 있다. 노동윤리는 "일하지 아니하는 자, 먹지도 말라"는 표현으로 상징되는 것처럼, 살아가기 위해서는 일할 수밖에 없다는 교조적 원칙을 노동의욕으로 내면화한 것이다. 호혜성 원리는 이러한 노동윤리를 외곽에서 지원 사격하면서 의무를 수반하지 않는 권리는 없다는 점을 강조하고, 불성실한 자는 시민으로서의 의무를 저버리고 있다고 단죄한다.

이에 대하여 타협적인 대안들을 제시하는 목소리도 있다. 우선 '부분 기본소득(partial basic income)' 구상이다. 이것은 아무런 조건도 없는 완전 기본소득이 살아가기 위한 충분한 최저소득보장을 약속하는 데 대하여, 그 이하의 급여를 제공하면서 노동의욕은 높이려는 것이다. 지급되는 급여만으로는 살아갈 수 없는 수준이라면 사람들은 당연히 임금노동을 통해 부족한 생활비를 보충하려 할 것이다. 따라서 노동윤리와 호혜성 원리는 손상되지 않는다.

그러나 부분 기본소득은 빈곤 문제를 악화시킬 가능성도 높다. 고용주는 부분 기본소득을 이유로 임금을 낮게 지급하려 할 것이다. 반면 이에 대하여 노동자는 낮은 수준의 기본소득만으로는 생활할 수 없으므로 저임금이라도 자본가를 상대로 강력하게 저항할 수 없다. 일하더라도 만족할 만한 수준의 임금을 얻을 수 없다면 장기적으로는 노동의욕이 낮아질 수밖에 없을 것이다. 정부 규제는 일정한 제동 장치는 될 수 있지만, 경영자에게, 특히 사양 산업이나 영세기업 경영자에게는 부분 기본소득이 임금 삭감을 유혹하는 인센티브를 제공할 수 있다. 이는 정부의 감시·감독을 더욱 강화하게 되는 계기가 될 수 있다. 최저임금은 지나치게 낮으면 규제의 의미가 없고, 반면에 너무 높으면 고용축소로 연결된다. 최저임금제도를 원활히 기능하도록 운용하는 것은 예상보다 어렵다. 게다가 자유로운 상품교환이라는 시장원칙에 저촉된다는 비판도 매우 집요하다(Brittan, 1990:7). 부분 기본소득은 최저한의 생활을 영위하는 데 부족함이 없는 급여를 무조건 정액으로 분배해야 한다는 근거로는 약하며, 생활실태에 따른 보완적 급여라고 규정한다면 기존 공공부조 혹은 세액공제를 통해서도 충분히 대응할 수 있을 것이다.

반면, 최저한의 생활을 보장한다는 원칙을 무너뜨리지 않고 비판을 견뎌 내려는 것이 '참가소득(participation income)'이다. 이는 노동을 임금노동에 한정하지 않고 사회에 대한 공헌과 같은 넓은 범위에서 수용하여 가사 노동이나 다양한 사회활동을 편입하면서 노동윤리나 호혜성 원리를 유지하려는 것이다. 참가소득은 영국의 경제학자 앳킨슨(Atkinson)의 제안에 의해 유명하지만, 일본에서도 후쿠시(福士正博)가 독자적인 참가소득론을 '완전종사(從事)사회'론으로서 전개하고 있다(Atkinson, 1996; 福士, 2008). 참가소득에 있어서 임금노동의 상대화는 이루어지지만 노동과 복지가 완전 기본소득에서처럼 분리되지는 않는다.

참가소득은 임금노동 이외의 활동까지 배려한 독창적인 아이디어인 것은 분명하다. 하지만 어느 범위까지를 노동 또는 사회적 공헌인지 구분하기 위해서는 소득심사나 자산조사 이상으로 어려운 작업을 해야 한다. 그것을 극복하기 위하여 만일 '개개인의 취업능력에 따라 가능한 범위의 활동을 하도록' 요청하는 수준에 머문다면 실질적으로는 자기신고에 따라 기본소득을 분배하는 형태가 되어야 할 것이다. 이런 경우에 '할 수 있는 것도 하지 않는' 인간, 무임승차하는 인간을 찾아내기 위한 조사가 시작되고, 철저한 상호감시 체제가 구축되어야 할 것이다. 이처럼 참가소득 제안은 임금노동을 상대화하고 있지만, 그에 따라 오히려 가능한 일은 무엇이든 해야 한다는 사회적 압력이 강해진다. 따라서 노동에 대한 시민감시와 관리는 더욱 더 심각해질 수도 있다.

노동 개념을 극한으로까지 확대 해석하여 '삶 자체가 노동'이라 생각한다면, 이탈리아에서 기본소득을 주장한 아우토노미아(Autonomia) 운동의 배경처럼 '지금 살고 있는 것 자체가 노동'이라는 사상이 된다(山森, 2009:122-125). 이것은 근대적 임금노동이 곧 노동이라는 개념을 초월하여 새롭게 재편성하면서 기본소득을 실현하고자 하는 급진적 논의이다. 그러나 다른 한편으로 왜 그렇게까지 해서 기본소득을 노동에 결부시켜야 하는지 의문을 가지지 않을 수 없다. 이와 관련하여 우리는 노동윤리를 언급하지 않을 수 없다. 우선 생각해야 할 것은 노동에는 임금을 얻는 이상의 것이 포함되어 있다는 것이다. 그것은 스스로의 존엄과 정체성이며, 승인의 획득, 또는 노동을 통한 임금 획득에는 자기의 존엄과 사회적 승인이 포함되어 있다는 노동옹호론을 인식하는 것이다. 이러한 논의에 의하면, 예술가, 소설가, 스포츠 선수와 같은 한정된 사람들을 상정하지 않더라도 일을 통해 보람을 찾으려는 사람들은 부지기수라 볼 수 있다. 반면 돈을 모으는 것이 자신의 인생 그 자체라 생각하는 사람들도 적지 않을 것이다. 우리가 그런 사실을 굳이 부정할 필요는 없지만, 모든 노동이 자기존엄을 초래하고 승인을 획득하는 수단이 될 수 있을지 생각해 보아야 한다. 왜냐하면, 노동할 권리뿐만 아니라 싫어하는 노동을 거부할 자유가 보장될 때만이 개인의 존엄이 생겨날 수 있기 때문이다. 만일 기본소득을 받고 일하지 않을 자유를 선택할 가능성이 생긴다면 노동의욕이 저하되고 아무도 일하지 않을 것이라는 비판에 대해서는 그다지 걱정하지 않아도 될 것이다. 그런 논의는 만일 동성 결혼을 허용할 경우, 누구나 동성애에 빠져 출생률이 극단적으로 저하되고 마침내 그 사회는 멸망하게 될 것이라는 주장과 유사한 맥락을 보여 준다. 외국인에게 참정권을 허용할 경우, 그들에게 국가를 탈취당할 우려가 있는가? 극단적으로 생각한다면 그럴 가능성이 없는 것도 아니지만, 동성 결혼이나 외국인 참정권을 인정한 국가에서 그런 사태가 일어난 경우는 없다. 마찬가지로 기본소득에 대해서도 그러한 극단적인 사례를 가정하는 것은 그다지 생산적인 논의라고는 할 수 없을 것이다.

기본소득은 생존권을 보장하는 최저한의 급부의 지위를 가진다. 실제로 그것이 제공되었다고 해서 대중 소비재를 생활필수품으로 느끼고 있는 사람들이 기본소득 때문에 임금노동에 대한 의욕이 저하될 것이라고는 생각하기 어렵다. 대부분 사람들은 추가로 필요한 소득을 위하여 임금노동을 수행할 것이다. 더욱이 기본소득의 경우, 일한 몫만큼 소득이 상승되므로 노동 인센티브를 저해하지 않는다. 일을 선택할 여유가 주어지면 그것이 야말로 노동을 자아실현의 장으로 만드는 기회가 주어지는 결과가 될 것이다. 당연히 일 이외에도 다양한 사회활동 또는 취미를 통하여 자아실현을 추구할 가능성이 높아질 것이다. 노동 아니면 굶주림이라는 선택은 진정한 선택이 될 수 없다. 기본소득은 이와 같은 사태를 개선하고 부당하다고 생각되는 노동을 거부할 자유를 제공한다. 그러나 한편으로는 모두가 싫어하는 일을 할 사람들이 사라져 버리지 않을까 하는 반론이 제기될 수 있다. 누구나 싫어하는 일은 가능한 한 자동화하고 그것이 어려우면 그 일에 대한 임금을 인상해야 할 것이다. 임금의 유혹이 고된 노동을 기피하려는 욕망보다 훨씬 크다면, 노동하려는 자들은 자동적으로 증가할 것이다. 이 경우 고된 노동을 선택하는 것은 개인의 자유이다.

따라서 기본소득은 고용주에 대한 노동자의 입장을 강화하게 된다. 나아가 기본소득이 있다면 불안정한 조건으로 일하는 사람들의 단결력도 강화될 것이다. 해고를 두려워하여 동일한 직장에서 동일한 불만을 가진 자들조차 단결할 수 없는 상태가 개선될 것이다. 단체교섭에 있어서도 최저한의 생활은 보장되기 때문에 타협을 강요당하는 경우도 줄어들 것이며 구사대로 동원되는 것을 거부하기도 용이해질 것이다. 고용이 다양하게 변용된 오늘날, 기본소득은 노동자의 단결과 정치적 영향력을 높이는 발판을 제공하게 될 것이다. 그렇지만 기본소득 그 자체에 무임승차자를 배제하는 구조는 없다. 그렇지만 우리는 그들을 눈앞의 적으로 간주할 것이 아니라 자유사회의 증거로 받아들일 수는 없을까? 무임승차자를 없애려면 철저한 이데올로기 교육을 통해 '완전히 이타적인 인간'을 만드는 총동원 사회를 지향할 수밖에 없을 것이다. 지하철에서 개찰구를 없애고 지하철을 이용하는 승객이 자유롭게 자신이 구입한 티켓을 정산하는 시스템이 왜 나쁜가? 이미 어르신들은 우대받고 있지 않은가? 정말로 상황이 여의치 않은 사람들이 어쩔 수 없이 무임승차할 수도 있지 않을까? 우리들은 개인을 사회와 연결하는 통로를 활성화하는 노력을 게을리해서는 안 되며 무임승차자도 함께 살아갈 수 있는 사회야말로 자유로운 사회라고 적극적으로 평가하는 발상의 전환도 필요하다.

　지금까지 논의한 동향 속에서 부각되는 논점은 시민적 권리와 책임의 문제이다. 기본소득 구상은 이러한 관계에서 매우 흥미로운 위치를 차지하고 있다. 왜냐하면 기본소득에서는 무조건적 급부를 통하여 개개인이 '이루고자 하는 것'이 가능해지는 수단을 확보할 수 있는 '실질적 자유 (real freedom)' 이념을 제도적 목표로 삼아 개인의 자율성을 매우 급진적으로 주장하고 있기 때문이다.

4. 기본소득의 정책적 필요성

　그렇다면 정책적 차원에서 복지국가를 기본소득으로 대체하거나 보완해야 하는 현실적인 필요성은 무엇인가? 제2차 세계대전 이후 복지국가는 사회보장이라는 상징을 통하여 국민의 생활보장에 국가가 책임을 지고 소득보장의 방법으로 사회보험을 핵심적인 정책으로 운용하면서 공공부조를 보완적으로 활용해 왔다. 이와 같은 오래된 복지국가는 앞서 살펴본 것처럼 여러 가지 한계상황에도 불구하고 완전히 파탄에 이르지 않았지만 미래의 지속가능한 제도로서는 신뢰성을 상실하고 있는 것이 사실이다. 보다 구체적인 이유를 살펴보면 아래와 같다.

　첫째, 전후 경제선진국은 복지국가를 전면에 내세우고 사회보장의 유지·확충에 노력해 왔다. 그렇지만 고부담 국가라 할 수 있을 정도로 국민의 조세 부담을 증가시켜 왔다. 그러나 국민 생활에서의 격차와 빈곤 확대를 효과적으로 저지하지 못하였다는 비판의 목소리가 높아지면서 복지국가는 선택의 기로에 서게 된 것이다. 무엇보다도 1980년대 또는 1990년대부터 계속되고 있는 장기불황으로 인하여 사회보장의 비용부담 담당자인 중산층의 경제적 기반이 불안정하게 된 사실, 또한 국가의 재정 위기로 사회보장제도가 후퇴 — 수익자 부담의 확대, 급여율 인하, 선별주의의 강화, 시장화 등 — 하기 시작한 것도 사람들의 위기감이나 무력감을 증폭시켜 왔다. 이런 배경 속에서 사회보장 부담이나 지출을 근본적으로 변경하기 위해 오래전부터 제기되었거나, 또는 새롭게 제기된 최저소득보장 구상이 주목받게 되었다. 이미 알고 있듯이, 프리드먼(Freedman)의 제안이 다시금 주목받게 되었으며 그동안 사라졌던 기본소득 구상이 새롭게 부상되고 있는 것이다.

둘째, 인구 고령화에 대한 사회보장의 구조적 불일치의 확대이다. 인구구조가 저출산·고령화로 진행되면 연금보험 등의 수급자 수는 증가하는 데 비해 보험료 부담자 규모는 감소되어 간다. 보험재정을 유지하기 위해서 조세재원을 통해 보전을 해 나갈 수밖에 없게 된다. 특히 최근 몇 년 동안에 세계 제일의 속도로 저출산·고령화가 진행되고 있는 우리나라는 앞으로 각종 사회보험제도의 재정적 균형을 맞추기가 매우 어려워질 수 있다. 국민연금 개혁을 지속적으로 추진하고는 있지만 향후 국민부담률은 높아질 수밖에 없을 것이다. 조세부담률 상승을 억제하고 사회보장부담률을 인상하는 방안이 과연 견뎌 낼 수 있을까? 우리나라 사회보장제도는 기초연금 확대나 장기요양을 필요로 하는 노인 증가에 의한 요양보험 압박과 노인 의료비의 가파른 증가, 양육과 관련된 급여 확대 등 지속가능성과 관련된 매우 중요한 과제를 안고 있다. 이런 상황이 지속되면 사회보장의 핵심 기둥인 사회보험에 대한 신뢰는 흔들릴 수밖에 없으며 근본적인 제도 개혁이나 심지어 제도 폐지에 대한 목소리가 점차 강하게 제기될 것이다. 이런 동향도 복지국가로부터 기본소득으로 눈을 돌리게 하는 근거가 되고 있다.

셋째, 경제 선진국에 있어서 노동시장의 변용은 사회보장제도를 지속시키는 조건으로 간주되어 온 완전고용이 환상에 지나지 않는다는 것을 확인시키고 있다. 많은 국가들이 일관적으로 경제성장을 통한 고용 확대를 외치고 있지만, 일시적으로도 완전고용에 성공한 국가는 없다. 오히려 실업자 규모는 증가하는 경향이며 만성적인 대량실업이 존재하고 있다. 완전고용이라고 해도 그 의미는 풀타임 고용으로 이루어지는 것이 아니며, 더욱이 마찰적 실업과 같이 일정 비율 기저적으로 존재하는 실업이 당연하게 여겨지고 있다. 1980년대 이후 화이트칼라까지 포함한 대량실업이 발생하여 선진국에서는 생활보장 목적의 실업수당이 구직수당 성격으로 변용되는 등, 사회보장은 워크페어형 성격을 강화하는 개혁이 추진되었다. 2003년 독일의 하르츠(Hartz)법 성립에 의한 노동시장 개혁을 비롯하여 우리나라의 기초생활보장법도 일자리를 조건으로 한 급여 제공을 통한 자립이 더욱 강조되고 있다. 그러나 이런 움직임에 대하여 생산성이 향상되지만 고용기회는 감소되는 현대경제의 근본적인 딜레마로 인하여 완전고용은 환상에 불과하다는 인식이 지지를 얻고 있다. 사회보장에 있어서 소득보장과 고용보장의 연계를 강화하는 개혁보다도 완전고용 모델에서 분리한 소득보장 모델을 모색하는 움직임이 부상하였다. 기업 경영자들 가운데에는 이런 이유로 기본소득에 적극적으로 찬성하는 사람들도 있다. 이 외에도 전통적인 사회보장의 구조나 사고방식에서 벗어나 여성에 대한 성차별 해소나 가정 내 성별 분업으로부터의 해방적 관점에서 중요시하거나 소득보장과 생활양식의 자유를 양립하고 사람들의 사회참가나 배제 없는 완전 평등사회 만들기를 지원하는 수단으로 기본소득에 새로운 기대를 거는 논의도 적지 않다는 것은 앞서 이미 살펴보았다. 그렇지만 사회보장의 지속가능성에 대한 의문을 현재화시키고 있는 중요한 원인은 인구 구조의 저출산·고령화와 만성적인 대량실업의 문제라고 생각된다. 이런 불일치는 복지국가의 제도적 핵심인 사회보험의 지속가능성에 관한 전망을 어둡게 하고 장기적으로는 사회보장의 부분적 개선이 아니라 국가에 의한 생활보장 방법의 패러다임 전환을 압박하는 요인이 될 것이다. 기본소득 구상이 국제적으로 확대되고 있는 배경에는 이러한 불일치를 직시하지 않을 수 없는 복지국가 개혁을 요구하는 현실이 깔려 있는 것이다. 그런데 현실의 개혁은 기본소득과는 반대로 조건을 부과하고 노동과의 연계를 강화하는 방식이 주류를 차지해 왔지만, 다른 한편으로는 현대 자본주의의 금융관계에 눈을 돌려 거기에서 벗어나 사회적 신용을 바탕으로 소득을 제공하자는 정반대의 아이디어도 제안되었다. 이와 관련된 이질적인 논의들을 함께 살펴본 후 본격적으로 기본소득에 대한 탐색을 떠나 보자.

제2장
복지국가 개혁론과 기본소득
- 워크페어와 사회신용론 -

1. 워크페어 개혁과 기본소득

1) 워크페어의 등장

워크페어는 선진 자본주의 국가에서 복지국가 개혁원리로 채택한 고용지향(employment-oriented) 사회정책이다. OECD는 이런 움직임을 긍정적으로 받아들여 '능동적 사회정책'을 제창하였다. 이 정책은 세금과 공적이전에 의존하는 대신에 사회적 도전에 대응하기 위한 개혁적 정책이다. 왜냐하면 빈곤한 상황을 개선하는 데 그치지 않고 개인이 발전할 조건을 변화시키려 하기 때문이다. 과거의 수동적이며 권리 중심의 접근으로부터 이행 방향을 바꾸는 것은, 사회의 자급자족과 자율적인 구성원이 되기 위해 잠재능력을 최대화하며 사람에 투자하고 노동시장에 적극적으로 참가할 인센티브 제공을 강조하려는 것이다(OECD, 2005:9). 워크페어란 용어는 발상지인 미국 신문지상에는 1970년 무렵부터 등장하고 1980년대에는 3개의 전국 규모 신문에서 연간 50회 정도 언급되었지만, 1990년대 후반에는 그 횟수가 급증하여 1997년에는 400회까지 이르렀다(Peck, 2001). 1996년에 미국 연방복지정책의 주축이었던 AFDC(Aid to Families with Dependent Children)가 TANF(Temporary Assistance for Needy Families)로 대체된 것이 인용 빈도를 급증하게 만든 것이다. 하지만 유사한 시기에 시행착오를 거치면서 복지재정 지출 확대에 직면하여 개혁적인 조치들이 잇달았다. 대응 시기가 가장 빨랐던 캘리포니아주의 GAIN(Greater Avenues for Independence, 1982), '다른 주에 비하여 복지 수급을 대폭 감소'시킨 위스콘신주의 W2(Wisconsin Works, 1987), 공공섹터 일자리를 확대한 것으로 유명한 뉴욕시의 WEP(Work Experience Program, 1995) 등을 대표적인 사례로 들 수 있다. 또한 "우리들이 알고 있던 복지를 끝내자"는 슬로건으로 유명한 클린턴의 복지개혁에 앞서 전국 차원에서 워크페어를 향해 내딛는 첫걸음이었다고 평가되는, 1981년의 '포괄적 예산조정법(the Omnibus and Budget Reconciliation Act)'이나 유명한 JOBS 프로그램을 만든 1988년의 가족지원법 등이 제정된다(Quaid, 2002). 미국의 대표적 공공부조 프로그램인 AFDC/TANF 수급자 수가 극적으로 감소한 것은 1996년 클린턴의 워크페어 복지개혁 이후이다(Lodemel and Trickey eds., 2001:221).

여기에서 우리는 몇 가지로 구분하여 주목해 보자. 첫 번째로 워크페어란 용어는 엄밀하게 정의된 학술용어가 아니라는 것이다. 사람들에 따라 달리 사용되며 다양한 지역에서 교육 훈련을 중요시하는 곳에서부터 엄격한 벌칙 규정을 마련하여 근로를 강제하는 것, 자치단체의 공공고용을 확대하는 것 등 내용면에서 활용 폭이 매우 넓다. 두 번째로 워크페어 정책이 그 후 국제적으로 전파되어 갈 때 주목한 것은 국가 차원에서의 1996년 복지개혁이다. 이에 따라 현금급여 수급기간이 일생 동안 5년으로 제한되고 수급 시작 후 2년 한도 내에서 직업교육이나 훈련에 참가하도록 의무화되었던 것이다. 따라서 우리들이 워크페어를 정의할 때 일차적으로 1996년 미국 복지개혁의 내용 평가를 검토할 필요가 있다. 개혁으로부터 15년 이상 경과된 오늘날 그 광범위한 내용들은 상당히 널리 알려지게 되었다. 세 번째로 클린턴 복지개혁에서 공공부조(TANF) 수급자 수가 감소한 것을 두고 개혁의 성공의 징표로 말하는 경우가 많지만, 1990년대 후반부

터 미국의 경기회복이 두드러지고, 그에 수반하는 노동시장 상황의 개선
이 영향을 미친 것은 부정할 수 없다는 것이다. 미국에서의 TANF 이행에
한해서는 워크페어 개혁 직후의 경제상황 호전이 개혁의 성과를 기대 이
상으로 커 보이게 한 것이다. 이후 미국 워크페어 정책이 국제적 영향력을
발휘하게 됨에 따라 역설적이게도 그 영향을 받은 타 국가의 연구자 등에
의해 특수한 미국적 요소를 반영한 평가를 자각하게 되었다. 워크페어의
국제적 영향력은 반드시 긍정적 평가를 의미하는 것은 아니었으며, 특히
유럽 대륙은 부정적 내지 소극적 평가와 일치하는 측면도 있었다. 어쨌든
워크페어란 노동-복지 연계 방법을 동원하여 각종 사회보장 및 복지 급여
를 받는 사람들의 노동과 사회 참가를 자극하고 의무화하려는 일련의 정
책이라 할 수 있다.

2) 워크페어 유형과 근로 조건부 급여

지금까지 알려진 워크페어는 크게 세 가지로 구분할 수 있다. ① 노동시
장 재통합, ② 노동력 구속, ③ 인적자본 접근이다(Peck, 2001). 워크퍼스
트(work first)와 서비스 인센티브(service intensive) 모델(宮本, 2004), 복
지로부터 근로, 근로에 수반하는 복지 등으로 구별할 수도 있겠다. 이런
시도들은 서로 미묘한 차이가 있지만, 각국의 동향이나 위치를 평가할 때
일종의 지침으로 될 수 있다. 예를 들어, 유연한(soft) 워크페어와 엄격한
(hard) 워크페어로 구분할 경우를 다음과 같이 설명할 수 있다. 전자는 교
육훈련에 의해 고용 가능성을 높여 노동시장 참가를 촉진하는 것이다. 한
편 후자는 노동시간이 증가하면 〈그림 1〉과 같이 소득이 올라가는 구조이
다(O-C-E-A는 소득증대, W는 임금률). 여기에 공공부조가 적용된다고
가정해 보면 공공부조 수당이 일정한 소득 이하의 사람들에게 지불되므로
소득선상에 변화가 발생할 것이다. 즉 소득은 M-B-E-A로 변화할 것이
다. 그런데 엄격한 프로그램이 이러한 공공부조제도에 편입되면 노동시간

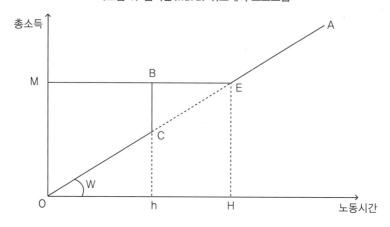

〈그림 1〉 엄격한(hard) 워크페어 프로그램

이 적은 사람에게는 수당을 지급하지 않지만 어느 일정 노동시간(〈그림 1〉에서 h)을 초월하여 많은 시간 일하는 사람에게는 수당을 지급하게 된다. 따라서 노동시간과 소득의 관계가 O-C-B-E-A와 같이 된다. 이 경계선 상에 있는 사람에 대하여 노동시간을 늘리려는 강력한 인센티브를 제공하는 정책이 엄격한 워크페어라 할 수 있다.

이러한 워크페어의 구별은 어떤 의미에서는 상대적인 것이다. 특정 국가에 한정되는 유형을 적용하여 전체적인 특징을 도출하려고 시도할 경우, 일정한 한계가 있을 수밖에 없다는 것을 이해해야 한다. 네덜란드나 덴마크에서도 고용상황의 변화에 따라 엄격한 워크페어와 유연한 워크페어 사이의 명확한 구분이 어렵다. 또한 청년이나 노인, 한 부모, 실업자 등 대상자에 따라, 부양 아동 수와 연령 등에 따라 실제 적용되는 정책의 내용이 다르다. 기본소득과 마찬가지로 워크페어도 그 유형이 각각 단절되어 있는 것이 아니라 연속적인 일련의 정책라인 중 어느 한 부분에 위치하게 된다.

서양에서는 복지국가 재편이 진행되면서 산업이나 노동 분야에서는 규제 완화와 민영화 두 가지 정책이 중심이 되었지만, 사회보장 및 사회복지 분야에서는 워크페어가 주목을 받게 되면서 복지와 노동을 둘러싼 사회보장 관계의 재편이 진행되었던 것이다. 워크페어와 관련된 고용 조건이나 급여 조건부 세액공제(Refundable Tax Credits)는 미국에서 시작되어 빠른 속도와 영향력으로 유럽이나 호주, 일본 등으로 전파되었다. 우리나라도 기초생활보장 도입에서 노동 수행에 따른 조건부 생계비 지급 프로그램의 도입에는 워크페어의 동향이 일정하게 반영되었다고 생각한다. 무엇보다 서구 복지국가의 경우, 1980년대부터 경제 및 고용 상황이 악화되면서 특히 실업보험이나 공공부조 또는 장애인복지 분야 등의 예산 제약이 강화되었다. 즉 경제성장률 둔화가 세입 측면에서의 압력을 낳고 또한 실업보험 수급자, 공공부조 수급자 또는 장애연금 수급자의 증가가 세출 측면에서의 예산 제약을 강화하면서 워크페어의 배경이 되었던 것이다.

워크페어 정책의 동력은 노동에 있다고 생각되지만 실제로는 복지로부터 노동으로 문제를 떠넘겨 버리는 것을 의미한다. 여기에 워크페어의 근원적 한계가 있다고 생각한다. 왜냐하면 워크페어의 배경에는 고용상황의 악화가 있기 때문이다. 유연한 또는 엄격한 워크페어라고 해도 근원적 한계로부터 벗어날 수 없다. 경기 불황이 계속될 때에는 아무리 직업훈련에 의해 고용 가능성을 높여도 그 효과는 한정될 수밖에 없다. 따라서 노동으로 떠넘기는 것만으로 문제가 해결될 수 없다. 때문에 워크페어의 초점은 이후에 소득의 지원 형태나 노동 그 자체에 대한 지위를 재설정하는 것으로 옮겨 가고 있는 것이다. 일자리를 통한 급여(making work pay)와 적정한 일자리(decent work) 정책 등은 그런 동향의 대표적 사례라 할 수 있다.

OECD는 선진 각국에서 근로복지 급여(in-work benefits)를 제도화하고 있는 데에 주목하였다. 가구 내에 노동자가 있어도 반드시 빈곤에서 탈피할 수 있는 것은 아니다. 1995년 이후 노동자가 1명인 빈곤가정 비율이 증가하였고 미국이나 뉴질랜드 등에서는 가족 내 노동자가 여러 명인 경우도 늘어나고 있다. 그 결과, 가처분 소득으로 볼 경우에 상대적 빈곤율과 고용률 사이에는 상관관계가 존재하지 않는 경우조차 나타나고 있다(OECD, 2005:123). OECD가 장년기 사람들의 빈곤과 소외를 문제로 삼는 이유도 여기에 있다. 미국이나 우리나라의 EITC(Earned Income Tax Credit), 영국의 WFTC(Working Families Tax Credit)는 근로 조건부 급여의 대표적 형태라 할 수 있다. 이런 정책은 전체적인 조세제도 개혁과 연관하여 인식할 필요가 있다. 미국의 경우에도 AFDC에서 엄격한 TANF로 이행이 가능했던 것도 조세 개혁이 패키지로 되었기 때문이라는 지적도 있다(日本財政法學會 編, 2001). 워크페어의 전파와 흐름을 같이 하면서 고용 조건과 급여 조건부 조세제도가 영국, 캐나다, 호주 등 앵글로색슨 국가에 발 빠르게 전파되고, 오늘날 유럽 여러 국가와 우리나라까지 도입되기에 이르렀다. 앵글로색슨 국가 중에는 근로복지 급여(in-work benefits)를 도입하여 근로동기를 손상시키지 않으려는 목적으로 제도를 운용하고 있는 국가가 많다(핀란드, 미국, 영국, 뉴질랜드 등). 이와 같은 형태의 급여는 OECD가 그동안 정력적으로 조사 및 연구 활동을 주도한 'Making Work Pay'의 중심적 수단이며 워크페어와 밀접한 관련이 있을 수밖에 없다. 말 그대로 워크페어와 'Making Work Pay', 근로복지 급여는 삼위일체로서 관련 정책들의 의미와 문제점 등을 통일적으로 이해할 필요가 있다. 즉 워크페어는 임금이 지급되는 노동이 아니면 효과는 일시적인 것에 그치거나 어디까지나 강제적 성격을 띠지 않을 것이며, 노동을 통해 급여를 지불받기 위해서는 빈곤함정을 피할 필요가 있다. 때문에 조세 등을 통한 임금 보조가 필수적이다(OECD, 2005:133).

물론 이와 같은 연쇄적인 관계가 필요한 것은 모든 노동자를 대상으로 하는 것은 아니며 미숙련 노동시장에 있는 근로 빈곤층이 주된 집단이다. 워크페어의 진행에 따라 취업한 복지 이탈자도 근로 빈곤층으로 될 가능성이 높고 'Making Work Pay'는 그들의 소득을 보상하는 의미를 가진다.

저임금 전략은 생산성이 만족스럽지 못한 일자리에 있어서 고용 증대를 촉진한다. 이런 종류의 일에 있어서 풀타임으로 1년간 일해도 빈곤선에 미치지 못하는 소득만 얻을 수밖에 없다. 때문에 저임금노동시장은 이중의 위험을 안게 된다. 즉 공공부조와 같은 대규모 소득이전 지출을 필요로 하며 저임금은 노동에 대한 근로의욕 저해 효과를 낳게 되므로 빈곤함정을 초래하게 된다는 것이다(Esping-Andersen, 1999:27). 고용조건이나 급여 조건부 세액공제에는 자녀가 있는 가족을 우대하는 조세 제도를 설계하여 수평적 재분배 효과를 기대하였다. 또한 근로 빈곤층을 대상으로 하는 제도 설계에 의해서는 수직적 재분배 효과를 기대하였다. 현재 노동에 종사하고 있는 사람들의 최저생활 보장을 의식한 제도라는 데에 주목해야 할 것이다.

독일에서의 워크페어는 매우 완만하게 진행되었다. 대졸자와 비교한 미숙련 노동자의 상대적인 실업률은 독일이 영국과 미국에 비해서도 매우 높았다.[5] 과거에는 적극적 노동시장정책에 의해 교육이나 훈련과 같은 인적자본 투자의 중요성이 강조되었지만, 미숙련 직종에 대한 높은 임금이 시정되어야 한다는 Ifo(독일 싱크탱크)의 논리가 지지를 얻게 되었다. 이런 높은 임금은 노동조합의 규제에 의해 초래되었다기보다는 사회보장 급여의 존재에 의해 실업자나 공공부조 수급자의 유보임금(reservation wage)이 높아진 것이 원인이라 할 수 있다. 2002년 5월의 Ifo의 제안은 실업부조제도나 적극적 노동시장 정책, 공적 고용의 폐지 등 폭넓은 범위에 걸쳐 있는데, 개혁 후에 소득이 전혀 없는 계층부터 평균소득 절반까지의 계층은 순소득 증가율은 낮지만, 임금 세액공제(tax credit)를 도입하여 동일한 증가율을 높게 설정하는 한편, 소득이 거의 없는 계층에 대한 공공부조

---

5 2000년 기준으로 중졸 실업자 비율을 보면, 독일은 13.7%, 프랑스는 13.9%, 영국 8.9%, 미국 7.9%. 고졸 실업자는 독일 7.8%, 프랑스 7.9%, 영국 4.5%, 미국 3.6%를 기록하고 있다(Werding, 2005).

지급액(유보임금)은 삭감하는 것이었다. Ifo의 제안은 순소득이 제로인 경우에 소득이 반감되는 것이 큰 특징이다. 근로 빈곤층의 세액 공제 원천을 보다 낮은 사람의 수당 삭감액으로 보충하거나 지나치게 후한 부분을 낮추기 위해서는 출발점의 수준을 낮게 할 필요가 있었던 것이다. 양자 모두는 중요한 쟁점이 될 사안들이었다. 어쨌든 Ifo가 실업수당이나 공공부조 수당 삭감에 의한 유보임금과 현실의 임금 저하를 촉구하고 그에 따라 발생하는 미숙련 직종의 수요와 공급 증가를 불가피한 것으로 하고 있다는 데에 주목해야 할 것이다. 이러한 입장은 에스핑 앤더슨이 언급하는 사회적 유럽의 방향과 다르며 'ISSA=ILO'의 관점과도 날카롭게 대립하는 것이었다. 전체적으로 Ifo의 정책 제안에는 노동 공급과 수요 증대를 노리고 저임금 섹터의 확대에 기여하고 보다 치열한 경쟁력을 낮게 하려는 목적이 있었다. 경쟁은 미숙련 노동자에게 지불되어야 할 임금이 현재 수준보다도 낮아져야 한다는 것을 의미한다. 그러나 그 결과 발생하는 영향을 받는 개개인의 가계소득은 임금 세액공제에 따라 보상받지 않더라도 낮아지는 효과가 있다(Werding, 2005:94).

3) 노동규제와 적정한 일자리

1990년대에는 다양한 정책 사이의 상쇄적인 관계를 지적하는 논의가 전개되었다. 예를 들어, 노동규제와 고용유지의 딜레마, 규제 완화와 임금 분배의 평등성 확보 사이의 딜레마가 있다(Esping-Andersen, 1999). 또한 서비스 경제에 있어서 임금소득의 평등성 확보, 완전고용, 정부재정의 균형 달성과 관련된 딜레마가 있다.

정부는 미숙련 노동자의 소득을 보호하기 위하여 노동시장을 규제할 수 있지만, 그 경우 높은 실업이 발생하거나, 그것을 막기 위해 공적 고용을 확대하면 재정 적자를 피할 수 없다. 한편 완전고용과 재정 균형에 역점을 두면 임금소득의 불평등화를 피할 수 없다는 것이다(Iversen and Wren, 1998).

고용보호규제(Employment Protection Legislation)에는 강한 역풍이 불고 있다. 단지 1990년대 후반 유럽에서는 노동시간 규제나 파트타임 노동자에 대한 균등처우, 유기계약 등 측면에서 규제 강화에 대한 흐름이 명확해지고 있다. 미국의 EITC나 급부 조건부 세액공제에 대한 국제사회보장협회(ISSA)의 평가는 그것들이 근로 빈곤층의 생활조건 개선에 기여하는 점을 인정하면서도 다음과 같은 단점을 지적하고 있다. 첫 번째로 부정(fraud)을 낳고 있다는 것, 대부분의 경우 급여에서 누락되거나 연간 1회 일시금으로 지불되는 데에서 생활보장 기능이 약하다는 것이다. 두 번째로 그것은 저임금 고용을 실질적으로 지원하는 조치이며 고용주의 인적자본에 대한 투자에 마이너스 유인을 제공함으로써 저임금노동을 존속하게 한다는 것이다. 근로 빈곤층에 대한 ISSA의 입장은 그러한 계층에 대한 사회보호, 특히 사회보험제도 적용을 확대하는 방향을 노리며 선택적인 재규제를 주장한다. 노동시장의 개입은 가장 불리한 입장에 있는 노동자의 상황을 그들에게 적합한 직종을 창조하려는 경제적 능력을 손상시키지 않고 개선시킬 수 있다는 것이다. 가령 최저임금을 경제적으로 수용할 수 있는 수준으로 설정한다면 소득이 가장 취약한 노동자를 공공부조로 쫓아내는 희생을 치르지 않고 충분히 보호할 수 있다. 낮은 최저임금이라도 불리한 입장에 있는 노동자에게는 긍정적인 영향을 미칠 수 있다는 것이다(Sarfati and Bonoli, 2002:471). 이러한 논점은 기본적으로 워크페어나 근로 조건부 급여가 놓치고 있는 노동의 내용을 점검하는 것이 중요하다는 점을 지적하는 것이다.

우리가 '복지로서의 노동'을 추진하는 데 있어서는 고용의 성격과 그 업무의 성격 및 질에 주의할 필요가 있다. 노동시장을 단순히 접근하기 쉽게 하는 것보다는 착취가 발생하지 않도록 보다 공정하게 만드는 정책이 개입할 수 있어야 할 것이다. 따라서 그런 취지를 적극 반영하여 사후적 소득보상정책(expost compensatory strategy)과 같은 근로와 연계된 프로그램이 앵글로색슨 국가에서 채택되었던 것이다. 구체적으로는 저임금이나 근로 빈곤층의 존재를 용인하면서 노동규제를 철폐하고 급여 조건부 세액공제 제도를 통하여 미숙련 노동자의 소득을 보상하려 한다. 이에 대하여 ISSA로 대표되는 진영에서는 최저임금제도를 비롯한 노동규제에 의해 저임금과 노동 불안정성을 줄이고 근로 빈곤층의 발생을 최소한으로 하려는 정책이 제안되었던 것이다.

1999년 ILO 총회에서 제기된 '적정한 일자리(decent work)'라는 구상은 노동규제의 내용을 풍부하게 하고 구체화하려는 것이다. 이 구상은 1919년 창설 이후 ILO의 사명과 활동 분야를 단적으로 보여 주고 있는데, 지금까지의 워크페어 정책과의 차이는 다음과 같다.

첫째, 워크페어는 노동하는 것을 최우선의 목적에 두고 노동의 내용이나 환경을 문제 삼지 않는다. 그런 점에서 노동은 블랙박스에 싸인 존재와 같다. 근로연계 급여도 노동의 과실인 소득에 주목하고 고용조건이나 급여 조건부 세액공제를 통하여 부족분을 보전하지만, 그 경우에도 노동의 내용이나 환경이 문제되지 않는다. 이에 비하여 '적정한 일자리' 정책은 노동의 질을 문제 삼고 있다(Ghai, 2006).

둘째, 적정한 일자리는 노동에서의 제반 권리의 보장이다. 적정한 일자리의 모든 구성요소에 대하여 윤리적 및 법적 구조를 구성해야 한다.

셋째, 적정한 일자리는 고용이나 기타 노동 방식을 제공한다. 일하기를 원하는 사람들에 대하여 적절한 고용기회가 제공되어야 한다.

넷째, 적정한 일자리는 사회보장제도의 정비가 필요하다. 일자리의 목적은 다양한 사고나 취약성에 대한 보장을 제공하는 것이다.

다섯째, 적정한 일자리는 사회적 대화의 촉진이 필요하다. 생산 활동의 참가자에 대하여 발언과 대표를 제공해야 한다.

'적정한 일자리'는 매우 중요한 개념으로, 위에서 소개한 구성요소는 각각 상호의존관계에 있다. 또한 달성 정도에 관한 지표나 척도 개발이 전제되어야 한다. 이런 개념은 장기적인 계획이 필요하므로 정기적으로 그 달성도를 계측할 필요가 있다. 이와 같은 적정한 일자리 지표를 개발하여 아동노동, 강제노동 금지 등의 개발도상국 고유의 문제로서 이해하려는 입장도 있었지만, 소위 선진국가에서도 중요한 의미를 가지고 있다. 사실상 북유럽 등에서는 노사정이 협력하면서 국내에서 적정한 일자리 보급을 위한 활발한 대응을 하고 있지만, 세계 각국에서는 글로벌화의 진행으로 한 국가 내에서의 노무 비용을 저하시키고 불평등을 확대하는 '바닥으로의 경쟁'을 촉발시키고 있으므로 대다수 노동자들의 생활을 사수하기 위하여 최저생활수준을 보장하는 기본소득 제도와 패키지로 결합시켜야 할 중요한 정책이념이라 할 수 있다.

〈그림 2〉 워크페어와 적정한 일자리의 차이

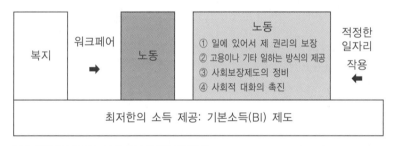

출처: 埋橋孝文(2011:124)를 바탕으로 재구성함.

4) 워크페어 비판과 기본소득

1970년대 중반부터 약 30년 이상 동안 복지와 노동의 관계는 복지국가의 황금시대에 비하여 크게 변용되었다. 앞으로 어떻게 변하게 될지 속단하기는 아직 이르지만, 지금까지는 근로연계 복지로 대표되는 고용 강화를 향한 재편이었다고 평가할 수 있다. 워크페어의 동향은 정도의 차이는 있지만 사회정책의 양극단, 즉 앵글로색슨 국가들과 북유럽 국가 양극에서 이끌어 왔다고 생각된다. 북유럽 국가에서는 실업자에 대한 활성화 정책의 풍부한 경험이 있고 공공부조 제도는 사회보장제도 전체 속에서 잔여적인 위치만 차지하고 있으므로 근로요건은 엄격한 편이다(埋橋孝文, 2011:127). 워크페어의 동향이 근로복지 급여 문제나 근로 빈곤층 문제를 부각시키고 있으며, 그에 대한 평가가 현재의 연구 초점이 되고 있다. 근로복지 급여나 급여 조건부 세액공제 제도를 도입함으로써 문제가 해결되는 것이 아니라 근로복지 급여 그 자체가 새로운 대립 축을 형성하게 될 수도 있다. 기본소득은 일체의 조건을 배격하는 반면에, 근로 조건부 급여는 그 효과성이나 인간의 자율성을 보장하는 소득보장제도의 속성 내지는 본질과 관련하여 끊임없는 논쟁을 불러일으킬 수 있기 때문이다.

세액공제 제도나 고용주에 대한 임금보조 제도는 저임금노동을 합리화하는 수단이 될 수도 있다. 사후적 소득보장정책과 선택적 노동규제 모두 조건적 복지를 대변하고 있으므로 무조건적 기본소득과는 일정한 대립 전선을 형성하게 될 것이다. 복지로부터 노동이라는 워크페어 개혁의 지향을 둘러싸고 결과적으로 노동의 성격에 대한 쟁점이 부각될 수밖에 없을 것이다. 글로벌한 경제 속에서는 특정 국가의 사후적 노동규제는 고용에 악영향을 끼칠 수 있다. 따라서 최저임금수준과 규제의 효과성을 검증해야 하지만, 덴마크에서처럼 노동시장의 규제 완화와 최저소득보장을 조합하는 아이디어는 기본소득 도입에도 유용한 시사점을 줄 것이다. 또한 사후적으로 소득보장을 제공하는 프로그램은 저임금 직종을 정당화하고 스티그마를 양산할 수 있으므로 기본소득 관점에서는 받아들이기 어렵다. 특히 근로 빈곤층 문제의 해결은 세액공제를 통해 근로 소득에 임금을 보조하는 형태로 이뤄질 수 있지만, 이는 노동의 변용 시기에는 근본적으로 맞지 않은 것 같다. 다양한 노동을 지원하고 가치 있는 사회적 활동을 장려하여 개인의 자율성을 높이기 위한 정책을 복지정책과 결합시켜야 할 것이다. 그런 점에서 적정한 노동을 위해서도 노동을 시작하는 단계에서 일정액의 기본소득과 연계하는 방안도 적극적으로 고려할 필요가 있다.

워크페어에 들어 있는 서로 다른 접근법의 차이는 결코 작지 않으므로, 복지 레짐을 구분하는 중요한 분기점이 될 수도 있다. 그러나 어떤 관점이든 거기에는 공통적으로 지향하는 지점이 존재하며 그에 대해서 원리적인 비판이 제기된다. 워크페어는 기본적으로 생산 확대와 완전고용을 지향한다. 생산의 확대를 통한 사회적 공정을 추구하는 것이 환경적 측면에서 바람직한지, 아니면 완전고용이 처음부터 오늘날의 노동시장 상황에 비춰볼 때 가능한 것인지는 충분히 고려할 만한 가치가 있다. 또한 거기에는 노동 규범을 높이기 위한 관리주의적 시각이 깃들어 있으므로, 전체주의적 노동 통제를 강화하는 데 대한 문제를 제기할 수 있다.

앞서 지적한 것처럼 기본소득은 소득보장 개혁과 관련해서 워크페어와 대조적인 입장을 취하고 있다. 보다 구체적으로 그 관계를 밝혀 보자. 기본소득은 선진 공업국가들의 리스크 구조의 변용이 종래의 조건형 복지가 기능을 상실하고 있다는 인식을 워크페어와 거의 공유하고 있다고 생각한다. 그러나 기본소득 지지자들은 워크페어 관점에서 재건을 시도하는 완전고용은 현재의 사회적·기술적 환경에서 가능하지도 아니하며 바람직하지도 않다고 인식하는 것이다. 워크페어의 고용정책이 고용창출의 쟁점을 개별 노동자의 근로 가능성을 개선하기 위한 공급 측면에 초점을 둘 경우, 근로 가능성을 높여도 노동 수요가 없어지면 노동자는 취직하기 어려워지는 딜레마에 봉착하게 된다. 그런 관점에서 기본소득 지지자들 중에는 공공사업에 의한 케인즈주의적 수요 관리에 대해서도 산업주의의 유물이라 비판하는 경우가 있다.

기본소득은 워크페어와는 정반대로 소득보장을 노동시장 참가와 분리하여 대응하므로 근로의무를 폐기하고 워크페어적인 근로소득세 공제와도 일정한 거리를 유지한다. 그리고 정규 노동시장에서 고용관계 참가를 시민권의 기초로 간주하지 않는다는 점에서 기본소득은 탈노동 중심 사회를 지향하는 것이다. 그런 차원에서 워크페어에서 볼 수 있는 노동윤리주의 또는 산업주의와 규범적인 차원에서 분명한 긴장관계가 도출된다. 유럽 환경정당의 대다수가 생태주의 이데올로기를 바탕으로 기본소득을 언급하는 것은 이런 이유 때문이다. 또한 워크페어형 제도에 수반되기 쉬운 관리주의에 대항하여 기본소득을 수단으로 반관리주의를 기치로 내거는 경우도 있다(Offe, 1992). 그렇지만 기본소득은 원리적으로 볼 때 경제적 효율을 무시하는 구상은 아니다. 소득조사를 거부하는 것은 실업함정을 제거하여 근로를 촉진하려는 의도가 있으며 근로의무를 배제하는 것도 인센티브를 상실한 근로와 열악한 노동시장의 조합을 방지하는 효과를 강조하기 때문이다(Van Parijs, 1995). 노동시장의 유연화를 지지하고 생활기회의 확충을 인적자본 형성에 연결하도록 기대하는 논의도 포함된다. 그리고 광의의 기본소득 구상에서는 부의 소득세와 같은 방법을 활용하면서 저임금 부분에 대한 근로인센티브를 높이는 데에 우선순위를 두는 논의도 볼 수 있다.

이상의 논의를 바탕으로 정리해 보면 소득보장을 둘러싼 정책적 대립 축은 정부와 시장 모두 그 역할이 상실된 것은 아니므로 여전히 건재하다고 생각된다. 그러나 리스크 구조가 변용하고 완전고용이 불가능하며 생산중심주의 비판이 확산되면서 그 축이 다원화되었다고 할 수 있다. 현실적인 개혁의 축은 워크페어 중심이다. 근로 연계성이 강한 사후적 소득보장과 인적자본을 개발하기 위해 노동을 재규제하고 정부지출을 확대하려는 정책이 워크페어의 내부적 대항관계를 이루고 있다고 생각된다. 따라서 생산과 복지를 연계하기 위한 유도적 대책이 진행되어야 하므로, 이는 국가의 관리주의가 더 강화되어 작은 정부를 지지할 수 없게 되는 결과를 초래할 것이다.

이런 움직임에 비판적인 관점을 취하며 복지와 근로를 철저히 분리하려는 기본소득에는 근로연계는 약하며 정부지출은 더욱 확대하는 정책이 필요하다. 근로의무를 강하게 요구하는 모델은 신자유주의적 정책연계가 될 수 있다. 기본소득과 인적자원 개발을 강조하는 시장 규제형 워크페어는 양자 모두 정부 책임을 강조한다는 점에서는 연계 가능성이 있지만, 상대적으로 막대한 재원이 필요하다는 점에서 전면적인 연계는 불가능할 것이다.

복지국가 재편을 둘러싼 워크페어와 기본소득의 대립 축은 분권화와 다원화, 젠더화 등 다른 문제영역에도 강한 침투력을 가지고 있다. 워크페어 개혁은 복지와 고용을 지역 상황에 따라 밀접히 연동시킬 필요에서 분권화를 촉진하였다. 정부 규모로 조직된 복지체제는 지방 정부 중심으로 조직화된 워크페어 체제에 길을 양보하게 된다(Peck, 2001:11). 그리고 워크페어는 그 집행상 자치 단체와 민간의 영리, 비영리 조직 사이에서 긴밀한 네트워크 형성이 요구되고 사회서비스 공급체제의 다원화를 촉진한다(OECD, 1999). 이에 대하여 기본소득, 특히 참가소득의 경우에도 또한 비영리조직의 활동을 지원하는 효과가 있지만 이들 경우에는 보다 소규모의 자발적인 조직을 선호할 것이다. 젠더와의 관계에서도 워크페어는 여성의 취업을 촉진하고 노동시장에서 젠더 평등을 쟁점으로 만든다. 그 경우에 젠더 평등의 기준을 남녀가 함께 정규직 임금 노동자로 자립하는 방향을 요구할 것이다. 젠더 평등화 전략모델에서는 보편적 주소득자 모델을 선호하지만(Fraser, 1997:51-55), 기본소득도 노동시장 내부에서 제공되는 가족 임금의 해체를 초래할 수 있으므로 기본적으로는 무상노동에 대한 사회적 평가를 촉진하게 될 것이다. 이때는 남녀 모두 기본소득을 목표로 삼아 요구하는 돌봄 활동 분담모델로 해석할 수 있다(Fraser, 1997:55-59). 이처럼 복지국가 개혁과 관련된 기본소득의 전망은 워크페어와의 대항관계가 소멸되지 않고 복지국가 재편 프로그램과 연계되면서 정부와 시장을 둘러싼 좌우 대립적 이데올로기와 맞물리면서 변용되어 갈 것이다.

2. 사회신용론과 기본소득

워크페어 국가는 근로연계 복지를 최우선으로 조세수입에 의해 복지를 유지하는 국가 체제이기도 하다. 하지만 오늘날 경제적 불황과 격차 확대는 조세수입을 바탕으로 지속되는 복지국가의 한계를 보여 주고 있다. 즉 현재 우리들이 목격하고 있는 사회·경제적 현실은 조세를 바탕으로 사후적 재분배에 주력해 온 근대 복지국가의 전반적 위기인 것이다. 따라서 소득세나 복지세 등 조세 개혁을 통한 재원으로 복지국가를 개혁하기 위해 기본소득을 실시하자는 논의를 벗어나서 보다 급진적으로 정부가 직접 화폐를 발행하여 사회신용을 기금으로 기본소득을 지급하자는 제안이 제기된다. 그런 부류의 대표적인 논자로서 영국의 클리포드 휴 더글러스(Clifford Hugh Douglas, 1879~1952)는 20세기 초반에 사회신용론(Social Credit)을 주장하였다.[6] 그는 기본소득을 전면적인 화폐 개혁의 일환으로 분명한 거시경제학적 기반을 지닌 정책으로서 제안하고 있다. 그는 1930년대 대공황 당시 경제 사상계의 아인슈타인으로 각광받았다. 그의 사회신용론은 영국과 일본, 이탈리아 등에서 열성적인 추종 연구를 낳기도 했지만, 전후에는 사람들의 뇌리에서 사라지고 말았다. 그는 캠브리지 대학에서 수학 학위를 취득한 후, 우수한 엔지니어로서 다수의 대형 프로젝트에 관계하였지만, 제1차 세계대전 중에 공군 소위로서 왕립비행기 공장의 회계감사로 임명되었다. 거기에서 그는 근대 산업경제에서 노동자의 임금 급여는 기업회계의 극히 일부를 이루는 데 지나지 않는다는 사실을 발견하였다. 이런 경제에서는 기업은 생산 과잉, 노동자는 소득 부족에 시달리게 된다. 사회신용론은 그가 자신의 단순한 발견이 지닌 의미를 좀 더 깊이 있게 탐구하는 과정에서 탄생하였다. 그것은 자본주의에 의한 억압

---

6   이후 내용은 関曠野(2010:210-218)을 참고로 재구성함.

과 착취의 고발이 아니라 엔지니어답게 근대 산업경제의 구조적 결함을 분석한 결과였다. 사회신용론은 이와 같은 결함을 바로잡기 위한 여러가지 정책 제언으로서 특정 도그마나 당파적인 이데올로기로 출발한 것은 아니다.

사회신용론은 세 가지 원칙을 강조한다. ① 은행에 의한 사적인 신용창조를 배제하고 정부가 통화를 공공의 이익을 위하여 발행함으로써 신용을 사회화한다. ② 전 국민에게 시민권을 근거로 일률적인 무조건 배당하는 국민배당을 실시한다. ③ 판매부문에 있어서 수시로 필요에 따라 상품이 가격 인하로 팔리는 할인가격을 책정한다. 이들은 모두 경제의 구조적 결함에서 생기는 생산과 소비의 항상적 불균형을 시정하기 위한 조치이다.

생산과 소비, 공급과 수요 불균형이 생기는 원인에 대한 그의 견해는 매우 명쾌하다. 그 원인은 ① 자동화, ② 기업회계, ③ 은행화폐이다. 첫 번째로, 더글러스 시대에 이미 진행된 생산 자동화는 오늘날에는 극한까지 치닫고 있다. 자동화 기술을 완전히 활용하면 현재의 1/4 수준의 노동력만으로 모든 생산을 할 수 있다는 주장도 있지만, 그렇게 되면 우리들은 모두 잠재적인 실업자이다. 더욱이 문제는 직접적인 기계에 의한 실업뿐만이 아니다. 오늘날의 생산현장에서는 기계가 주역이며 인간은 보조에 불과하므로 서비스 산업에서 볼 수 있는 것처럼 낮고 불안정한 임금밖에 받을 수 없는 사람들이 늘어나고 있다. 자동화에 의해 막대한 상품이 생산되는 한편 근로자의 임금은 계속적으로 감소되어 간다. 따라서 생산과 소비를 균형 있게 유지하기 위해서는 고용 이외의 형태로 사람들의 소득을 보조할 필요가 있다. 두 번째로, 기업회계 문제를 더글러스는 A + B 이론이라는 형태로 만들었다. 기업의 생산비용을, 노동자의 임금 급여에 충당하는 A와 생산설비의 감가상각비, 은행에 대한 부채 변제, 다른 기업에 대한 지불 등에 사용하는 B로 구분한다. 상품의 최종가격을 결정하는 것은 A + B이다. 그리고 A + B는 A보다는 훨씬 크다. 그러므로 노동자는 임금으로는 생산된 상품을 총체적으로 구입할 수 없다는 것이다. 그리고 기업이 취득한 이익의 대부분은 설비 투자나 은행 부채를 갚는 데에 충당하므로 기업회계 중에서 임금이 차지하는 상대적인 비율은 지속적으로 감소해 간다. 여기에서 더글러스가 문제 삼는 것은 노동력의 착취가 아니라 시장경제의 가격이 형성되는 과정이다. 상품의 가격이 공급과 수요의 균형이 아니라 항상적·구조적 불균형으로 형성되는 것이다. 세 번째로, 은행화폐에 의한 경제의 혼란과 그것이 초래하는 생산과 소비의 불균형이다. 19세기 말, 가내수공업 시대가 끝나고 소위 공장제 대공업 시대가 시작되자 거대한 설비투자의 필요에 의해 기업은 은행의 융자 없이는 존속할 수 없게 되어 금융이 경제에 개입하기 시작한다. 그 결과, 상품 최종가격의 1/3~1/2이 은행에 지불하는 이자가 되는 현실을 낳게 되었다. 금본위 시대에는 금융자본의 힘은 금의 보유량에 의해 어느 정도 제약될 수 있었다. 그러나 1971년 닉슨 대통령이 달러와 금의 교환을 정지한 이후, 세계 각국은 달러가 기축통화로 법정통화가 되었다. 이 통화는 은행의 영향력을 확대했다. 법정통화는 국민 국가의 신뢰를 바탕으로 중앙은행이 발행하는 지폐이므로 은행의 형편에 따라 늘려 찍어 낼 수 있는 종이화폐인 것이다. 그리고 부분 지불준비금 제도에 의해 은행은 보유 예금의 8~10배의 자금을 대여하는데, 다르게 표현하면 은행은 예금을 빌려주는 것이 아니라 장부상으로 비어 있는 데서 사적인 신용 창출을 행하고 있는 셈이 된다. 은행은 신용을 창조하는 것이며 예금이 부족하면 중앙은행이나 다른 은행에 빌리면 된다. 그러므로 부분 지불준비금 제도는 은행에 의한 사적인 신용창조를 은폐하기 위한 속임수라는 것이다. 이 제도의 문제는 은행이 실물경제에 있어서 생산과 소비와 관계없이 사기업의 형편에 따라 신용을 창출하고 그것이 경제의 혼란을 부추기고 있다는 것이다. 또한 은행화폐는 이자가 부가되는 부채이다. 현대경제의 대부분은 은행화폐로 움직이고 있다. 따라서 경제 중심은 생산과 소비가 아니라 부채의 변제에 있다. 부채 문제는 기업과 국가, 가계 모두 결국 그것을 변제하지 않는 데에 있다. 왜냐하면 모든 개인이나 조직이 부채를 변제한다면 그 순간 경제활동은 완전히 정지할 것이기 때문이다. 오늘날 세계금융위기를 맞아 천문학적인 부채로 기업, 국가, 가계뿐만 아니라 은행 자체도 허덕이고 있다. 이와 같은 부채경제에서는 자신의 부채를 덜기 위해서 누군가에게 부채를 전가해야 한다. 예를 들어, 자동차를 판매할 때, 대출을 안고 구입하게 한다거나 부채를 갚기 위해 새로운 부채를 안게 한다. 이자에 이자가 중첩되면 최종적으로 이자 총액이 원금을 훨씬 초월하여 부채경제를 질식시킨다.

더글러스의 사회신용론은 추상적인 이론이 아니라, 실물경제에 바탕을 두고 항상적인 생산과 소비의 불균형을 시정하기 위한 정책이다. 그리하여 우선 은행에 의한 사적인 신용창조를 멈추고 신용창조를 공익사업으로 사회화할 것을 제안한다. 그를 위해서 정부가 주권자로서 화폐를 발행하고 그것을 기업이나 자치단체 등에 무이자로 융자한다. 중앙은행은 공공적 사업의 주체로서 국가신용국으로 전환할 것을 제안하고 있으며, 이 조직은 정기적으로 수집된 국가의 경제 통계 데이터에 근거하여 가정에 수돗물을 보내듯이 사회에 화폐를 공급한다. 여기에서는 국가재정은 수입과 지출을 둘러싼 회계가 아니라 신용관리가 된다. 그리고 국가신용국은 동시에 전 국민에게 국민배당으로서 기본소득을 지속적으로 급여한다. 국민배당이 무조건적으로 급여되어야 하는 이유는 그것이 생산과 소비의 불균형을 바로잡기 위한 거시경제학적인 조치이기 때문이다. 그리고 균형 실현을 위한 또 하나의 보완적 정책이 할인가격이다. 이는 가령 30%의 수요 격차가 존재할 경우 판매 부서가 모든 상품을 일정 기간 동안 30% 할인하여 판매하는 가격이다. 할인된 몫은 후에 국가신용국에 의해 판매 부서에 보상되므로, 이 정책은 보상받는 디스카운트라고 해도 좋다. 소비자는 상품을 사고 판매 부서와 기업은 그 수익 중에서 상품의 생산과 구매를 위하여 융자받은 자금을 신용국에 변제한다. 이는 은행에 의한 자금 회수와 달리 발행된 통화를 회수하여 인플레이션을 예방하기 위한 조치이다. 따라서 기업의 사정에 따라 변제 조건에 대해서는 다양한 교섭이 가능하다. 중요한 것은 신용의 사회적 관리이며 생산과 소비의 사이클에 따라 화폐가 발행되고 회수되는 것이다. 이러한 화폐 형태를 더글러스는 차표에 비유하고 있다. 사람들이 철도를 이용하도록 하기 위해서는 차표를 발행할 필요가 있다. 그리고 승객이 목적지에 도착했을 때 차표는 회수되어 폐기된다.

사회신용론에서는 화폐는 생산된 상품의 원활한 소비를 촉진하기 위한 순수한 교환수단이 되며 그에 수반하여 경제는 저축의 중압감에서 해방된다. 이 시스템에서는 기업에는 필요한 자금이 직접 무이자로 풍부하게 공급되고 소비자의 유효 수요도 보증되므로 디플레이션은 발생하지 않는다. 인플레이션이 발생한다면 신용국은 억제를 위해서 역시 이자율에 의지할 수밖에 없을 것이다. 즉 정부 화폐를 기업에 융자할 때에는 인플레이션에 대응하기 위한 약간의 이자를 부가하는 것이다. 이런 이자율에 의한 인플레이션 억제는 더글러스의 제안에는 포함되어 있지 않다. 그러나 이는 어디까지나 인플레이션 억제를 위한 일시적 조치일 뿐이다. 게다가 이자수입은 국고로 들어가므로 이는 경제혼란의 원인이 되는 은행화폐 이자와 동일한 차원에서 논의할 사안은 아니다.

더글러스는 전 국민에게 기본소득을 받을 권리가 있는지에 대해서 명쾌하게 답을 내리고 있다. 생산의 90%는 도구나 과정의 문제이며 인간의 노동은 극히 일부분의 역할에 지나지 않는다. 또한 생산은 인류가 과거에 축적해 온 풍부한 기술이나 지식을 이용하고 있으므로 현대인이 다시 마차바퀴나 스프링을 개발할 필요가 없는 것처럼 생산을 가능하게 하는 것은 개개인의 노동이 아니라 인류의 문화적 유산인 것이다. 그러한 유산의 동등한 계승자로서 만인에게는 생산된 부를 배당받을 권리가 있다는 것이다. 여기에서도 더글러스는 오랫동안 생산 현장에 관여해 왔던 엔지니어로서의 체험과 지식에 기반하여 생산을 가능하게 하는 것에 대해서 말하고 있다. 그는 기본소득을 생산과 무관한 소득으로서 옹호하는 것이 아니라 반대로 생산에 대한 깊은 이해를 바탕으로 근거를 부여하고 있다.

우리나라에서도 최근에 기본소득 논의가 열기를 띠고 이어지고 있다. 하지만 현재 세계적으로 복지국가 변용이 진행되는 과정에서 증세를 통해 기본소득을 실시하자는 목소리는 크게 힘을 얻고 있지 못하다. 은행화폐를 대체하는 정부화폐로 기본소득을 실시할 수 있을까? 혹자는 금융자본이 글로벌한 파탄을 맞이한 세계 공황기를 맞아 사회신용론에서의 기본소득을 공황 타개책으로 도입할 것을 주장한다. 그러나 사회신용론의 의의는 공황의 타개책으로 끝나는 것이 아니라, 그것이 생산과 소비를 균형 있게 하여 경제를 안정시키는 구상으로서 금세기가 직면하고 있는 문제를 해결하는 데 아이디어를 제공할 수 있다는 데에 있다.

처음에 지적한 것처럼 근대 복지국가는 조세국가이기도 하다. 조세국가는 다르게 말하면 화폐 발행권을 가지지 않는 국가, 그것을 은행에 양도하고 스스로 수입원으로서는 조세와 국채만 가지는 국가이다. 그리고 강제적인 조세 징수는 경제발전 논리로 정당화되고 있다. 즉 국가가 조세로 경제발전을 위한 환경을 정비하면 납세자는 경제발전에 의해 지불한 조세를 상회하는 이익을 향유하게 된다는 논리이다. 그러므로 이 국가는 세수 부족으로 국채 발행을 할 수밖에 없는 경우에도 유사한 논리는 변하지 않는다. 국채는 경제발전이나 경제위기 회피를 위한 것이며 경제가 다시 성장한다면 세수 증대로 부채를 갚을 수 있다는 주장은 국채 발행을 정당화하는 강력한 논리가 될 수 있다. 그리고 이런 국가가 경제성장을 고집하는 것은 특정 이데올로기 탓이 아니라, 은행화폐의 이익에 부응하도록 구축된 시스템 때문이라 생각된다. 그러므로 이 국가는 공황이 발생해도 그것을 일시적 불황이라 할 것이다. 그렇지만 공황에 직면한 국가는 어떻게 될까?

리먼 쇼크 이후의 미국, 거품 붕괴 이후의 일본에서도 국가는 사실상 파산한 거대 금융기관을 국민 부담으로 국채를 발행하여 공급으로 구제하였다. 위기를 불러일으킨 장본인들이 희생자에 의해 구제되는 비정상적 사태는 조세국가의 정체를 드러나게 했다고 생각된다. 은행화폐의 파탄과 국가 위기가 일체가 되어 국가가 서서히 해체하고 있다면, 소득세를 통한 기본소득 실시는 회의적일 수밖에 없을 것이다. 조세와 국채가 기능을 상실하기 전에 별도의 대책으로 국고 수입을 확보해야 할지도 모른다. 더글러스의 아이디어처럼 정부화폐를 기업에 융자할 때에 항상 일정한 이자를 부가하여 국가의 수입으로 하는 방안은 어떨까? 탈세나 부정의 위험 없이 경제 활성화의 과실이 즉각 은행을 통하지 않고 국고로 연결되지 않을까? 특히 환경에 유해한 산업에 대해서도 이자율을 높게 하여 그 활동을 간접적으로 규제한다면 국민들의 생태적 삶도 촉진할 수 있을 것이다.

더글러스는 근대 산업경제의 구조적 결함을 극복하기 위해 화폐 개혁과 기본소득 구상을 내세운 것이다. 그리고 지금까지 살펴본 것처럼 그가 제언하는 정책은 정확한 분석에 근거한 것이며 구체적이며 현실적이다. 그러나 그의 구상은 어떤 국가에서도 부분적이라도 실현된 적이 없다. 제2차 세계대전으로 군수산업 호황에 따른 완전고용이 공황을 해결해 버리자, 그는 아무도 기억하지 않는 인물이 되고 말았다. 그가 망각된 이유는 사회신용론의 자체적 한계 때문이기보다는 다른 문제 탓이 크다. 그의 이론이 큰 반향을 일으킨 관련 정당이 결성되었고 더글러스는 캐나다 사회신용당에도 관여하였지만, 지지를 곧 철회하고 이후 의회의 전능한 권한을 비판하였다. 그의 구상에는 국가론이 개입되어 있지 않았던 것이다. 의회주의와 정당정치는 근대 조세국가와 일체가 되고 그러한 국가에 정치적 정통성을 제공하고 있는 제도이기 때문이다. 의회제 국가는 회계로서의 국가재정을 전제로 하고 있으며 예산의 심의 및 조세의 징수와 배분을 둘러싼 정쟁이 정당의 존재 이유가 되고 있다. 만일 회계에 의한 국가재정이 신용의 사회적 관리로 치환될 수 있다면, 정당은 할 일이 없어지게 될 것이다.

우리나라에서도 지난 대통령 선거에 기본소득을 공약으로 내걸고 출마한 후보가 정부화폐로 재원을 보장하겠다는 공약은 하지 않았다. 이웃 일본에도 기본소득을 공약으로 하는 정당이 두 개나 있었지만, 그런 주장을 한 경우는 볼 수 없다. 만일 정당정치의 틀 내에서 그의 기본소득 구상을 실현하려는 예산 편성 요구를 한다면, 이는 정치적 공수표로 끝날 가능성이 많다. 그렇지만 만일 정부화폐가 실현되었다고 가정한다면 선거에 승리한 정당에 무제한의 경제적 권력을 부여하게 될 것이다.

사회신용론이 의회제도 국가와 근본적으로 융합할 수 없는 이유는 근대 국가는 재정을 은행화폐에 의존하는 체제이기 때문이다. 그러므로 의회제도나 정당정치의 틀 내에서 화폐 개혁을 통해 더글러스의 기본소득 구상을 실현하기란 매우 불확실하다. 오히려 조세제도의 개혁과 함께 부분적인 기초연금과 같은 단계적 기본소득을 도입하는 것이 훨씬 현실적이다. 물론 무조건적 기초연금으로의 이행 약속이 확실하게 보증되는 경우에 한해서이다. 그렇지 않으면 정의로운 독재자가 나타나 민주주의를 철저히 실천하면서 사회신용론을 제도로 도입한다면 가능할 것이다. 피로와 불안이 확산되고 비정규직, 무한경쟁, 실적주의가 일상화되는 시대에 우리에게 필요한 것은 질서를 타파하는 혁명일까? 가능한 질서를 실험하고 검증하는 개혁일까? 분명한 것은 세계금융위기 이후 은행과 국가의 위기를 경험한 사람들은 새로운 통화질서를 낳는 사회계약을 원한다는 것이다. 그것을 대신할 질서는 신용의 사회화와 기본소득 요소를 필연적으로 요구할 것이다.

기본소득이 전통적인 좌·우파 이데올로기의 차이를 초월하여 지지받고 있지만, 정책 패키지 전체의 이미지에 대해서는 어디까지나 최저 기반이며 그 이외에 다양한 필요에 따른 급여가 병행되어야 할 것이다. 하지만 현재의 소득보장제도를 기본소득으로 아예 대체하여 국가의 권한을 최소로 왜소하게 만들자는 주장도 있다. 어떤 질서가 효과적일까? 극한으로 빈곤한 사람이나 취약한 계층의 존재는 경제성장을 어렵게 하므로, 그들의 경제참가를 촉진하고 개발 효율을 높이기 위하여 빈곤을 완화하려는 논의는 중요하다. 하지만 극도의 빈곤이나 불평등에 대해서는 사회에 존재하는 부정의를 제거하는 운동론적 접근도 필요하다. 불가결한 시민권의 일부로서 보편적인 국민 최저한의 보장이라는 이상도 추구해야 한다. '도구주의' 관점에서는 빈곤이나 불평등한 대상에 대한 효율성이 중시되는 데 비하여, '운동' 관점에서는 권리성에 근거한 보편주의가 중요한 위치를 차지하게 된다. 기본소득은 실질적 자유 회복을 목표로 현금을 지급하는 데 있어 기존의 질서와는 다른 궤적을 밟아야 가능하므로 제도 도입을 위한 변혁적 운동이 대단히 중요하다.

제3장
실질적 자유와 기본소득

1. 새로운 시민권과 기본소득

  기본소득을 시민의 권리로 수급할 수 있다면, 권리로서의 사회복지와 관련하여 시민권에 대한 고찰은 필수적이다. 권리 중심적 시민권은 자기결정과 선택 등 개인주의적 인간관과 사회관을 강조하는데, 마샬의 시민적·정치적·사회적 권리와 같은 시민권론이 대표적이라는 것은 상식이 되고 있다(Marshall, 1992). 여기에는 공공생활에 대한 참가의무는 없으며 법적 권리 부여만이 강조되므로 사적 시민권이 초점이 된다(Kymlicka and Norman, 1995:287). 반면에 집합주의적 사회관에서는 의무 중심적 관점에 의해 공공에 대한 공헌이야말로 사람들의 올바른 모습이라 강조할 것이다. 따라서 의무와 함께 시민적 덕성과 공공정신, 책임 등의 윤리규범이 수반된다. 물론 의무적이라 간주되는 활동 내용이 특별히 정해져 있지 않지만, 정치참가나 국방, 취업 등 다양한 활동이라 설정할 수 있다.
  복지국가의 사상적 기반을 구성하는 사회적 시민권은 최저한의 경제적 복지와 안전을 청구할 권리에서부터 시작하여 사회적 부를 나누어 가질 권리, 사회의 표준적인 수준에 비추어 문화 시민으로서의 생활을 보낼 권리에 이르기까지 광범위한 권리를 표방하고 있다(George and Wilding, 1976). 복지국가는 사회복지를 통한 공공이익을 동등하게 적용하기 위해서 권위와 통제능력을 가지고 사익을 추구하는 행위자로부터 공익을 사수하고 모든 시민에게 평등한 복지 급여를 보장한다(Cox, 1998:4). 따라서 복지의 자격은 개인에게 보편적으로 부여되며, 자격 취득이나 계속 유지를 위해 특별한 조건을 특정한 계층에 별도로 부과해서는 안 된다.

그러나 이에 대해서 다양한 비판이 제기되었다. 신자유주의 관점에서는 노동을 통하여 자립하거나 가족을 상호 부양하는 전통적인 의무를 복지국가의 사회권이 갉아먹고 있다고 비난하며, 좌파 진영에서는 통제적인 복지국가가 억압당한 사람들의 진정한 자율을 부정하고 있다고 비판한다. 더욱이 전통적 좌파 일부는 사회적 시민권을 절대적으로 우선시하는 데 반대하고 개인의 책임에 대한 도덕적 요구나 세대 간 의무에 대하여 재검토할 것을 요구하였다(Dean, 2002:197). 이런 논의들은 시민권 패러다임을 비판하는 것인데, 결국 복지국가가 개인의 사회적 의무를 회피하게 만들고 의지를 약화시키며 사회 활력을 잃게 만든다는 논리로 연결되었다. 그리고 사회적 시민권을 의무와 책임을 전제로 하는 워크페어 개혁으로 연결하였던 것이다. 이전까지 복지 급여는 보편적 권리로서 개인적 행위나 태도를 문제 삼지 않았지만, 시민의 지역사회에 대한 의무나 책임이 조건으로 연결되면서 개인 행태나 의지가 의심받게 되었다.

사회적 시민권 관점에서 지금까지의 복지국가 재편의 무게는 신자유주의를 바탕으로 권리 중심적 시민권보다 취업 '의무'를 강조하는 방향에 실려 있었다(宮本, 2004). 이와 같은 영향으로 유럽의 경우 좌파 진영에서도 사회적 권리를 수정하여 의무를 강조하는 견해가 등장하였고, 이는 권리 중심 패러다임이 변화하는 데 큰 영향을 미쳤다(Hobson and Lister, 2002:31-32).

그러나 사회적 시민권의 중심 이동과 달리 기본소득은 개인의 권리를 중시하며 실질적 자유(real freedom)를 강조한다. '근로나 혼인, 재산, 사회적 속성 등을 묻지 않고 모든 개인에 대하여 일률적인 최저한의 필요소득을 지급'하려 하므로 어떠한 의무와 조건도 받아들이지 않는다 (Fitzpatrick, 1999; 小澤, 2004). 정액급부에 의한 평등주의적 재분배를 지향하므로 개개인의 권리 중심적 소득보장이 주축이 된다. 물론 기본소득도 사회적 활동 참가를 조건으로 하는 경우도 있지만, 그 경우에도 그것을 의무로 강요하지 않는다. 이 경우의 시민은 취업 여부와 관계없이 사회적 활동만으로도 미래를 개척할 수 있는 능동적인 개인이며 자발적으로 기회를 선택하여 지역사회 질서를 형성하고 경제발전에 공헌하는 주체이다.

결론적으로 기본소득은 복지국가 재편 논의에서 강조해 왔던 노동의무와 가장 급진적인 대척점에 그 위치를 위치하고 있다. 특히 탈생산주의 관점에서는 안정적 복지에 필수적인 생산이 더 이상 노동가치론에 의해 설명될 수 없을 정도로 변하여 삶의 전 과정을 통한 물질-비물질 노동 모두에 대해 지급하는 보상적 급여를 의미한다.[7] 현재와 같은 생산주의 복지국가 체제하에서는 더 이상 임금노동에 바탕을 둔 소득보장이 불안정해지므로 사회적 부의 생산에 기여한 시민 각자에게 국가가 사회적 권리로서 생활비를 제공하자는 것이다(은혜·연구공간 L, 2010). 이런 담론은 기존의 생존권과는 다소 상이한 사회적 시민권의 재해석 가능성을 보여 준다.

복지국가와 기본소득은 모두 기본적인 목적이 생존권 보장이다. 문제는 생존권 보장의 관점과 비교하여 기본소득이 기존 사회권의 그것과 어떻게 다른가에 있다. 복지국가는 인권 중에서 가장 우선순위가 높은 생존권에 대하여 개인의 사유재산 보호라는 자유권 보장만으로는 그럴 수단이 없는

---

7 여성의 일로 분류되어 왔던 돌봄 노동 등이 점점 중심적으로 되고 그 정동적 노동으로서의 특질로 인하여 오늘날의 생산은 상품 생산에 그치지 않고 삶의 형태와 관계들에 의한 생산으로 확장된다. 노동시간과 삶의 시간을 구분하기 어려워지므로 자본은 노동의 여성화가 가져올 시간적 자율을 통제하기 위해 노동 유연화를 극단적으로 밀어붙여 불안정하게 만든다. 노동시간과 비노동시간의 구분이 사라진 상태에서 언제나 노동할 준비가 되어 있도록 만든다. 이른바 불안정한 비정규직 노동의 확대라 할 수 있다.

약자의 생존 자유가 실현되기 어려우므로 사회적인 수단을 제공하여 생활을 보장하고 실질적인 자유를 실현하려는 것이다. 그렇지만 그런 권리는 기초생활보장 제도에서 알 수 있듯이 급여 청구권형이며 그 급여를 인정할 때에 청구권의 심사, 노동능력이나 자산조사가 이루어진다. 또한 사회보험 가입이나 취업, 교육과 훈련이라는 의무가 개입된다.

반면, 기본소득은 모든 사람이 시민, 즉 공동체의 성원 자격으로 급여를 받을 수 있으며, 받은 소득을 종잣돈으로 삼아 자신의 생활스타일이나 인생 설계에 자유롭게 소비할 수 있다. 권리에 대응하는 의무도 없다. 어디까지나 사람들이 스스로의 생존을 기본소득이라는 명칭의 사적 자산으로 자유롭게 추구할 수 있는 구도이다.

하지만 현재 우리들은 여전히 생활의 개인책임을 소중히 생각하고 있다. 그것은 시민사회의 자격 획득을 위한 요건으로서 시민법에서의 인간상은 여전히 개인의 책임을 기본전제로 삼고 있는 것이다. 시민사회에서는 누구나 시장에서의 유상노동으로 생계를 유지하게 되므로 생활에 대한 책임은 노동의무 이행[8]에 의해 완수되는 것이다. 그리하여 '시민으로서의 지위와 자격 획득' - '생활에 대한 개인책임의 수행' - '임금노동 수행'과 같은 연결이 형성된다. 그리고 사회권이라 하더라도 생활에 대한 개인책임 원칙은 기본적으로 유지되므로 이러한 연결은 유효하다. 그러나 임금노동에 종사하는 것이 시민 자격을 얻기 위한 책임 완수와 반드시 일치되어야 하는가? 특히 완전고용이 현실적으로 성립되기 어려운 오늘날에는

---

8 노동의무가 권리 실현의 전제조건이어야 하고 마샬(Marshall) 시민권의 전제라는 보수당과 신우파들의 주장은 근거가 불분명하다는 비판이 제기된다. 그 근거 논리는 예를 들면 "가장 중요한 의무는 노동(work)의무이다. 하지만 개인의 노동이 전체 사회의 복지에 미치는 영향은 너무 작기 때문에 개인이 이를 철회한다고 하더라도 크게 해를 끼친다고 생각하지 않을 것이다." "노동의 의무와 같은 의무 수행은 권리에 대한 수급자격을 부여하는 것이 아니라 권리 실현이 의무와 동시에 이루어지는 것이다."라는 주장이다(Marshall, 1963:122-123, 1981:90; 서정희, 2008:160 재인용).

임금노동 이외의 사회적으로 유용한 활동을 수행하는 것도 시민으로서의 지위와 자격 획득을 위한 책임을 다하는 것이라 평가하는 논리적 근거가 될 수 있을 것이다. 그러한 노동은 임금과 무관한 자율적 활동의 영역이라 할 수 있다. 따라서 기본소득의 제도화는 현실에서 자율성을 제도적으로 실현하기 위한 노력이라 할 수 있다.

자율성과 기본소득의 관계에 대해 논의할 때 복지의 '성과'와 '자유'에 관한 Sen의 논의를 빼놓을 수 없다. 그에 따르면, 사회에서의 인간의 지위(position)는 다음과 같은 두 가지 시점에서 평가할 수 있다. 즉, ① 그 사람의 실제 성과(achievement), ② 그것을 달성하기 위한 자유이다. ①은 우리들이 실제로 달성한 성과에 관한 것이며 ②는 우리가 행할 가치가 있다고 인정하는 것을 달성하기 위하여 실제로 주어지는 기회에 관계된다(Amartya Sen, 1999:47). 지금까지의 사회복지에서는 생존이나 기본생활에 필요한 수요가 충족되고 있는지 그 성과를 문제 삼았으며 어떤 생활방식을 취할 것인지를 선택하는 자유는 크게 문제가 되지 않았다. 그러나 최저생활을 위한 수요가 충족되어도 결과적으로 특정한 삶의 방식을 강제하는 것이라면 '성과' 차원에서는 복지의 충족이 있어도 '자유' 차원에서는 복지가 결여된 상태라 할 수밖에 없다. 기본소득에서는 개인이 실제 원하는 것이 가능하며 그 실현수단을 확보할 수 있는 실질적인 자유를 목표로 사회보장이나 사회권이 지금까지 직접적으로는 다루지 않았던 자율적인 자립에 관한 문제를 대상으로 하려는 것이다. 이처럼 자율성 문제를 진지하게 다루려는 기본소득의 특징은 사회보장의 현대적 전개를 생각하는 데에 있어서 중요한 의미를 가진다. 그 이유는 복지국가의 성숙에 따라 현실 사회보장제도가 시민의 다양한 생활양식을 보장할 수 있는지 여부가 과제로 부각되는 상황에서 개인 생활에 대한 자기결정을 경제적 자립과 마찬가지로 권리로서 승인하도록 요구하고 있기 때문이다. 사회복지 분야에서 볼 수 있는 이러한 자율권 존중의 동향은 사회보장과 시민권 이론의 현대적 전개에서 볼 수 있는 특징 중의 하나이다. 이런 논의를 생각할 때 기본소득은 사회적 시민권 보장이면서 거기에 자율 보장이 부가된다는 점에서 기존 시민권 이론과는 차이가 있다. 기본소득은 권리보장으로서 과거의 논의와는 다른 위치와 내용을 가지는 '새로운 사회권'이라 생각된다.

하지만 급여를 받기 위해서 특별한 조건을 이행할 의무는 아니더라도 아무것도 요구하지 않는다면 협동적이며 호혜적인 활동은 생겨나지 않을 수 있다. 그것들이 형성되기 위해서는 시민의 새로운 자유와 책임으로 지탱되는 공동체가 형성되고 강화되어야 한다. 의무는 자유와 함께 협동을 위한 자각과 책임을 가지는 것이다. 그리고 그에 어울리는 자각과 협동을 기르는 사회 시스템을 함께 발달시키는 것이 불가피하다. 다시 말하면, 기본소득과 같은 새로운 사회적 시민권의 성립이 가능하기 위해서는 새로운 사회원리에 대한 인식이 필요하다. 왜냐하면 새로운 사회권은 오늘날의 생활을 지배하고 있는 시장원리와 그것을 수정·보완하는 공공에 의한 계획원리에 더하여 시민적 연대에 의한 협동원리 위에 만들어지는 권리이기 때문이다. 협동원리는 개인의 생존의 자유와 더불어 공동체 시민의 자각과 협동을 키우는 제3의 원리라 해도 좋다. 복지서비스 분야에서는 시장으로부터 구입하는 복지나 공공에 의해 제공되는 복지가 아니라, 시민 자신이 지역사회에서 '참가하는 복지' 체제로 비영리 복지단체나 협동조합 등을 적극적으로 키워 나가는 활동이 될 것이다.

빈곤 퇴치를 위한 노력에서 소득이나 식료품, 의료서비스 등을 제공하는 제도 도입을 강조할 것인가? 그렇지 않으면 사람들이 빈곤에 빠지지 않도록 스스로 방지하는 생활기반을 형성하기 위하여 사회적 차별이나 지위 개선, 교육기회, 노동능력, 보건의식의 향상과 같은 환경을 만드는 데 역점을 둘 것인가? 보험/부조형 중심의 사후적 복지 급여만으로 사람들 사이의 불평등을 해소하거나 생활의 자율을 실현하기는 어렵다. 따라서 개인이 가진 고유 가치와 잠재적인 기능을 높이는 것이 중요하다. 개인의 자율성을 키워 나가는 잠재능력을 개발하는 접근이 필요한 것이다. 권리-의무가 매칭되거나 의무만이 강조되는 호혜적 관계를 초월하여 사회적 시민권의 새로운 이해가 요청되는 것이다. 그러한 맥락에서 기본소득은 사후적 생존보장이 최종목적이 아니며 자율적 생활을 위한 출발선 확보를 목표로 누구에게나 평등하게 노동 없이 급여를 받는 자격을 보장하므로 기존 호혜성 개념으로 설명이 불가능하다. 이와 같이 자율적인 복지 급여를 새로운 사회권의 원칙으로 삼는다면 의무를 초월하는 새로운 호혜적 관계도 기본소득에 부응하는 시민권의 원리로 설계해야 한다.

　여기서 좀 더 지면을 할애하여 새로운 호혜적 관계에 기반한 '근로=의무'를 초월하는 시민권을 어떤 방향으로 전망해야 할지 구체적으로 살펴보자. 그 이후에 노동의 변용을 통해 기본소득이 정당화되는 논거를 탐구해 보도록 하자. 대체로 급진적 자유주의 관점에서 의무 개념을 제거하거나 극소화한 시민권 구상을 논거로 삼을 수 있을 것이다. 또는 의무를 부과하는 것이 그것을 완수하지 않거나 할 수 없는 사람들에 대한 질시, 불만을 불러일으켜 결과적으로 사람들과의 상호관계를 악화시킬 수도 있다. 더 나아가 의무의 강조는 지역사회 성원을 통한 사람들의 새로운 지배와 관리를 초래하게 될 위험도 가지고 있다. 그렇지만 시민권 논의에서 의무를 이야기하지 않는 담론은 매우 극소수이다. 의무를 논하지 않는 시민권은 개인주의적인 인간상에 매몰되어 타인과의 관계를 차단하는 것도 정당화할 수 있으므로 바람직하지 않다. 그러므로 의무를 무조건 배격하는 시민권은 민주사회에서 존재할 가치가 없다고 생각된다. 복지에 대한 권리와 그에 대한 대가로서 의무를 완수하는 것이 계약이라면 특수한 형태라 볼 수도 있다. 개인 차원에서는 의무를 수반하지 않는 권리, 권리를 수반하지 않는 의무도 존재한다. 예를 들어, 현재 우리들이 미래 세대에 대한 의무를 다하는 것은 그들의 권리보장과 직결되지 않는다. 미래 세대가 스스로 자원이나 에너지를 향수할 권리를 요구하지 않더라도 우리들은 일방적으로 자원을 유지할 의무를 질 수 있으며 그렇게 해야 한다는 논리도 가능하다(Fitzpatrick, 2003:136-137). 또한 의무의 내용을 근로 및 노동시장 중심적으로 생각하는 것은 육아와 돌봄 등 다른 사회활동의 가치를 저하시킨다. 무엇보다도 권리는 사회생활에서 무조건적인 기초로서 승인되어야 하므로 권리의 불가침성을 침해하는 계약의 관점으로 결코 볼 수 없다. 이 점은 다음 절의 호혜성 유형과 관련된 논의에서 자세히 다룰 것이다.

최근에 여성주의 시민권 논의에서는 사회적 시민권을 정치나 경제 등의 공적 영역이 아니라 가족이라는 사적 영역에 관한 문제를 다루도록 요구하고 있다. 가족의 돌봄 책임의 영역까지 시민권을 확대하면 유상노동은 협의의 시민권에 도전하여 남성의 가정 내 노동에 대한 무임승차, 무상의 돌봄 노동에 대한 젠더화된 분업을 극복하는 것과 관련된다. 그것은 '남성=노동자', '여성=돌봄자'라는 남성 주소득자 모델이 아닌 새로운 시민권의 형태라 할 수 있다. 이는 남녀 모두 유상노동뿐만 아니라 무상노동에도 종사하도록 요청하는 시민권이다.[9]

한편, 하버마스는 정치적 시민권에 대해서 의회를 중심으로 한 제도화된 정치의 장과 공공권 및 시민사회에 있어서 비공식적인 사람들의 자유로운 의견교환의 장까지 모두 포함하는 내용으로 인식하고 있다(Habermas, 1995). 즉 정치적 시민권은 사회적 차원 이상의 내용이 포함되어 있다는 것이다. 여기에서 중요한 것은 정치적 시민권을 단순한 선거권 이상의 것으로 생각한다는 것이다. 마샬의 정치적 시민권은 선거권에 한정되었으며 그런 의미에서 시민에 대한 수동적인 사고가 존재할 수 있었다. 이런 소극적 시민권은 뭔가 부족하다. 하버마스는 왜 정치적 시민권을 강조했을까? 적어도 1960년대 이후 남성 백인 노동자인 국민을 상정한 시

---

9 리스터(Lister)는 이를 젠더 포섭적 시민권(gender inclusive citizenship)이라 명명하고 있다(Lister, 2003:200).

민권의 형태는 다양한 도전에 직면해 있다. 시민권과 국민 및 주권 국가와의 결합도 점차 의문시되고 있다. 누가 시민이며, 시민권의 요건이 무엇인지에 대해 시민권의 경계가 불분명해지고 경계선을 둘러싼 논쟁도 전개되고 있다(山崎, 2005). 이런 상황에서 필요한 것은 시민권을 정의하는 능력이며, 보다 역동적인 시민권을 인식하는 것이다. 사람들에게 능동성을 요구하는 이상, 시민권에도 워크페어의 의무적인 노동과 마찬가지로 동원당할 위험과 능동적이지 못한 사람들을 배제할 위험성이 항상 존재한다. 그러므로 역동적인 시민권을 통해서만 기존 시민권의 문제를 지적하고 개혁할 수 있을 것이다. 시민권의 역동성은 통상적인 의무로만 파악해서도 안 되며, 지역사회 내부의 복지정치에만 한정해서도 안 된다. 그 능동성은 단순한 지위와 자격과는 다른 천부적 권리를 지닌 시민으로서의 자격을 의미한다.

2. 기본소득과 호혜성

1) 노동의 변용과 기본소득

과연 모든 개인의 자유보장을 위해 평등하게 소득을 획득할 자격이 인정될 수 있는가? 자유로운 개인은 동등하게 자기존엄을 추구할 수 있어야 한다. 그렇지만 현실 사회에서 태어나면서부터 생기는 환경 차이나 사회계층 차이에서 생기는 불평등을 방치하고서는 동등한 선(good) — 자기존엄 — 이 추구될 수 없다(Rawls, 2001). 특히 자본주의 사회에서 자기존엄을 위해서는 일자리나 직업을 통해 소득을 얻는 것이 필수적이며 노동을 통해 사회적 협동에 참가하는 것도 시민의 권리이자 의무라 할 수 있다. 그렇지만 글로벌한 사회에서 그런 기회는 희소성을 띤 재화가 되고 있으며 징벌적 요소를 가미하여 강제적 소득보장 기회를 제공하는 것은 시민의 자기존엄을 해치므로 바람직하지 않다(Rawls, 2001:179). 따라서 노동에 대한 새로운 관점이 필요하다. 노동시장 중심으로만 생각하면 의무적인 노동은 무임금노동 등 오히려 다양한 사회 활동의 가치를 배제하게 된다. 권리란 자기존엄을 위해 아무런 조건 없이 사회참가로 연결되는 기반이 되어야 하는데, 권리-의무를 계약 관점으로만 생각하면 불가침성을 침해하게 된다.

베버(Weber)는 자본주의 정신이 직업노동을 천직으로 간주하고 신앙의 증거로 삼는 프로테스탄티즘의 세속적 금욕논리에 기초하고 있다고 하였다. 그런데 금욕적 노동, 노동윤리의 내면화는 부르주아의 경우에는 신앙에 의해 자발적으로 이루어졌지만, 가혹한 노동을 강요당하는 노동자의 경우, 금욕윤리는 외부로부터 강제되어야만 하는 것으로 보았다. 노동규율의 강제적 내면화는 노동이 기쁨이며 본질이며 신성한 것이라는 이데올로기 교화에 의해 노동자 사이에 확산되었다고 한다(今村, 1998). 고대 사회에서 노동은 경멸의 대상이었던 적도 있었지만 21세기의 노동은 매우 다양하게 변하고 있다. 우리들이 상식적으로 알고 있던 노동관은 근대에 사회적으로 구축되었다는 점을 확인하고 노동을 의무화하려는 강박관념에서 조금이라도 자유로워질 필요가 있다.

우리나라의 사회보험이나 공공부조도 근로를 중심으로 한 제도 운용과 일자리 연계 급여 제공 등 근대적 노동관에 기초하고 있다. 자본주의에서 생계는 시장 경제활동으로 획득한 소득을 통해 유지되므로 노동은 생활의 개인책임을 위해서도 필요하다. 그런데 선진 각국의 생산성 증가는 역사적으로 축적되어 온 사회적·문화적·지적 자본에 의거한 바가 크다. 특히 오늘날의 생산성은 물질적 기초뿐만 아니라 인간적 접속과 상호작용에 기인하는 요소가 커지면서 노동가치의 척도는 불확실해지고 삶의 시간 전체를 통한 노동이 확산되고 있다. 시장에서 상품화된 노동은 가치를 충분히 보상받지 못하고 더 이상 가족의 생계를 감당하지 못한다. 그것을 보완하는 소득보장 시스템도 효과적으로 작동하지 못하고 있다. 따라서 시장과 단절된 자율적 노동을 통해 생산 활동을 보장하고 생활 임금을 기본소득으로 획득하자는 것이다. 이때 노동은 생득적 권리로서의 주체적 노동이라 할 수 있다. 즉 시민 각자는 역사적으로 축적된 모든 공통적인 부(common wealth)로부터 생산에 기여해 온 대가로서 소득을 받을 권리를 가진다. 빈부격차가 확대되고, 일하고 싶어도 취업할 수 없는 사람들이 늘어나고 있는 오늘날, '행복과 번영에 이르는 길은 조직적으로 일을 줄여나가는 데에 있다'는 러셀의 주장(Russell, 1966)은 자본주의가 축적해 온 부의 일부를 모든 사람들이 살아갈 수 있는 기본소득으로 활용하자는 제안으로 들린다.

2) 기본소득과 호혜성 원리

노동의 변용은 기본소득을 받을 권리를 정당화할 수 있는 근거를 제공한다. 그렇다면 의무를 요구하지 않는 권리로 받을 수 있을까? 이와 관련된 논쟁들을 검토하기 위해서는 확장된 시민권 또는 대안적 시민권과 관련된 호혜성의 다양한 해석을 통해 논의를 끌어낼 수 있다.

화이트(White)는 기본소득과 관련하여 호혜성을 언급하면서 '사회적 생산물을 기꺼이 공유하려는 시민은 지역사회에 대하여 상응하는 생산적 공헌을 할 의무를 가진다'고 하여 상호간의 교환을 통한 이해관계로 해석하였다(White, 2003:18). 즉 교환의 각 당사자는 상대방으로부터 얻은 것을 갚아야 할 의무와 자신이 베푼 것을 되돌려 받아야 할 권리를 모두 가지고 있으므로 양쪽 모두의 호혜적 행위에 의해 그 성공 여부가 좌우된다는 것이다(이명현, 2010:441).

특히 살린스(Sahlins)는 호혜성은 도덕적 의무감이 핵심이라 생각하여 그 유형을 세 가지로 구분하였다. 즉 ① 일반적(generalized) 호혜성, ② 균형적(balanced) 호혜성, ③ 부정적(negative) 호혜성이다(최종렬, 2004:107

재인용). 이를 소득보장제도와 관련하여 해석하면 복지국가 재편기의 소득보장은 워크페어나 활성화와 같은 노동교환 위주의 '균형적 호혜성'을 주축으로 해 왔다고 보인다. 하지만 자산조사나 노동의무 없이 지급되는 소득보장 프로그램은 도움이나 관용과 같은 '일반적 호혜성' 논리까지 확장할 수 있다고 생각된다.[10] 이런 속성 때문에 기본소득은 잔여적·선별적 소득보장제도에 익숙한 사회에서는 생산적·도덕적 양 측면에 근거하여 강력한 비판이 제기된다.

〈표 2〉 살린스(Sahlins)의 호혜성 구분

구분	일반적 호혜성	균형적 호혜성	부정적 호혜성
이해관계	상대방의 이해관계 우선 고려	자신과 상대방의 이해관계를 동등하게 고려	자신의 이해관계 고려
보상의 등가성	정해지지 않음	등가적	부등가적
예	순수한 선물, 친절, 도움, 관용	혼인거래, 계약, 노동교환	값 깎기, 도박, 속임수, 강탈

출처: 최종렬(2004:107)을 참조하여 재구성함.

대표적인 비판의 내용은 공헌이 없는 자에게도 기본소득을 지급하므로 무임승차를 인정하는 비도덕적인 제도라는 것이다. 그것은 공정한 게임의 룰이 아니며 게으른 자가 근면한 자를 착취하는 제도라는 극단적인 표현으로 제기된다(Goodin, 2001:90~97). 반면 오페(Offe)와 같은 지지자들은 임금의 대가로 파는 노동 이외의 다른 사회적 활동에 노동을 사용하도록 활성화 시킬 것이라 반박한다(Offe, 1997:102). 또한 옹호자들은 다소 급

---

10 호혜성 구분은 분석적 차원의 성격이 강하다. 살린스 역시 이런 유형은 연속선상에 있다고 주장하고 실제로 다른 많은 사례들이 있음을 지적하고 있다(최종렬, 2004:109). 그렇지만 필자는 복지국가 위기 이후 소득보장과 관련하여 권리와 노동의무의 등가성을 강조하는 호혜성은 '균형적 호혜성'에 해당한다고 판단한다.

진적이라 느껴질 수 있는 논리로 반비판을 제기한다. 민주주의 사회에서 자유의 가치는 절대적으로 사수되어야 하므로 어느 정도의 남용은 불가피하다는 것이다. 아무런 의무도 수행하지 않는 부정 수급자가 발생할 수도 있지만, 그것이 곧 자유를 옹호할 가치가 없다는 것을 의미하는 것은 아니다(Fitzpatrick, 1999:208). 무임승차를 이유로 자유로운 생활 선택을 추구할 개인의 권리(기본소득)까지 제한하면 더 큰 문제가 발생한다는 것이다. 오히려 임금노동이 다양하고 민주적인 사회 활동에 참가할 기회를 제한하므로 의무만 부과하는 호혜성 개념으로 기본소득을 부정하는 것은 한계가 있다는 것이다.[11]

아울러 호혜성에 대한 시민과 정부의 대등성에 대해서도 반론을 제기한다. 왜 정부의 공헌 부족은 비판하지 않고 기본소득에 대한 권리만 문제 삼는가? 정책의 공정성을 위해서는 시민에게만 노동의무를 부과하는 것은 공평하지 않다. 만일 시민에게 강조하려면 정부도 그것을 지원하기 위한 의무를 완수해야 한다. 즉 ① 아동 양육 지원, ② 충분한 임금보장, ③ 질 높은 충분한 일자리 보장 등이 이루어져야 성립한다(Gutmann and Thompson, 1996:294-300). 정부가 이런 세 가지 의무를 지속가능한 방법으로 충분히 완수하지 못한다면 일방적으로 요구하지 말고 선별과 잔여의 소득보장으로부터 무조건성 강화 방향으로 개혁해 나가야 한다.

지금까지 논의들은 공통적으로 호혜성 관점의 변화를 전제로 하고 있다. 그렇다면 기본소득과 관련하여 어떤 전망이 가능할까? 먼저 자산조사를 없애는 입장은 고수하면서 무조건적으로 지불한다는 조건은 일부 완화하는 것이다. 예를 들어, 임금노동뿐만 아니라 학업이나 직업 훈련, 가족의 수발 등에 대해서도 지급하는 방법이다(Atkinson, 1996:68-89). 기본소득 지지자들 대부분은 다른 사회정책이나 서비스 프로그램과 조합된 형

---

11 이 내용은 제5장 '기본소득 논쟁'에서 구체적으로 다시 소개할 것이다.

태로 제안하는 경우도 많다. 급여의 수준과 자격 등에 대해 기존 사회보장과 병행하여 재구성할 것을 제안하기도 한다. 무엇보다 중요한 것은 자본주의 사회에서 익숙한 "일하지 않으면 먹지 말라"는 노동규범으로 대표되는 균형적 호혜성에 대한 가치 비중과 선호를 줄여 나가는 것이다. 규범적으로는 조건 없는 복지에 호의를 보일지라도 현 상황에서의 엄격한 노동규범에 사람들은 익숙하다. 따라서 학습을 통해 자본주의 노동윤리에 대한 선호를 점진적으로 변화시킬 계기를 만들어야 한다. 서서히 경험하면서 익숙하게 만드는 제도의 설계가 필요하다는 의미이다. 그런 점에서 브라질의 기본소득법(citizen's basic income law)[12]은 최근 15년 동안의 점진적 변화와 경험에 의해 노동의무 수행에 대한 인식 변화가 초래되면서 기본소득의 정당화가 이루어지고 있는 사례라 생각된다. 우리나라에서도 자산조사나 노동의무가 약화되는 소득보장 프로그램을 지속적으로 확충해 가면, 확장된 호혜성을 경험함으로써 현실 자본주의 사회에서도 기본소득의 보장에 의해 자유를 더 확대할 수 있다는 것이다.

3. 기본소득과 실질적 자유

그렇다면 기본소득이 지향하는 실질적 자유는 어떤 내용인가? 기본소득은 모든 개인에게 자유를 승인함으로써 그것을 현실적으로 확보하려는 구상이다. 현대 기본소득의 이론적 토대를 제공한 빠레이스(Parijs)는 기본소

---

12 1996년 사회교육적 행동계획을 위한 최소소득제를 도입하는 법을 거쳐 2004년 5년 이상 거주한 외국을 포함한 모든 브라질 시민을 포괄하는 프로그램(Bolsa Familia)으로 점진적으로 확대되었다(Suplicy, 2010:162-165). 자녀의 취학과 예방접종 등 자녀 양육 활동을 수급의 전제로 삼아 개인당 최소소득을 지급하므로 의무가 부정되지 않는다. 현재 브라질 인구 4명당 1명꼴로 수혜자이며 문맹·질병 퇴치와 경제성장과 같은 효과를 얻고 있다. 법규정 속에 '가능한 예산 범위 내에서'란 규정이 설정되어 있어, 완전한 기본소득으로 정착되고 있지는 못하다.

득을 '모두를 위한 실질적 자유(real freedom for all)'의 구현 수단으로 보았다. 기본소득이 실현하려는 실질적 자유는 무엇이며 어떻게 보장할 수 있는가? 기본소득과 자유의 관계에 대하여 빠레이스의 논의를 살펴보자.

'자유로운 사회'란 다음과 같은 세 가지 조건이 보장된 사회이다(Van Parijs, 1995:22, 25). 첫 번째는 '제도적인 안전'으로 확실하게 집행되는 법과 제도의 구조가 존재해야 한다. 두 번째로 '자기소유권', 즉 그러한 제도적 안전의 구조 속에서 각자가 자기 자신을 소유할 수 있어야 한다. 그리고 세 번째는 '기회'이며 앞의 두 가지 제반 권리 구조 속에서는 각자 자신이 '원할 수도 있는 것(to do whatever one might want to do)'[13]은 무엇이든 할 수 있는 기회가 최대화되는 조건이어야 한다. 즉 가장 약한 사람들의 기회를 오히려 감소시키지 않는 한, 그들의 기회는 더욱 증가해야 한다는 것이다. 이에 따르면 사회 전체의 기회가 줄어들더라도 최약자의 기회는 증가할 수 있는 한 최대한 증가되는 사회(Van Parijs, 1995:27; 곽노완, 2009:18)가 진정한 자유사회라 할 수 있다. 이와 같은 세 가지 조건이 충족된 '자유로운 사회'에서의 자유를, 빠레이스는 '실질적 자유(real freedom)'라 불렀다. 그는 앞의 세 조건에 우선순위를 매기고 있는데, 제도적 안전 > 자기소유권 > 기회의 순서로 하였다. 그렇지만 실질적 자유의 실현을 위해서 중요한 것은 가장 우선순위가 낮은 기회이다. '제도적 안전'과 '자기소유권'만 존재하는 경우, 형식적인 자유는 존재하지만 실질적 자유는 확보될 수 없다. "뭔가를 하기 위해서는 외부적인 것을 사용해야 하지만, 그것은 제도적 안전과 자기 소유만으로는 보증될 수 없기 때문"이다(Van Parijs, 1995:21). 예를 들어, 돈이 없으면 세계일주 크루즈나 히말라야 트래킹에 참가할 자유가 확보되지 않는다. 또한 굶어 죽을 위기에 처

---

13 실질적 자유의 한 요소인 기회를 '원하는 것'이 아니라 '원할 수도 있는 것'으로 서술한 이유는 '원하는 것'이 독재자 등에 의해 조작될 수 있어 이를 배제하기 위한 것이다(곽노완, 2009:16).

해 있거나 비참한 일이라도 하지 않으면 생존을 유지할 수 없다면, 우리들 대부분은 그 일을 거부할 자유가 없다. 자신이 원할 수도 있는 것을 하기 위한 기회를 확보할 수 있는 충분한 수단이 없다면 현실에서는 자유롭다 할 수 없을 것이다.

여기에서 기본소득의 속성을 도출할 수 있다. 즉 '실질적 자유' 실현을 위한 수단은 구매력이며, 구매력을 가지기 위해서는 우리들 모두는 소득이 필요하다. 또한 그 사람이 희망하는 다양한 생활방식 속에서 선택할 자유가 필요하므로, 인간다운 생활이 가능할 정도의 적절한 소득은 시민 각자에게 조건 없이 급부되어야 할 것이다. 그런데 실질적 자유론은 외부에 의해 부과되는 자기 책임론과는 분명히 다르다. 자유란 어떤 사람이 자신의 선호가 외부의 주체에 의해 형성되는 것이 아니라 스스로 형성하는 것, 즉 자율(autonomy)을 요구하는 것이기 때문이다(Van Parijs, 1995:19). 생산주의 복지국가의 사회통합 기능이 의문시되는 현 시점에서 기본소득 구상은 보험 중심 사회보장을 초월하여 보다 유연한 방향으로 보편복지를 확충하는 데에 유용한 정책원리가 될 수 있다. 그러한 아이디어는 억압으로부터 자유롭고 자발적 참가가 가능한 복지국가의 자유화[14]를 포함하는 대안적 구상이기도 하다. 따라서 실질적 자유란 소극적·적극적 자유의 개념을 넘어 실제적으로 그것에 도달하기 위한 수단까지 선택할 수 있는 자유의 자율적인 측면을 강조하는 것이라 판단된다. 지금까지의 사회복지는 공급자 중심의 시각에서 특정한 생활방식을 유도하고 개인의 급여와 서비스 신청권을 실질적으로 보장하기 위한 자율적 복지에 소홀해 왔다. 따라서 개인의 선호에 따라 자율적으로 선택할 수단을 확보하는 자유가 중요하며, 그것은 실질적 자유와 유사한 의미라 할 수 있다. 여기에서 자율이

---

14 복지국가의 자유화는 정규직에서 이탈한 실직한 남성 주부양자뿐만 아니라 여성, 청년 실업자, 미숙련 청년 노동인력, 노인, 장애인 등에까지 적용 범위를 폭넓게 확대하는 정책방향을 지향한다.

란 개인적인 노력으로만 이룰 수 있는 것이 아니며, 기회보장이 수반되어야 할 것이다. 따라서 기본소득 구상이 자유의 실질적 실현수단으로서 주목받고 있는 것이다. 그런데 개인 단위의 기본소득 지급만으로 자동적으로 모두의 자유가 실현될지는 의문이다. 사회와의 공조 없이 철저하게 개인적 자유에만 집중하고 있다는 비판이 제기되는 것도 그러한 이유에서이다. 개인적 자유란 만인에 의한 만인의 통치(민주주의)에 의존하기보다는 "개개인 스스로에 의한 통치에 의존하는 것"이다(Van Parijs, 1995:17). 따라서 이와 같은 순수한 의미에서의 개인적 자유만으로 기본소득을 매개로 하여 실질적 자유를 확보하기 위해서는 민주주의와 철저히 연계된 제도 실현이 더욱 중요하다는 지적에 주목해야 할 것이다.

4. 실질적 자유와 민주주의

실질적 자유를 확보하기 위하여 민주주의를 강조하는 논리는 민주주의를 통한 관계성의 구축이다(田村, 2010:149-153). 그 이유는 기본소득을 통한 실질적 자유를 개인적으로만 달성하기에는 한계가 있기 때문이다. 일반적으로 '원할 수도 있는 것'이 무엇인지를 각 개인이 충분히 파악할 수 없다는 것이 문제가 될 수 있다. 이 점에 대하여 사이토(齋藤)는 현재 개인들이 고려하는 삶의 계획이 그것을 알 수 있을 정도로 폭넓은 범위에 걸쳐 있다고는 보지 않는다고 지적하고 있다. 그 이유는 각자의 다양한 삶의 계획이 반영되어 있지 않은 기존의 사회적인 규범과 구조 속에 개인이 편입되어 있기 때문이다(齋藤, 2005). 그렇다면 개인 각자가 구체적으로 인식하고 있는 것처럼 보이는 '원할 수도 있는 것'에 대한 범위를 각 개인의 선호에 따라 동일하게 표준화 하는 것은 불가능하며 그렇게 해서도 안 된다. 그러므로 삶의 양식을 선택할 수 있는 기회가 최대한 보장되어야 하며, 그 수단으로 기본소득이 필요하다고 주장하는 것이다. 분명히 자신이 원하는 것의 범위를 명확히 알고 있는 사람이라면 소득보장만으로 충분할지 모른다. 그러나 기존 사회규범과 구조에 매몰되어 처음부터 자신의 생활설계를 위해 자신이 원하는 것이 무엇이며 어느 정도인지 구별하고 인식할 수 있는 사람은 많지 않을 것이다. 따라서 삶의 계획을 의미 있게 설계하기 위해서는 다른 사람과의 관계가 필요하다는 관점이 중요해진다. 즉 생활의 단절과 고립을 탈피하여 다양하고 의미 있는 인생계획을 설계하기 위해서는 다른 사람들과의 사회적 연결과 만남이 촉진되어야 한다는 의미일 것이다. 그를 위해서 서로 소통하고 경청하는 과정이 필수적이다. 그런 과정을 통하여 개인은 자신이 매몰되어 있던 규범과 구조를 인지하고 상대화하여 '원할 수도 있는 것'이 무엇인지 선택할 수 있을 것이다. 이와 같은 대화와 경청의 과정이 민주주의이다. 그것은 집합적인 의사결정 수단이 아니라 서로 다른 타자와의 사이에 공통적인 이해를 형성하기 위해 대화하고 소통하는 숙의(deliberative)민주주의를 의미한다(田村, 2009). 이러한 민주주의를 실현하는 데에 기본소득이 조건이 될 수 있다는 평가는 매우 시사적이다(Dryzek and Dunleavy, 2009:210).

현대 사회를 살아가는 모든 사람들은 당연히 민주주의에 관여하고 있다는 점은 부정할 수 없지만, 또 다른 한편으로는 명확하게 수긍하는 사실이 아닐 수도 있다. 사람들이 민주주의를 누리거나, 침해당하고 있는 경우라도, 대부분 생계에 쫓겨 매우 피곤하거나 무관심한 상태로 민주주의에 관여하고 주장할 여유가 없을 수 있다. 또한 민주주의 참여 이외에도 편하게 잊고 즐길 일이 도처에 존재하고 있다. 우리들은 민주주의를 번거롭고 힘든 과정으로 느낄 수 있는 것이다. 그렇다면 타인과의 만남, 대화/숙의를 행하는 것도 의외로 매우 부담스럽고 불편을 초래하는 일이다. 기본소득은 이러한 민주주의 관여에 대한 부담을 약하게 할 수 있다. 즉 임금노동에 대한 우선 순위를 저하시켜 생계 노동의 속박에서 벗어나 민주주의에 관여하려는 사람들을 이끌어 낼 수 있다. 기본소득이 생활의 밑천을 제공함으로써 이질적인 타인들과 함께 민주주의에 관여하려는 심리적 여유를 만들 수 있는 것이다. 민주주의와 정치참여의 제도화를 패키지로 조합하려는 '숙의여론조사(deliberative poll)',[15] 개인 욕구를 보다 철저하게 파악하려는 목표로 추진하는 '숙의복지(deliberative welfare)' 등의 제안들은 생존의 자유를 위해 복지제도의 방향과 관련하여 민주주의를 어떻게 받아들여야 하는가에 대한 성찰이라 할 수 있다. "복지는 물건(thing)이 아니며, 상태(condition)도 아니며 욕구의 충족조차도 아니다. 그것은 숙의를 통한 생성물(becoming)"이라는 지적(Fitzpatrick, 2003:183)은 복지에서 민주주의의 중요성을 단적으로 보여 주는 표현이다. 따라서 취업을 위한 교육보다도 숙의민주주의를 통한 평등하고 자유로운 복지시민 육성이 중요하다.

결론적으로 핵심은 기본소득이 단순한 무조건적 소득보장이 아니라 실질적 자유 실현을 위한 민주주의의 조건으로 기능할 수 있다는 것이다. 이와 같이 기본소득에서 논의되는 '실질적 자유'란 개인의 억압적 통합으로부터의 자유뿐만 아니라, 자발적 참가의 자유까지를 고르게 포섭할 수 있는 속성을 가진다. 그 속에서 기본소득은 민주주의를 통해 자유와 복지를 더욱 촉진하는 매개체로 작동할 것이라 생각한다.

이와 같은 주장에 대하여 비판과 옹호적 논의가 동시에 제기된다. 관련 내용은 다음의 세 가지에 관한 것이다.

---

15 숙의여론조사는 숙의민주주의의 일환으로 제기되고 있다. 그것은 핵심적인 정책결정에 대해 일반 국민들의 학습과 상호토론을 기초로 직접 참여할 수 있게 허용하는 제도이다. 이 방법은 통상적 여론조사 방법이 시민대중의 피상적인 태도 조사에 그치는 약점을 숙의 과정을 덧붙여 보완한 것이다. 과학적 확률 표집을 통해 대표성을 갖는 시민들을 선발하여 정보를 제공하고 이에 대해 토론하게 한 후 참여자들의 의견을 조사하는 방식이다. 1차로는 2~3천 명의 시민에 대해 통상의 여론조사를 실시한 후, 이 중 2~3백 명의 표본을 추출하여 이들에게 주어진 쟁점에 대한 충분한 정보를 제공하고 심도 있는 그룹별 토론을 진행시킨 후, 2차로 의견조사를 통해 숙의를 거친 여론, 즉 공론(public judgement)을 확인하는 것이다(김환석, 2006).

첫 번째 논의는 유상노동의 인정을 통한 자유의 지원 필요성에 관한 것이다. 기본소득은 취업 유무와 무관하게 제공되므로 유상노동의 가치를 저하시키기 쉽다. 하지만 기본소득뿐만이 아니라 임금노동에 종사하는 것도 다양한 인생과정으로서 적절히 평가되는 구조가 바람직하다는 것이 비판적 관점의 주장이다(駒村, 2007:132). 또한 고용윤리를 강조하는 급진 우파는 기본소득이 무조건 급여에만 치중하고 그에 대한 의무나 책임에 대하여는 언급하지 않으므로 자유 과잉을 문제 삼는다. 즉 시장 자유와의 개념적 연계를 단절하므로 자유의 과잉이 문제가 된다는 것이다. 그들에게 있어 자유는 자본주의가 요구하고 창출하는 활동이나 재화에 한정되지만, 기본소득은 비시장적인 자유까지 창출한다(Fitzpatrick, 1999). 기본소득 지지자 입장에서 보면 오히려 역으로 해석할 수 있다. 유상노동에 물리적·정신적으로도 구속되고 그 때문에 다양한 인생과정을 계획할 수 없는 사람들이 많은 것이 현실의 모습이다. 일정한 신분 보장은 되지만 일별레로 장시간 노동에 구속되는 정규직 노동자에게 자유로운 시간은 있을지 모르지만 그것을 활용하기 위한 금전적·정신적 여유가 없다. 비정규직 노동자도 다양한 인생과정의 실현을 노동에 침식당하고 있는 것이다. 따라서 다양한 인생과정을 평가하기 위해서도 임금노동을 상대화할 필요가 있다. 애초부터 현대사회에서 과거와 같은 의미에서의 완전고용은 불가능하므로 성장은 거의 언제나 고용 없는 성장이며 경제적 수익이 증가해도 새로운 일자리가 만들어지지 않고 있다. 생산성 향상이 불가피하게 노동자 수를 줄이고 있는 것이다(Werner, 2007:25–26). 또한 정규직 노동을 비롯한 노동자들의 전반적인 임금수준 하락이 초래되는 등, 실업과 산업재해와 같은 리스크가 아니더라도 인간다운 생활의 유지가 일상적으로 어려워지고 있다. 하지만 기존의 임금 중심의 소득체계를 부정하는 '대체적 소득보장'만으로는 개인의 충분한 생활보장이 불가능하다. 따라서 '보완적 소득보장'으로의 발상 전환이 필요하다. 이러한 상황을 고려하면 기본소득 관점에서는 임금노동에만 집착하는 것이 오히려 자유를 억압하게 된다(岩田, 2008:174).

두 번째 논의는 기본소득이라는 조건이 없다면 과연 민주주의가 존재할 수 없는지에 관한 것이다. 기본소득이 지급되지 않아도 현대사회에 있어서 민주주의는 불가피한 제도라는 비판이다. 또한 생활의 물질적 기초가 부족하다는 이유로 그 부족분을 기본소득 도입을 통해 요구하는 사회운동 과정에서 역으로 민주주의가 발생할 가능성도 있다(山森, 2009). 하지만 옹호적인 관점에서는 기본소득 형태로 물질적 조건이 존재하고 있는 편이 민주주의의 개연성은 높아진다는 것이다. 물질적인 충족이 없다면, 가령 민주주의에 관여하더라도 타인의 일에 대하여 적극적으로 관심을 가질지에 대해서는 확신할 수 없다는 것이다. 그러한 경우에는 자신의 사적인 이익과 손해를 우선적으로 계산할 가능성이 높기 때문이다.

세 번째 논의는 개인적 자유에 집중하는 기본소득의 속성이 개인화와 고립화만 초래할 것이라는 우려에 관련된 것이다(宮本, 2010:155). 앞서 실질적 자유와 민주주의를 연계시킴으로써 개인화를 회피할 수 있다는 점을 언급하였지만, 기본소득 구상은 개인주의를 반사회적이라고 무조건 배척하지는 않는다. 구상이 실현된다면 사람에 따라서는 사적 세계에만 안주하여 낭만적인 자유를 누리려는 경우도 있을 수 있다. 비판적 관점의 주장은 사회에서 배제된 자를 시민권 이념에 따라 재통합하기보다 불만을 가진 자나 소원해진 자가 사회로부터 완전히 탈퇴할 자유를 허용함으로써 사회적 분열을 강화시킬 수 있다는 것이다. 특히 복지 집합주의자는 기본소득이 평등한 지위를 제공함과 동시에 진정한 보편주의라는 점은 인정하지만, 사회적 의무나 시민권에 근거한 행위의 가치를 무시하는 비현실적인 것이라 비판한다(Fitzpatrick, 1999:133). 하지만 극단적인 개인주의화의 가능성조차 부정하지 않는 것이 기본소득 구상의 장점 중의 하나다. 현대인에게 이런 의미에서의 개인적 자유도 타자와의 사이에서 형성되는 자유와 함께 중요하다는 점에서(田村, 2010:155), 어떠한 자유도 버리지 않는 데에서 오히려 기본소득의 의의를 찾을 수 있다는 옹호적 관점의 지적도 설득력이 있다.

5. 리스크 매니지먼트와 기본소득

자본주의의 생활리스크에 대응하기 위해 형성된 사회보장제도는 복지국가의 중추적인 역할을 담당해 왔지만 미래의 지속가능성에 대해 신뢰를 상실하고 있다. 그 주된 이유는 무엇일까? 무엇보다도 전후의 경제 선진국은 복지국가를 명백히 지향하지 않더라도 사회보장제도의 유지와 확충에 노력하였지만, 고부담·중과세 국가라 할 정도로 국민 부담을 증가시켜 왔기 때문이다. 그럼에도 불구하고 국민 사이의 격차와 빈곤 확대에 효과적으로 대응하지 못하고 있다는 비난에 시달려 왔다. 이와 같은 사회보장제도의 무력감과 위기감을 배경으로 복지 부담과 지출의 근본적 변화를 위하여 기본소득과 같은 새롭지만 오래된 최저소득보장 구상이 다시 주목받게 된 것이다.

그리고 저출산·고령화에 대한 사회보장의 구조적 미스매칭도 외면할 수 없는 위기적 징후이다. 저출산·고령화가 진행되면 연금으로 생활해야 하는 비노동층은 증가하는 데에 반해, 연금 납부자는 줄어들지만 계속적으로 재정을 유지하기 위해서 공공 재원은 더 투입될 수밖에 없다. 특히 세계에서 가장 빠른 속도로 진행되는 우리나라의 고령화 현상은 사회보험의 틀 내에서 소득보장제도의 수지균형을 유지하기 어렵게 만든다. 조세 부담 없이 보험료 부담을 인상하여 복지를 확대하려는 방식은 상황 변화가 없다면 한계에 봉착할 것이다. 기초연금이나 양육수당 등이 중요한 이슈가 되고 있지만 사회보험의 지속가능성에 대한 신뢰가 흔들리자 국가가

연금 지급 보증을 법제화하려는 움직임뿐만 아니라 민간에서 국민연금 폐지 운동까지 제기되고 있다. 이런 상황도 소득보장을 대체하는 구상으로서 기본소득을 부각시키고 있다.

또한 경제 선진국에서의 노동의 변용은 사회보장제도를 지속시키는 조건으로 되어 온 완전고용에 대한 환상을 깨트리고 있지만, 여전히 대다수 정부는 일관적으로 경제성장에 의한 고용 확대를 슬로건으로 하고 있다. 하지만 오히려 실업자는 증가하는 경향을 보이며 실업은 대규모로 만성화되고 있다. 완전고용도 풀타임 고용을 통해 만들어지는 형태를 뜻하는 것이 아닌 것 같다. 더욱이 마찰적 실업이라는 이름하에 일정한 비율로 기저적인 실업이 존재하는 것도 용인되고 있다. 불안정한 사회·경제적 상황 속에서 블루칼라뿐만 아니라 화이트칼라도 대량실업을 걱정하는 시대가 출현하였다. 선진국에서는 생활보장 목적이었던 실업수당이 취업수당으로 변하고 워크페어 성격이 강화되는 개혁이 진행되었다. 그렇지만 이와 같은 불안정한 복지국가 자본주의 상황에서 생산성 향상과 고용기회 감소 사태는 현대 자본주의의 근본적 딜레마이다. 따라서 자본주의에 대한 환상을 버리고 현실을 직시할 필요가 있다. 오히려 소득보장과 고용정책의 연계를 강화하는 개혁보다도 완전고용 모델을 포기하는 소득보장 체제를 선택하도록 요구하는 움직임이 부상해 왔다. 그런 이유에서 기본소득의 적극적인 지지자가 생겨나고 있다.

이와 같이 복지국가의 장기적인 지속가능성에 대한 의문을 현재화시키는 문제는 저출산·고령화, 장기적인 대량실업의 만성화와 같은 미스매칭이 얽혀 있는 것이다. 이 문제는 사회보장제도의 지속가능성에 관한 전망을 어둡게 하므로 부분적 개선이 아니라 국가에 의한 생활보장 패러다임을 근본적으로 전환하도록 촉구하고 있다. 기본소득 구상이 국제적으로 확산된 배경에는 이런 미스매칭을 직시할 수밖에 없는 자본주의 현실이 놓여 있다.

우리들은 사회보장에 대한 평가를 정확히 해야 한다. 이때 놓치지 말아야 할 개념이 리스크 매니지먼트 관점이다. 왜냐하면 사회보장은 국민의 생활양식에 대응하는 리스크 매니지먼트의 체계적이고도 종합적 시스템이기 때문이다. 그 핵심에 있는 제도가 사회보험이다. 우리가 사회안전망 개념을 상식적으로 받아들이고 있는 이유는 사회보장이 보험 수리적 시각에서 생활욕구나 리스크를 처리하는 방법에 역점을 두고 대응해 왔기 때문이다. 우리들은 출생부터 유아기, 학교 교육 단계를 거쳐 취업과 정년퇴직, 노후기, 사망에 이르는 과정에 있어서 부모 부양하에 있을 때에는 피부양자로서 각종 사회보험이나 아동수당을 적용받고, 취직하여 자활하게 되면 실업보험이나 건강보험, 연금보험 등을 받는 피보험자가 된다. 사고나 노화로 일할 수 없게 되거나 수입이 단절되면 연금이나 의료, 요양서비스, 생활보장 시스템의 지원을 받는다. 이처럼 생활의 각 단계에서 발생하는 욕구나 리스크에 대하여 소득이나 서비스를 보장해야 하므로 사회보장제도는 체계적이고 종합적이어야 한다. 리스크 매니지먼트는 욕구나 리스크 종류와 원인, 정도를 매우 세밀하게 파악하여 대처하려는 장점을 가지고 있지만, 시스템이 복잡하고 욕구나 리스크가 획일적·기계적으로 처리되고 사회보험 가입과 자산의 정도, 취업 의지나 능력 등 급여 자격 조건과 같은 제약 조건이 강화된다는 숙명적인 단점을 갖고 있다. 특히 소득보장에서 국민 최저한 생활에 대한 기준이 객관성이 결여되어 있다. 정부 정책에서 항상 애매해지는 경향이 있지만, 전후 복지국가를 대표해 왔던 영국에서도 내셔널미니멈 기준은 정부에 의해 명확하게 개념화된 적은 없었다. 우리나라의 기초생활보장 제도의 최저생활수준 개념도 마찬가지이다. 또한 오늘날 기초노령연금 논란에서 볼 수 있듯이 보장수준과 내용의 결정은 노후생활의 최저보장 개념화와는 매우 이질적이며 불확실한 정치적 방향으로 흘러가고 있다.

수지균형을 경영원리로 하는 사회보험은 제한급부이다. 의료서비스를 받을 때에 다수가 경험하지만, 보험서비스의 대상이 아닌 급여가 상당 부분 존재하며 난치병이나 장기입원일 경우에는 막대한 비용이 본인이나 가족을 위협한다. 그 때문에 사람들은 대부분 이를 보완하려고 민간보험에 가입한다. 또한 사회보험은 고위험이며 보험료 부담 능력이 낮은 저소득층이나 고령자가 강제적으로 가입할 수 있으므로 보험재정의 만성적 파탄을 초래하는 경우도 있다. 건강보험이나 국민연금의 재정 전망은 지속적으로 엄격해지고 있으며 부담과 급여의 세대 간 불공평 문제가 심각해지고 있다. 특히 노후생활 불안을 해소할 수 없다면, 연금제도에 대한 불신이나 연금 가입 거부가 더욱 강경하게 될 수 있다.

사회보장을 둘러싼 리스크 매니지먼트의 이상과 같은 상황과 문제에 대하여 기본소득은 어떻게 대응할 수 있을까? 생활에 충분한 수준의 소득이 제공된다면 모든 사람은 우선 기아의 공포를 면할 수 있으므로, 이 점에 관하여 기본소득은 생계위기에 대응하는 리스크 매니지먼트의 결정적 역할을 할 수 있을 것이다. 그러나 이런 방법이 리스크 매니지먼트 관점에서 충분한가를 생각해 보면 좀 다른 차원의 이야기를 할 수 있다. 기본소득은 인간의 생활 단계에서 예상되는 욕구나 리스크의 종류, 원인에 대해 미리 고려하지 않는다. 생활욕구나 리스크에 대하여 종합적인 제도를 만들어 내용을 준비하는 것이 아니라 단지 국민 개개인에게 일률적으로 현금을 지급할 뿐이다. 개인적으로 수급하는 일정액의 기본소득을 기초로 자기책임이나 자유의사에 따라 욕구 충족이나 리스크 매니지먼트를 행하게 될 것이다.

그런데 생활하기에 충분한 수준의 소득 급여가 행해짐으로써 개인 사이에 발생하는 생활 사정이나 상황의 차이, 다양한 격차에 대한 대응을 과연 어디까지 개인 차원으로만 해결할 수 있을까? 지급되는 기본소득 범위 내에서 생활이 가능한 사람도 존재할 것이며 거기에 추가로 근로소득을 보태어 생활을 꾸려 나갈 수 있는 사람도 있겠지만, 높은 사교육비, 주택 구입, 질병, 장애, 수발 등의 사정이나 정도 등에 따라 기본소득만으로는 살아가기가 불가능하며 추가적인 근로소득조차 확보하기 어려운 사람도 있을 것이다. 그런 상황을 상정할 경우에, 기본소득은 전 국민에게 일률적으로 배분되는 시스템이 아니라 유아나 학령기 아동에게는 낮게, 노인에게는 높게 지급하도록 연령에 따른 합리적인 급여액이 설정되어야 할 것이다. 특히 특별한 욕구를 가진 사람에게는 추가적인 급여가 더해져야 할 것이다. 도시나 농촌에서 생활비의 지역 차이가 발생하는데, 그것을 조정하는 문제도 생각해야 한다. 그렇다면 사회보장제도를 운용하면서 축적되어 온 데이터나 노하우를 이용할 경우, 그다지 어려운 문제는 아닐 수도 있다. 대신에 급여 기준이나 관리 업무는 매우 복잡해지고 결국 리스크 매니지먼트를 위하여 또 다른 미니 사회보장 시스템을 구축해야 하므로 이중 보장 시스템이 필요하게 될 것이다.

우리들이 안고 있는 생활문제는 소득보장만 이루어지면 충분히 해결되는 것이 아니다. 현물 서비스에 대해서도 생활에 충분한 수준이 필요하며, 병원이나 보육소, 요양시설, 장애인 복지시설 등이 가까이에 없으면 생활자금이 있어도 자녀 양육이나 건강관리를 하기 힘들다. 유감스럽게도 기본소득 구상에서는 현물서비스 체제를 어떻게 할 것인가에 대한 구체적 논의를 찾아볼 수 없다. 전후 사회보장제도는 소득보장을 축으로 설계되었는데, 당시에는 대량의 소득빈곤층이 있었으며 의료서비스 이용에서 배제되는 원인은 저소득이나 실업이었다. 따라서 그에 대한 대응 방식에서 의사에게 갈 수 있는 돈을 보장해 주는 것이 급선무였다. 즉 소득의 보장이 기회의 보장으로 연결되는 것이다. 오늘날 대부분 국가는 소득과 현물 서비스가 혼합된 형태로 제공되고 있다. 의료서비스 상황에서 알 수 있듯이 기초적인 수발 대응부터 고급 의료 욕구까지 의료의 질이나 수준이 높아지고 있으며, 무상으로 제공되는 공공의료가 확충된다고 해도 질 낮은 서비스로는 국민에게 통하지 않을 것이다.

기본소득 원리를 현물 서비스 분야에도 적용하려면 전 국민을 대상으로 하는 보편적인 무상서비스 시스템을 구축해야만 하는가? 정치권을 비롯한 사회정책 아젠다를 제기하는 전문가와 사회운동가들은 그에 대한 논의에 대해 심도 깊은 고민을 계속해야 할 것이다. 아무래도 소득보장과 현물 서비스 보장은 국민생활 보장의 양축과 같은 것으로, 어느 한쪽만으로는 원활하게 돌아가지 않는다. 기본소득 구상이 현물 서비스 보장에 관한 명확한 구조를 병행해서 제시한다면 그 설득력은 더욱 배가될 것이다.

6. 기본소득의 계보와 유형

1) 기본소득의 계보

기본소득은 그 명칭도 매우 다양하지만 유형론과는 별개로, 구상을 형성하는 계보를 크게 두 가지로 구분할 수 있다. 첫 번째는 자본주의 시장경제를 전제로 소득 재분배를 제창하는 것이며, 두 번째는 사회주의 경제를 전제로 한 소득 분배 구상이다. 물론 이 두 가지 계보는 고정된 도그마는 아니며 이를 바탕으로 이데올로기적 분파에 따라 더 많은 유형들이 파생된다. 그럼, 두 가지 계보에 대해 구체적으로 살펴보자.

첫 번째 계보의 단서로서 토마스 페인(Thomas Pain)의 구상을 들 수 있다. 그는 자연권으로서의 기본적 인권 존중의 입장에서 미국 독립전쟁의 원동력이 된 『커먼센스(common sense)』(1776)나 프랑스 혁명을 옹호한 『인간의 권리』(1791~1792)의 저자로서 잘 알려져 있지만, 그 후 집필한 『토지배분의 정의』(1795~1796)에 있어서 다음과 같은 구상을 영국 사회에 제시하였다. 애초에 경작되지 않은 자연 상태의 토지는 인간의 공유재산이며 논란의 여지가 없는 사실이다. 때문에 개인의 소유권은 토지 그 자체가 아니라 개량한 가치에 대해서뿐이다. 개량된 토지의 모든 소유자는 그 보유한 토지에 대하여 기초지대(ground-rent)를 공동사회에 지불할 의무가 있다. 그리하여 그런 기초지대를 모아 국민기금을 설치하고 21세에 도달한 모든 사람에게 토지 재산제도의 도입에 의해 그들의 자연적 상속권 상실에 대한 보상의 일부로서 15파운드를 지불한다. 또 50세에 도달한 모든 사람에게, 또한 그 연령에 도달할 때에는 그런 사람들에게 평생 동안 연 10파운드를 지불한다(Paine, 1795:96-161).

페인의 구상은 사회 구성원 전원에게 성별이나 자산, 수입과 관계없이 일률적으로 국민기금을 조성하여 급여를 지급하도록 제안했다는 점에서 현대적 기본소득 구상의 선구라고 생각된다. 21세 시점에서 지불받는 15파운드는 자율적인 경제생활의 발판을 조성하는 것이며, 50세부터 매년 급여받는 10파운드는 그다지 비참하지 않은 경제생활을 지탱하는 데에 충분하다고는 생각되지 않는다. 그의 구상은 완전 기본소득이기보다는 부분 기본소득에 가깝다고 볼 수 있다. 특히 22세부터 49세에 해당되는 성인은 대다수가 그동안 일하면서 소득을 얻는 것으로 상정하고 있다. 그런 의미에서 국민기금을 통해 지급되는 급여에는 연령별 욕구가 반영되어 있다.

나아가 재원으로 토지 소유자에게 부과되는 기초지대가 상정되고 있는 것도 특징적이다. 그 배후에는 존 로크의 노동 소유권론에 비추어 토지의 가치는 누군가 만들어 낸 것이 아니며 애초에 사회 구성원의 공유재산이라는 발상이 있다. 토지의 사적 소유자는 다른 사회 구성원들에게 토지의 공동 소유권을 행사하지 못하게 한 보상으로서 토지로부터 얻는 기초지대 부분을 국민기금에 납부해야 한다고 주장한다. 그런 맥락에서 보면, 페인의 구상은 토지의 사적 소유에 대한 정통성을 둘러싸고 지대의 사회적 재분배를 정의로서 요구하고 있었던 것이다. 그의 구상은 물론 사적 소유자에 근거한 시민사회의 시장경제 질서에 의거하여 제창된 것이었다. 마르크스가 명확히 한 것처럼, 사유제에 의한 상품경제 질서를 사회적 규모로 실현하는 자본주의는 그 성립에 있어서 자본의 원시적 축적의 기초과정으로서 농민으로부터 경작지에 대한 전통적 이용권을 수탈하여 토지의 사유화를 노동력 상품화의 기본원칙으로서 선행시켰다. 따라서 노동력 상품화에 의한 자본주의 시장경제 구조를 유지하면서 그 역사적인 기본 전제를 이루는 토지의 사유제를 부인하고 사회 구성원 전원에 대한 공동 권리를 주장하기는 어려웠을 것이다. 따라서 오히려 사회변혁을 통해 토지와 기타 주요 생산수단의 공유화를 필수 조건으로 주장했을 것이다.

페인의 기본소득 구상은 현대 기본소득 논의에서도 인용되어 확장되거나 변형되어 재현되고 있다. 영국의 대다수 교구에서 임금에 대한 보조나 다양한 아동수당, 가족수당을 급여한 스핀햄랜드 제도는 지역사회 저임금 노동자에게 생존 가능한 소득을 제공하는 인도적인 시도로서 행해졌지만, 재정 원천이 페인의 구상과는 달리 지대에 한정된 것은 아니었다. 자본주의 경제에서의 빈곤 정책, 복지국가 개혁안 내지 유효 수요 정책의 한 형태로서 시도되는 공적인 소득보장 구상은 영국의 경우, 국가특별수당 구상(State Bonus Scheme)이나 평균 근로소득의 1/3 정도를 제공하려는 사회크레딧 제공 논의에도 계승되어 전개되어 왔다.

두 번째 계보로서 사회주의를 상정하여 생산수단의 공유제를 전제로 하여 그 하나의 수단으로서 기본소득을 통하여 해당 사회 구성원 모두에게 소득보장을 실현할 수 있을 것이라 간주하는 주장이 다양한 형태로 전개되어 온 것을 들 수 있다. 이 선구에 등장한 인물이 19세기 미국의 사회개혁가인 벨라미(Bellamy)이다. 그는 민간 기업을 대신하여 국가가 모든 재산의 유일한 생산자로 된 2000년의 미국을 유토피아 사회로 묘사하였는데, 거기에는 매년 국민의 생산 중 각 개인의 몫에 상당하는 크레딧이 공적인 장부에 기입됨과 아울러 각 개인에게 그에 대응하는 신용카드가 발행되고, 그에 따라 쇼핑몰과 같은 상점에서 무엇이든 원하든 것을 언제나 필요할 때 구입하고, 공동체 사회의 공영 창고로부터 구입한 물건이 개인에게 신속하게 배달되는 구조를 기술하였다. 화폐도 상업거래도 불필요한 이런 구조는 분권적인 기업에 의한 시장사회주의를 상정하고 있는 것이라고는 생각하지 않는다. 사람들이 피하는 직종은 하루 노동시간을 짧게 하는 등 일종의 수급 조정 구조를 갖추고 있지만, 생산체제로서는 통합적이고 집합적인 사회주의를 상정하면서 의외로 현대적인 쇼핑몰에서 신용카드 지불이 사실상 완전한 기본소득을 실현하는 구상으로서 제시되는 것이 흥미롭다.

이어 20세기 사회주의 경제 논쟁 속에서 랑게(Lange)는 기본소득과 동일한 내용의 구상을 제시하였다. 반사회주의자인 하이에크(Hayek)에 의하면, 생산주의가 공유 형태로 되어 있는 사회주의에서는 각종 생산수단이 사유재산으로서 자유로운 경쟁시장을 통해 가격이 결정되지 않으므로 대체 가능한 생산수단의 조합을 선택하는 데 있어서 가장 경제적으로 비용 최소화를 실현할 합리적 경제 계산이 불가능하다. 이에 대하여 랑게는 사회주의에서도 소비자의 자유로운 선택과 직업 선택의 자유를 전제로 소비자의 수요와 선호에 따라 생산과 자원 배분을 결정할 수 있다고 본다. 그 기준이 되는 균형가격 체계를 결정하는 구조를 다음과 같이 제안한다. 중앙계획국이 공유한 모든 생산수단에 수급 균형을 고려하여 가격표를 제시하고, 비용 최소화를 추구하는 제반 기업 활동의 실제 수요를 파악한다. 이를 바탕으로 가격표를 개정하는 시행착오를 반복한다면, 각종 생산수단의 완전고용을 실현할 합리적 균형가격 체계는 수고와 시간을 들인 계산절차를 거치지 않고 사실상 자유로운 시장경제에서 실현되고 있는 것과 마찬가지로 확정할 수 있다. 그는 시장사회주의의 고전적 이론 모델을 제시하고 생산수단을 공유화하는 사회주의 사회는 합리적으로 존립할 수 있다고 주장했다.[16] 그는 소비자의 소득에 이중 구조를 상정하고 있다. 즉 소

---

16 시장사회주의와 기본소득에 관한 내용은 제5장 '기본소득 논쟁'에서 보다 구체적으로 소개할 것이다.

비자는 한편으로는 각각 적성이나 선호에 따라 직업선택의 자유를 가지면서 노동시장에서의 수요 동향에 따라 각각의 직업을 얻어 노동력 제공에 대한 대가를 얻는다. 그러나 그에 머물지 않고 자본이나 자연자원을 공유하는 사회의 주인공이 되기도 하며 제반 생산수단의 균형 가격과 유지 비용과의 차이를 통해 얻는 소득의 공유자로서의 지위도 가진다. 따라서 공유되고 있는 생산수단에 근거하여 이루어진 사회적 소득으로부터 생산 확대를 위한 축적에 해당하는 부분이나 공동소비에 해당하는 부분 등을 공제하고 국민 모두에게 사회적 배당으로 나누어 주는 것도 좋다. 그와 같은 배당은 직업 선택이나 노동 배분에 영향받지 않으며, 국민 개개인에게 균등하게 또는 연령이나 가족 구성에 따라 공정하고 평등하게 배분될 수 있을 것이다.

랑게의 시장사회주의의 고전적 이론 모델에서는 앞서 페인이 구상한 토지에 대한 사회 구성원의 자연권에 의한 기본소득 급여 이론이 사회주의 기본을 구성하는 생산수단 일반의 공유화를 전제로 하여, 토지 등의 천연자원이나 기타 생산수단 전체의 공유에 근거한 사회적 배당 이론으로 확대되고 있다. 사회 구성원 모두는 사회의 주인공이자 생산수단의 공유 주체로 간주된다. 따라서 생산수단의 공유에 근거한 사회적 배당 급여 부분은 이론상, 시장사회주의하에서 노동시장을 매개로 직업을 얻고 있는지 여부와는 관계없이, 또한 노동에 대한 대가로서 임금을 얻고 있는지 여부와 관계없이, 가령 가족 내에서 무상으로 돌봄 노동에 종사하고 있는 사람이나 질병이나 고령으로 직장에서 배제되어 있는 사람에게도 당연히 수급권이 있다고 해석할 수 있다. 그것은 내용상 기본소득 구상이 사회주의 사회가 되면 쉽게 안정적으로 실현될 것이라는 시사점을 지니고 있다. 그런 이유로 페인이나 랑게를 기본소득 구상의 선구로 언급하는 것은 수긍할 수 있는 부분이다. 한편 소비자는 노동시장에서 수급에 따라 결정되는 임금소득을 받는 자로 상정하고, 기본소득에 해당하는 사회적 배당이 근로

동기나 일자리 선택에 영향을 주지 않도록 주의를 기해야 할 것이다. 만일 완전 기본소득을 보장한다면 영향을 받지 않을 수 없으며 노동시장의 인센티브를 저해하고 그 기능에 중대한 장애를 만들어 낼 우려가 크다. 그러한 관점에서는 시장사회주의론은 가격 체계의 결정 구조에 있어서 자본주의 경제 기능과 많은 유사성이 있으므로 시장을 매개로 노동시장 배분 기능을 확보할 수밖에 없다. 따라서 시장사회주의하의 기본소득 보장은 부분 기본소득에 머물 수밖에 없는 한계를 가질 것이다.

분석적 마르크스 학파의 유력한 이론가인 뢰머(Roemer, 1994)는 랑게의 시장사회주의 모델을 현대적으로 다듬어 금융시장, 특히 주식시장의 역할을 조합하려는 시도를 전개하였다.[17] 즉 모든 사회 구성원에게 그가 성인이 되었을 때, 주식 구입에 사용할 수 있는 일정액의 쿠폰을 지급하고, 그에 따라 일생에 걸쳐 전원이 주주로서의 배당을 계속 받을 수 있게 한다. 성장하는 기업의 주식을 선택할 수 있는지 여부에 따라 받는 배당의 유·불리 여부나 주가 변동의 유·불리 여부가 결정되지만, 출발 지점에서의 평등한 액수의 쿠폰 배포와 생을 끝낸 시점에서의 보유 주식 전부와 쿠폰을 사회에 환원하게 함으로써 생산수단을 포함한 주식기업의 사회적 소유와 그에 따른 이익을 사회배당으로 배분할 것이다. 물론 이를 통해 기본적인 평등성은 유지할 수 있다. 그는 미국의 통계에 근거하여 만일 이런 형태의 쿠폰 시장사회주의가 실현될 경우, 그 주식 배당 수준은 흑인 남성의 중위소득으로 1950년대라면 거의 25%, 1980년대로 환산하면 12%에 이르는 소득을 더 받는 것이라 추산하고 있다. 따라서 그 배당은 빈곤층의 소득을 대폭적으로 증가시키고 소득배분을 근본적으로 변화시킬 것이라 기대하고 있는 것이다. 이와 같은 뢰머의 이론은 사회적 기업의 공동소유를 낳는 배당은 쿠폰으로 각자가 구입하는 주식의 선택을 둘러싼 행·불행 결

---

17 제5장 '기본소득 논쟁'에서 관련 논의들을 다시 구체적으로 살펴본다.

과에 의해 불균등하게 될 수는 있지만, 노동에 대한 보수로 지급되는 임금과는 상이한 사회적 배당을 국민에게 평생 동안 보장하는 구조를 구상한다는 점에서 기본소득과 사실상 유사한 역할을 할 것이라 간주된다. 이와 같은 배당은 명확히 부분 기본소득의 아류에 머물게 될 것이다.

이상의 논의를 살펴보면, 기본소득 구상의 계보에는 자본주의 시장경제의 범위 내에서 사회적 정의와 소득과 부의 분배에 대한 수정, 사회 구성원 전원에 대한 경제적 측면에서의 생활권의 보증을 요구하려는 발상과, 나아가 자본주의를 사회를 넘어서는 사회주의하에서 생산수단의 공유화에 의해 그것들이 쉽게 또는 안정적으로 실현될 수 있다고 믿는 두 가지 대립적 축을 이루는 부류가 존재해 왔음을 알 수 있다. 이런 흐름을 고려하여 서구에서의 기본소득 논의는 소비에트형 사회주의 붕괴 후, 오히려 이들의 사회주의로서 민주적 사회주의, 분권적 사회주의의 유력한 가능성으로서 시장사회주의 모델의 다양한 구상에 대한 활발한 연구와 논쟁을 지속하였던 것이다. 애초에 사회주의가 실현되면 완전 기본소득이 쉽게 현실화될 것이라는 기대가 일부라도 있었다면, 시장사회주의에 대한 이론적 오해 때문이라고 생각해야 한다. 우리나라의 기본소득 구상을 둘러싼 논의에서는 빠레이스나 피츠패트릭의 견해가 반복적으로 참조되고 있지만, 시장사회주의 이론과 계보에 대한 논의가 상대적으로 빈약하다.

2) 특징과 유형

기본소득에 대한 다양한 연구자의 주장으로부터 최대공약수를 이루는 특징을 탐색해 보면, '모든 사람들에게 무조건 지급되는 최저한 소득보장'이 대표적이다. 기본소득을 공공부조나 사회보험과 비교하여 그 구성요건으로 보편성과 무조건성, 현금 급여, 개인 단위, 충분성 등을 특징으로 들 수 있다. 그런데 기본소득을 사회정책적 체계에서 그 위치를 살펴보면, 사회정책의 모든 영역이기보다는 고용·소득보장·보건의료·주택·교육·복지서비스 등 다양한 범주 속에서 특히 고용보장에 관계되는 제도라 규정할 수 있다(武川正吾, 2008:21). 따라서 사회보장을 위한 사회정책, 보다 구체적으로는 소득보장을 위한 사회정책이라 생각된다. 이와 관련하여 기본소득 구상의 특징을 크게 세 가지로 구분하여 살펴볼 수 있겠다.

첫 번째, 기본소득 구상은 직간접적인 현금 급여를 중심으로 하고 있으며, 소득보장 이외의 사회정책 분야, 예를 들면 보건, 의료, 복지서비스, 교육, 주택 등 사회서비스에 관한 사회정책은 원칙적으로 포함되어 있지 않다.[18] 기본소득은 논리적으로는 공공의료서비스와 사회보험에 의한 의료급부는 물론, 시장 메커니즘에 의한 민간의료서비스와도 양립할 수 있다. 즉 기본소득에 의해 민간의료보험을 구입하고 의료비를 커버하는 일이 논리적으로 가능하다. 그런데 의료를 비롯한 사회서비스의 보장 수준에 따라, 다시 말하면 집합적으로 소비되는 재화나 서비스 수준에 따라 최저생활을 유지하기 위해 필요한 소득의 수준 — 개인적으로 소비해야 할 재화나 서비스 수준 — 은 달라질 것이다. 특히 기본소득의 급여수준에 대해서는 기본소득에 앞서 어떠한 사회 서비스가 사회정책으로서 갖추어져 있는지를 고려해야 할 것이다.

두 번째, 기본소득은 기존의 직간접적인 현금 급여 모두를 대체하는 것으로 구상되는 경우가 많다. 대부분은 사회보장제도의 모든 현금 급부와 소득공제와 세액공제와 같은 세제를 폐지하고 기본소득으로 일원화하는 것을 염두에 두고 있다. 논리적으로는 기본소득과 기존의 사회보장 프로그램과 병행하는 패키지 형태도 가능하다. 예를 들면, 전체 시민에게 기본소득을 지급하면서 특별한 욕구가 있는 시민, 즉 특별한 돌봄이 필요한 장애인이나 노인에게 별도의 요양수당을 지급하는 것이다. 완전 기본소득을

---

18 현물 기본소득으로서 서비스를 포함시키는 논자도 있다. 예를 들면 Van Parijs(2010), 곽노완 (2010) 등을 참고할 것.

상정할 경우, 다른 소득보장 급여와의 병급은 재정적 부담으로 인하여 원칙적으로는 용인되지 않는다. 그렇지만 완전 기본소득으로의 이행까지 과도적이고 부분적인 수정된 형태의 기본소득이 기존 사회보장 급여와 병급되는 형태가 제시되기도 한다(Fitzpatrick, 1999).

세 번째, 기본소득은 모든 시민에 대하여 무조건 지급되므로 필요 원칙에 상응하지 않는다. 때문에 개별적인 욕구에 대하여 무관심하다. 인간의 공통적인 욕구는 기본소득에 의해 커버되지만, 그 이외의 개별적인 필요 부분은 개인의 자유에 위임한다. 개인의 행복 추구의 자유를 최대한 존중한다는 입장에서는 기본소득 이외의 사용처가 한정된 사회보장 급여는 폐지해야 한다는 결론에 이르게 된다. 애초부터 아동수당은 아동 양육 이외의 용도로 사용될 수 있으며 노인에 대한 요양 수당도 수발 이외의 목적으로 사용될 수 있으므로 기본소득과 사회수당이 중복되어도 행복 추구의 자유가 침해되는 것이 아니라고 지적할 수 있다. 그러나 특별한 필요에 대한 배려와 자유롭게 사용할 수 있는 부가급여나 사회수당의 도입은 소위 국민정서에 맞지 않다는 이유로 배척될 수 있어, 특별한 필요에 대한 배려라는 논리가 정당하게 받아들여지기 어려울 수 있다. 기본소득과 필요 원칙을 조화시키기 위해서는 부가적인 급부나 수당 도입이 아니라 현물 급부를 확충하는 것으로 해결해야 할 것이다. 따라서 기본소득은 그 이외의 다른 사회복지정책의 존재에 의존하면서 개인의 자유를 최대한으로 존중하려는 것이다.

이렇게 볼 때, 다시 확인할 수 있는 기본소득의 공통적인 특징은 보편주의적 성격을 바탕으로 한 최대한의 자유 존중이다. 정부는 모든 사람에게 기본적인 소득에 대한 권리를 인정하고 제공함으로써, 헌법에서 보장하는 개인의 권리와 자유를 확대·보장할 수 있는 것이다(김교성, 2009:53-54). 그 자유는 삶의 자유를 유지하기 위해 근로에 종사해야 하는 형식적 자유가 아니다. 개인이 원하지 않으면 일을 하지 않아도 살 수 있고, 원하면 스스로 선택하여 할 수 있다. 물론 게으름을 조장한다는 도덕적 비난에 직면하기도 하지만, 공공부조와 같이 빈곤함정을 조장하는 제도는 아니다. 근로소득과 무관하게 지급되므로 빈곤층의 근로의욕과 생산성이 더욱 커질 수 있다. 또한 돌봄 노동, 가사 노동, 자원봉사 활동 등 의미 있는 사회적 활동의 가치가 부각되고 자유로운 직업 이동과 노동시장을 유연하게 만들어 경제성장의 활성화에 기여한다는 시각은 여전히 유효하다.

기본소득 구상은 그 옹호자, 비판자를 포함하여 다양한 정당화 논리를 바탕으로 논의되고 있으므로 각 주장들이 표면적으로는 일치해도 입장에 따라 동상이몽의 감이 있다. 따라서 일정한 판단 기준을 활용하여 기본소득에 관한 논리들을 구분하여 살펴볼 수 있다면, 보다 구체적이고 현실적으로 이해하는 데에 도움이 될 수 있다. 이와 관련하여 퀴리옹(Philippe Quirion)의 보편수당론에 의해 기본소득을 유형화하는 논의를 살펴보자.

퀴리옹의 보편수당론은 (A) 노동시장의 신뢰성 유무에 관한 축, (B) 역사적 범위의 길고 짧음에 관한 축을 기준으로 특징과 유형을 설명하고 있다. (A) 축에 따르면, 보편수당론은 노동시장에 대한 신뢰성을 가지고 있는 논의와 그렇지 않은 논의로 구분할 수 있다. (B) 축에 따르면, 역사의 단기적인 범위 내에서의 논의(단기적 실업, 고용대책)와 역사의 장기적인 범위 내에서의 논의(역사적으로 축적된 부의 재분배 수단)로 구별한다.

〈표 3〉 퀴리옹의 기본소득 유형화 기준

구분		A 축(노동시장의 신뢰성 유무)	
		유	무
B 축 (역사적 범위: 장/ 단기)	단기적 범위: 장기실업, 고용 불안정화에 대한 경제적 대응	(1) 노동시장의 규제 완화를 수용·시인하는 대책	(2) 대량의 비자발적 실업·무직자에게 대응하는 수단
	장기적 범위: 역사적으로 구축된 사회적 불평등에 대한 대응	(3) 역사적인 미지불을 시정·회복하기 위한 정당한 소득	(4) 사회 변혁의 도구

출처: Philippe Quirion(1995:2-3)에 근거하여 재작성함.

퀴리옹이 제시하는 유형화 구분은 현대사회의 변용, 특히 노동을 어떻게 다룰 것인가가 요점이 되고 있다. 첫 번째는 노동시장에 나타나고 있는 '노동의 변용'을 노동시장의 근본적인 변화로 다루어야 하는가, 두 번째는 이 변용이 지금까지의 변동 범위 내의 변화에 그치는 것으로 보아야 할 것인가이다. 다시 말하면, 노동의 변용을 자본주의적 경제순환의 불황 국면에서 출현하는 일시적인 현상으로 간주할 것인가, 그렇지 않으면 지금까지의 산업사회가 포스트 사회로 진입하면서 이전과는 다른 질적으로 이질적인 단계로 변해 가면서 진행되는 영구적인 현상으로 볼 것인가 하는 것, 즉 경제구조의 전환과 관계되는 시각이다. 전자의 경우에는 장기적인 대량실업이나 고용의 유연화·불안정화·비정규직화와 같은 노동의 변용은 경기순환의 회복과 함께 이전의 상태로 회복하게 된다. 그렇지만 후자의 경우에는 경기순환의 회복이 있어도 노동시장은 과거 상태로는 돌아갈 수 없으므로 대량 실업이나 질 낮은 고용상황도 해소되기 어렵다.

또 다른 한 축은 무조건적 보편수당의 논거를 경제구조를 초월하여 장기적인 사회적·불안정 고용·배제 등에 대하여 직접적으로 대응하는 방식에서 찾는다. 따라서 보다 근본적이며 장기적인 시간적 흐름과 관련된 대응책으로서 보편수당이 존재한다. 거기에는 현대사회의 불평등을 글로벌한 차원에서의 장기적인 사회적·역사적인 산물 또는 구축물로서 인식하는 관점이 깔려 있다. 따라서 현대 자본주의 선진국의 생산성 증가는 지구상에 역사적으로 축적되어 온 사회적 자본, 문화적 자본, 지적 자본의 생성물에 의존하고 있다는 전제하에, 개개인의 능력과 생산성과의 직접적인 대응관계는 애매하며 계측이 불가능하다는 것이다. 그럼에도 불구하고 소수의 부자들만이 부를 독점하고 실업자나 빈곤자 등은 그러한 글로벌한 역사적인 축적의 정당한 몫을 얻지 못하고 있는 것이다. 그러므로 이들은 현재와 같이 배제되거나 빈곤한 상황에 처해지게 되었다고 한다. 이런 기준은 기본소득의 정당화 논거를 자본주의를 초월한 장기적인 역사적 흐름 속에서 요구하거나, 그렇지 않으면 자본주의 단계 이후의 생산양식 이행 과정으로 파악하는 단기적인 경제적 대응 속에서 요구하는 것이다. 이러한 두 축을 교차시켜 다양한 기본소득 구상을 크게 네 개의 계보로 구분할 수 있다. 이러한 계보는 보편적인 수당에 내포되어 있는 핵심적인 의제라고도 할 수 있다.

이와 관점을 달리하여, 최저소득보장 구상의 한 형태를 기본소득이 이행되는 과정에 초점을 맞추어 무조건성과 충분성을 기준으로 분류할 수도 있다. 아래의 〈그림 3〉은 피츠패트릭의 최저소득보증 구상에 포함된 기본소득 구상을 유형화한 것이다. 기본소득의 처음 출발은 기존 사회보장이 수정되면서 기본소득과 결합되는 과도적 기본소득, 점차 급여수준과 무조건성을 확대하는 형태로 이행되는 부분 기본소득, 현행 사회보장제도를 모두 폐기하고 통폐합되는 완전 기본소득으로 구분할 수 있다. 그림의 사회배당과 참가소득, 부의 소득세는 기본소득의 수정형 버전으로 포함시키고 있다. 과도적 기본소득에서 완전 기본소득으로의 이행 과정은 특정 국가의 정치·경제적 이데올로기에 따라 달라질 수 있지만, 소요 기간은 최소 20년 이상으로 예상한다(Fitzpatrick, 1999).

〈그림 3〉 피츠패트릭의 기본소득 구상

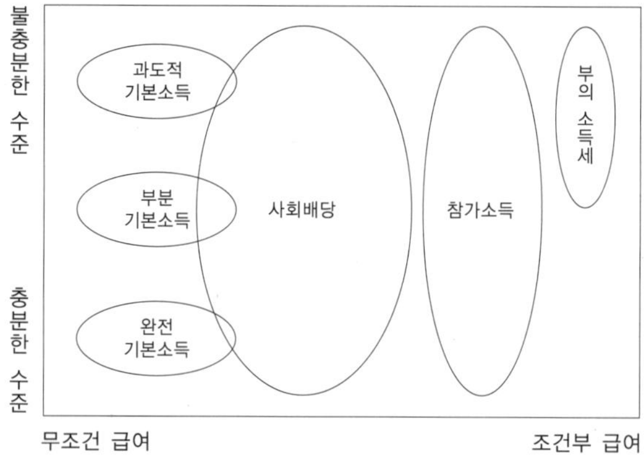

출처: Fitzpatrick(1999:43)

제4장
비판과 옹호

1. 기본 전제

중요 현안에 대한 논쟁에 있어서 때로는 당사자보다 주변 사람들이 서로 주고받는 논란들이 비판과 옹호에 대해 보다 깊은 이해를 제공하기도 한다. 그들은 논쟁의 한가운데 뛰어들어가 영향력을 행사할 수는 없지만, 관조적 시각으로 현안을 바라볼 수 있으므로 오히려 통찰이나 전망을 더욱 정확하게 얻을 수 있다. 과거에는 대중들에게 그다지 주목받지 못하던 개인이나 소수 세력이 어느 날 대중을 지도하게 된 사례는 사회정책의 역사에서는 보기 드문 일이 아니다. 마찬가지로 사회 환경이 변화되어 대중에게 외면당하거나 잊혀 버린, 우리가 잘 모르는 사상이나 제안들도 부지기수일 것이다. 기본소득과 같은 개혁적 구상에 관한 논쟁은 몇 가지 매력적인 이유를 제공해 준다. 첫째는 기본소득 지지자들이 보여 주는 통찰력과 전망이다. 둘째는 기본소득은 현재 아직까지 비주류이거나 유토피아적 견해로 무시당하고 있지만 서서히 대중의 주목을 받게 될 것이라는 것이다. 비교적 신선한 대안적 구상을 복지국가와의 것과 비교하면서 유력한 주장들을 검토하고 관련 논쟁들을 살피는 것은 매우 흥미로운 작업임에 틀림없다.

기본소득과 기존의 소득이전 시스템이 어떤 차이가 있는지는 그동안의 논의에서 분명히 드러나고 있다. 국제적인 급여시스템 대부분은 사회보험 및 공공부조 모델에 근거하여 설계되고 있다. 보험급여는 취업 후 보험료를 지불하고 수급자격을 획득한 사람이 소득 상실 상황에 직면했을 때에 받을 수 있다. 반면에 자산조사를 조건으로 하는 공공부조는 충분히 보험 기여를 할 수 없는 사람이나 보험 수급자격을 상실한 사람에게 제공되며 엄격한 조건이 수반되는 경향이 있다. 중요한 것은 급여를 받기 위해서는 대부분 일정하게 요구하는 자산이나 소득요건을 충족해야 한다는 거다. 이 점이 기본소득과는 상극하는 특징이다. 연간 수입 1억 원 연봉 생활자, 청소 노동자, 직장을 찾고 있는 실직자, 자발적으로 쉬고 있는 사람, 자원봉사자, 요양서비스 이용자와 공급자, 기본소득 단행본을 출판하려는 가난한 연구자 등에게 어떠한 조건도 묻지 않고 일정액의 생활비를 제공한다고 생각해 보라.

이와 같이 낯설고 한편으로는 당연하게 여겨지는 아이디어가 매력적으로 느껴지는 것은 이미 수차례 언급하였지만 현재의 소득보장 시스템보다 효율적으로 최저소득을 보장할 수 있다는 기대 때문일 것이다. 이런 제안들은 인간은 남녀노소, 지위 고하를 막론하고 평등한 지위에 있다는 전제를 받아들여야만 가능하다. 효과적으로만 설계되면 빈곤이나 실업함정을 제거하거나 상당한 수준으로 감소시킬 수 있으며 개인의 자율성도 높일 것이다. 제도가 복잡하지 않아 이해하기도 쉽고, 적은 비용으로 제도를 운영할 수도 있을 것이다. 그러나 여전히 의심의 눈초리로 비판하는 사람들은 중요하고도 치명적인 두 가지 결함을 언급하고 있다. 즉 그와 같은 보편적인 급여는 조건을 문제 삼지 않지만 실제로 수급자에게 아무것도 요구할 수 없다는 것이다. 따라서 개별 시민의 권리성을 구체적으로 부각시킬 수 있지만 그에 수반되는 의무에 대해서는 눈을 감아 버리게 된다. 다시 말하면 다양하게 해석될 수 있는 시민권 논리에서 의무만을 제거하는 결과를 초래할 것이라는 지적이다. 그뿐만 아니라 생활하기에 충분한 수준의 소득을 제공하기 위해서는 많은 비용이 필요하다는 것이다. 액수를 낮게 유지하는 기본소득을 현행 사회보장의 재정 범위 내에서 운영할 수 있지만, 급여수준이 낮으면 저소득층의 생활은 지금보다 더욱 괴로워질 수도 있다.

앞서 이미 기본소득을 지지하는 사람들과 비판하는 사람들의 목소리를 간접적이나마 다루었다. 그렇지만 그들 중 누구의 주장이 정확한 것일까? 기본소득은 우파와 좌파 또는 중도파와 같은 폭넓은 스펙트럼 속에서 어디에 위치할 수 있을까? 실제로는 모든 이데올로기를 중심으로 기본소득 구상에 대한 지지와 비판이 제기된다. 따라서 그것은 복지국가에 관한 논쟁에서 주변적 위치에 머물러 있음에도 불구하고 사회정책의 다른 개혁 구상보다도 훨씬 폭넓은 지지를 모으고 있다. 기본소득이 지지의 깊이는 덜할지 모르지만 중범위적 속성을 발판으로 스펙트럼을 확대해 왔다는 것이다. 하지만 그런 측면이 기본소득의 정책 구상으로서의 큰 장점이면서 동시에 단점이라 할 수 있다. 동일한 기본소득이라 하지만 좌·우파의 이데올로기적 관점에 따라 다양한 제도 형태로 바꾸어 내용과 수준이 다른 여러 개혁적 대안으로 조합할 수 있다. 하지만 그 내용이 지나치게 막연하여 실체를 판단하기 어려워질 수 있다. 기본소득은 여러 가지 끼를 감추고 있는 재능 있는 가수 지망생처럼 생각된다. 지금은 미완에 불과하지만 어떤 노래도 만들고 작곡할 수 있는 역량을 감추고 있는 루키와 같다. 기본소득 아이디어는 특정 정파에 종속되지 않는 이론적·정책적 유연성 때문에 포스트 복지국가나 대안적 복지제도를 논의하는 데 있어 매력적이며 흥미로운 대상이다. 물론 지지가 대단히 넓은 한편으로 그 깊이는 구체적인 정밀성을 보이지 못하는 것도 사실이다.

그렇다면 기본소득을 실현하기 위해서는 어떤 노력이 실제로 필요할까? 만일 집권 여당인 새누리당이 기본소득을 의제로 삼아 제도 개혁을 추진한다면, 진보진영의 기본소득 지지자들이 그 내용에 찬성할 수 있을까? 지금까지의 연구나 경험에서 이 물음에는 "아니다."라고 답할 수밖에 없다.

따라서 기본소득이 어떤 특성과 의의, 효과를 가지는지는 그것이 실현되는 이데올로기적 사회 환경이 어떤 성질을 가지고 있는가에 따라 달라진다. 결국 그 자체만을 가지고 정책공학적으로만 말하기에는 한계가 있다는 것이다. 우리들이 논쟁의 개요를 충분히 이해하려면 기본소득 아이디어를 이데올로기 차원에 따라 구분하여 살펴보아야 할 것이다. 우파가 지지하는 기본소득은 좌파가 견지하는 것과는 기본적으로 다르다. 이 점을 무시한다면 기본소득 구상은 대단한 오해를 불러일으킬 수 있다.

우리나라에서도 기본소득은 정치적 주류는 아니지만 최근 기본소득 지지자들이 늘어나고 있다. 지난 대선에서 기본소득을 공약으로 내건 대통령 후보도 출현하였고, 한국의 기본소득 네트워크(BIKN)도 국제적 수준에서 연대활동을 펼치고 있다. 앞으로도 보다 더 적극적으로 알리고 연대하며, 이견이 존재해도 감출 것이 아니라 공개적으로 드러내어 논의하는 편이 좋다고 생각한다. 지지자들은 자신의 이데올로기적 관점을 관철시키기 위해 기본소득의 우월함을 주장하지만, 잘 모르는 사람들에게는 찬반 논쟁을 명백히 드러내 이해를 돕거나 아니면 방향을 제시하는 나침반 역할을 하는 편이 그 구상을 익숙하게 받아들이게 하는 데 도움이 될 것이다. 앞으로는 세 가지 방향에 따라 기본소득 구상을 볼 것이다.

첫째, 이데올로기적 차원과는 무관하게 기본소득을 살펴본다. 그를 위해서는 기본소득 구상 그 자체를 순수하게 이해해야 할 것이다. 그에 따라 기본소득의 사상적 계보, 현실적으로 운영 가능한 기본소득의 수준, 기본소득의 찬성론과 반대론, 기본소득의 도입 가능성에 대한 논의가 필요하다.

둘째, 기본소득의 이데올로기적 조감도를 검토한다. 이것은 정책의 배경을 폭넓게 이해하기 위해 필요하다. 다양한 사상이 복지국가나 기본소득과 같은 특정한 급부 시스템을 어떻게 묘사하고 있는지를 이해하면서 이데올로기와 관련하여 어떤 장단점을 가지고 있는지를 조사하여 그것이 기본소득 구상에 미치는 영향에 대하여 이해해야 한다. 기본소득의 수정형 버전으로 분류되는 제도들도 비교해 보아야 하는데, 비교적 널리 알려진 것들이 부의 소득세(NIT), 참가소득, 사회배당 등이다. 이러한 유사한 급부 제도를 통하여 우리들은 기본소득 지지자가 공유하는 공통적인 가치나 원리를 이해할 수 있을 것이다. 예를 들어, 복지제도에서 자율성과 자기결정의 중요성에 대하여 기본소득 버전에 따라 가치나 원리를 다른 의미로 해석하여 서로 다른 제도 유형을 주장할 것이다.

셋째, 정책이론이나 사회정책과 같은 학문 분야 내부적으로 이루어지는 다양한 논의와, 기본소득이 왜, 그리고 어떻게 관련되어 있는지도 중요하다. 기본소득이라는 테마에 익숙하지 않은 사람들은 기본소득을 은둔자의 사상, 즉 특정 집단에 주류적인 다수로부터 벗어나 논의되는 유토피아적 아이디어라고 상상해서는 안 된다. 사실 기본소득은 다양한 형태를 띠는 일련의 학제적 논의와 관련되어 있으며 상호 영향을 주고받고 있는 것이다. 시민권에 근거한 권리와 의무의 개념, 사회적 공정의 의미, 복지국가의 미래, 그리고 시민사회의 본질 등과 관련된다. 물론 경제학에서도 기본소득 구상이 중요한 의미를 가지고 있다.

기본소득 관련 구상보다 구체적으로 탐색하기 위해서 망망대해를 헤쳐 나가야 하는 입장에서 연구자로서 일정한 범위의 한도가 필요하다. 그리하여 이데올로기 중심으로 고찰하기로 하였다. 물론 낡은 접근이라고 생각할 수도 있지만, 영국의 피츠패트릭과 같은 훌륭한 기본소득 선행 연구자가 있었기에 그 길을 찾아가기로 하였다.

이데올로기는 현실을 탄력적으로 설명해 주지 못하며 응용력이 떨어지는 낡은 유물이라는 지적도 일리가 있다. 자유시장에 기반한 민주주의와 자본주의가 독선적인 교조주의와의 대결에서 대부분 승리했다고 믿기 때문에 이데올로기를 박물관의 골동품과 같이 생각하기도 한다. 특히 낡았을 뿐만 아니라 세계와 사회를 왜곡된 형태로 포장하는 지어낸 이야기일 뿐이라는 비판도 있다. 이에 대하여 어떻게 적절히 반론할 수 있을까? 포스트 이데올로기적 상황을 고려할 때, 현재 사회를 반영하면서 동시에 새롭게 창조하는 역동적 사고들이 모여서 변화가 이루어진다면, 이데올로기는 외부 세계를 투영하는 유용한 창이 될 것이다. 우리들이 더 이상 이데올로기에 따른 구분과 차별을 하지 않는 데에 동의했다고 해도, 인간의 집단적 행위를 통하여 수 세기 동안 형성된 사고와 문화적 차이로 형성된 세상과의 만남을 피할 수 없다. 따라서 탈이데올로기를 이야기하는 사람들이라면, 주위에서 무엇이 일어나고 있는지 끊임없이 기록하고 평가하는 것이 자신들의 사명이라 생각하고, 오히려 사회에 대해 직접적으로 개입하는 것은 자신들의 역할이 아니라고 생각할 것이다. 그렇지만 개입이 피할 수 없는 일이라 생각하는 사람들은 정책의 성과를 평가하기 위하여 이데올로기를 기준으로 규범화하려는 동기를 가지게 될 것이다. 우리들이 현재 구체적으로 무엇을 하고 있는지 평가하기 위해서는 이데올로기 시각에서 분석하고 처방전을 제공할 수 있어야 할 것이다. 혼란스러운 상황을 정리하고 새로운 방향을 설정하기 위해서도 이데올로기는 귀중한 판단 기준을 제공해 줄 것이라 생각된다(Fitzpatrick, 1999).

복지국가와 기본소득에 대한 논쟁을 살펴보는 데에서도 이데올로기적 가치에 따라 제기되는 비판과 옹호가 이해를 돕는다. 판단 범위는 개인의 절대적인 자유를 강조하는 입장에서 기본소득을 옹호하는 시각과 개인의 진정한 자유 회복을 위해 코뮨사회의 가치 실현을 강조하는 시각의 양 극단이다.

2. 유상노동을 회피할 자유

기본소득 찬성론 중에서 주류는 개인의 자유를 확대하는 데 유리하다는 이유로 도입에 찬성한다. 자유시장과 민주주의는 형식적 자유를 존중하지만, 그것이 실질적 자유를 실현하지 못하고 있다는 지적은 새겨들을 가치가 있다고 생각한다. 그래서 빠레이스는 실질적 자유 개념을 제창하면서 사람이 하고 싶은 일을 하기 위해서 권리를 실현할 수 있는 효과적 수단을 강조하였던 것이다. 그는 '일하는 자'와 '게으른 자'에 관한 우화를 활용하여 진정한 자유가 무엇을 의미하는지 비유하고 있다. 그의 말을 참고로 자유를 단순한 형태로 설명하면 다음과 같이 표현할 수 있다.

'일하는 사람'은 돈을 중요하게 생각한다. 사실 그들은 비싼 물건을 사는 데 충분한 돈을 모으기 위하여 가능한 오랫동안 열심히 일한다. 때문에 이들은 여가나 노동 이외의 자유시간이 충분하지 않다. 그러나 '일하는 사람'은 이를 자신이 선택한 생활방식의 결과로 받아들인다. 반면 '게으른 사람'은 시간을 중요하게 생각한다. 그들이 만끽하는 시간은 어떻게 사용해야 할지 미리 결정되어 있는 시간이 아니다. 하루 종일 TV에 매달려 지낼 수도 있고 만화책을 보거나 인터넷 게임을 하면서 쓸 수도 있다. 물론 복지시설에서 급식 봉사를 하면서 보낼 수도 있고 환경 파괴를 초래하는 도로건설 현장이나 국가기관의 부당한 권력 남용에 항의하며 격렬하게 시위하는 데에 활용할 수도 있다. 이들은 '일하는 사람'보다도 자유시간을 중요하게 여기므로 재산이나 돈은 거의 가지고 있지 않다. 그러나 이들도 자신들이 선택한 생활방식을 당연한 것으로 받아들일 것이다.

극단적인 양면의 생활방식 중 어느 쪽을 선택할지에 대하여 사회가 중립적이라고 가정한다면, 정말로 자유를 존중하는 사회에서는 '일하는 사람', '게으른 사람' 중에 어느 편에 서게 될지 결정할 선택의 자유가 타인의 의사와 관계없이 존중되어야 한다. 그러나 현재의 복지자본주의 사회는 이익이 생기는 활동에만 집착하고 있으므로 위에서 말한 선택의 자유가 아무런 비난 없이 인정되지는 않을 것 같다. 오늘날 세상은 자신의 경제적 이익 극대화를 위해 '열심히 일하는 사람'들이 우대받는 생산주의 생활양식이 존중받는 사회이기 때문이다. 복지국가도 다수 사람들의 이윤 획득 활동의 결과로 만들어진 풍요로운 경제성장의 성과를 바탕으로 유지되는 시스템이다. 따라서 자유로운 생활방식에 찬성하는 사람들은 기본소득을 복지국가 개혁 구상으로 지지할 것이다. 기본소득은 조건 없이 급부되므로 경제적 이윤 획득을 위한 유상노동에 대해서는 중립적이다. 또한 우리가 생각하는 바람직한 인생은 각자 개인들의 다양한 견해에 따라 내용이 달라질 수 있는데, 그중 어느 쪽을 선택할지에 대해서도 중립적이다. 무엇보다도 개인은 선택의 폭을 넓힐 수 있으며 삶의 방식을 각자의 선호에 따라 즐길 수 있게 될 것이다. 이때 각각의 생활방식에 대해 권태롭다고 불만을 터뜨릴 수는 없다. 왜냐하면 '일하는 사람'도 선호가 바뀌어 '게으른 사람'으로 자신의 생활방식을 언제든지 자유롭게 선택할 수 있기 때문이다.

그러나 기본소득의 중립성에 관해서는 다음과 같은 이유에서 비판이 제기될 수 있다. 자유주의자들은 '너무 지나치게 게으르지 않은 사람'에게 시간적으로는 유리하지만, 급여에 있어서는 어느 정도 차등적으로 지급하려는 계획에 대해 '일하는 사람들'을 차별하는 행위라고 반대할 것이다. 양쪽 모두에게 평등하게 수급권이 있다고 해서 왜 일하는 사람들이 자신이 모은 몫에서 게으른 사람에 대한 비용을 지불해야 할까?(Van Parijs, 1995:93-94) 중립이 바람직하다면서도 왜 기본소득이어야 하는가? 게으른 자의 생활방식에 대하여 복지자본주의 사회가 생활비를 지급하면서까지 존중해야 할 의무가 있을까? 사람들은 반드시 일해야 한다는 사고방식이 강력한 영향력을 발휘하는 한 조건 없이 지급하는 급여제도에 찬성하기란 쉽지 않을 것이다. 반드시 수입이 있어야 일의 의미가 중요해지는 것은 아니다. 그 대신 뭔가 사회를 향해 참가할 의무를 반영하는 것이어야 한다. 특정한 사회의 완전한 시민권을 얻기 위해서는 일정한 의무를 충실히 수행하기를 바라는 것이다.

자유주의자들의 반대에 대해서 기본소득이 결코 일하는 자를 착취하는 제도가 아니라는 반론이 제기될 것이다. 왜냐하면 노동만이 현재의 사회적 재산을 만들어 낸 것은 아니기 때문이다. 따라서 일하는 사람들만 게으름 피우는 사람들 몫의 기본소득을 부담한다고 볼 수 없다. 또한 기본소득 이외의 제도와 비교하면 기본소득이 보다 중립적이라 할 수 있다. 자본주의 경제에서 대다수의 사람들은 스스로의 노동력을 판매하거나 판매하도록 강요당하고 있으므로 우리들은 노동자로서의 삶을 사실상 강제당하고 있다. 따라서 노동시장에서 수행하는 활동과 무관하게 최저소득을 보장하게 되면 고통스런 임금노동으로부터 해방될 수 있다. 그것이 곧 단순한 형식적 자유가 아니라 실질적 자유를 실현하는 것이다. 그렇지만 임금노동에 비중을 두는 사회일수록 기본소득이 자본주의 착취 관계를 또 다른 형태의 착취로 치환할 뿐이라는 비판이 제기될 수 있다. 물론 현재의 노동을 어떻게 평가하느냐에 따라 관점은 달라질 것이다.

집합주의를 지지하는 사람들의 입장에서는 현재 존재하는 지역사회의 습관이나 신념에 근거하여 게으름을 죄악시할 수 있다. 그럴 경우, 마찬가지로 사형제도 존속도 정당화될 수 있다. 우리들이 함께 살아가고 있는 지역사회란 그 자체가 인간들을 초월하여 존재하는 것이 아니다. 지역사회란 자립한 평등한 개인이나 집단에 의한 반성적이며 자각적인 협동 행위를 매개하는 장이다. 따라서 다수의 독재를 막기 위하여 중립성 원리가 필요하다. 인권 보호에 대해 강한 신념을 가진 사람이 인종차별주의자와 같이 차별적 관념을 가진 사람을 배격하는 일은 있을 수 있지만, 모든 사안에 대해 그렇게 배타적으로 되는 것은 아니다. 게으른 자가 타인의 생명이나 신체에 직접 위해를 가하는 경우는 있을 수 없으므로, 게으른 자, 중립자, 노동하는 자로 이루어지는 다원적인 지역사회에서는 일하는 자만 중요하게 생각하는 지역사회와 달리 자유와 공공성 모두를 훨씬 더 존중하게 될 것이다.

3. 사회적 공정성의 회복

기본소득을 도입할 경우에 소득 재분배와 관련하여 사회적 공정성과 함께 효율이 모두 높아질 수 있을까? 기본소득 지지자들은 제도가 도입되면 사람들의 자존감이 높아질 것이라 주장한다. 현재의 사회보장은 빈곤자를 구제하는 데 있어서 실제로 급여가 필요하며 지원받는 것이 적합한 자에게 자원을 집중하기 위해 신청자와 수급자의 생활에 개입하여 행동을 감시하고 통제하고 있다. 우리나라도 부정 수급을 방지하고 감독하는 것이 사회복지직 공무원의 중요한 역할로 장려되고 있다. 수급자가 신청한 내용 그대로 결혼하고 있는지 혹은 혼자 살고 있는지, 동성애 또는 이성애자인지, 근로 의지가 있는지 등을 문제 삼을 수 있다. 하지만 기본소득은 그럴 필요가 전혀 없다. 기본소득이 제도화되는 동시에 현재 제도에서 비합리적이거나 탈법적이라 판단되는 대부분의 조건 위반 사안이 합법화될 것이다. 사실상 현재의 수입과 급여를 기계적으로 연결하여 소득상황을 파악하기는 좀 곤란한 측면이 있다. 직장을 구하는 사람이 실업급여를 받기 위해서는 유급 노동에 종사하면 대부분 필요한 요건을 충족할 수 없다. 또한 수급자가 근로소득을 신고하기 시작하면 공제율에 따라 차이는 있지만 이전보다 전체적인 수입액은 줄어든다. 극단적으로 생각하면, 본인에게 유리한 선택을 하기 위해서는 선택의 여지가 없이 임금이 수반되는 어떤 일도 하지 않거나 수입이 있어도 신고하지 않고 그대로 급여를 받는 편이 낫다. 만일 친구가 100만 원을 주고 집을 수리해 달라고 부탁한다면 주저 없이 거절하거나 급여가 삭감되어 100만 원 대부분을 잃게 될 각오를 하고 시작해야 할 것이다. 아니면 신고하지 않고 행정당국이 모르게 그대로 넘어갈 수도 있을 것이다. 그렇지만 기본소득 시스템에서는 그런 고민을 할 필요가 없다. 삭감을 조건으로 내세우지 않고 강제적으로 근로하도록 조건을 부여하지도 않는다.

그리고 시민 모두가 최저수준의 소득에 대한 권리를 가지므로 시민권의 내실화에도 기여할 수 있다. 사실상 현재의 소득보장을 비롯한 급여시스템은 여전히 복지를 적용하는 데 있어서 대다수 부담자와 소수의 수급자가 분단된 사회적 분열을 특징으로 하고 있다. 소득공제나 세액공제와 같은 재정적 복지는 힘든 노동의 대가라 할 수 있지만, 불특정 다수에 대한 현금 급여는 낭비적인 사회 지출이라고 생각할 것이다. 일반 재원에 의존하는 현금 급여는 삭감되기도 쉽지만, 재정복지는 근로자 위주로 혜택이 집중되므로 비근로자와의 사회적 격차를 확대할 뿐만 아니라 납세자 대 수급자라는 구도를 강화하여 납세자의 권리를 중요시하는 제도 운용에 더욱 집중하게 만든다. 납세자들은 타인(수급자)의 급여를 위해서 세금만 부담하는 수익이 나오지 않는 불공정한 계약을 맺고 있는 것이다. 하지만 기본소득은 한정된 시민권으로 수급자격을 구분하지 않는다. 급여와 조세 감면, 소득공제를 통합하려 하므로 복지 수급을 둘러싼 사회적 분열을 해소하려 한다. 복지제도가 일정 부분 보편화된 국가라면 많은 사람들이 가족수당이나 기초연금 등 어떤 형태로든 기본적인 소득을 받고 있다는 사실을 합리화하려 한다. 만일 국가로부터 받는 소득 금액이 다르다면 사람들 사이의 소득격차는 확대되지만, 기본소득은 모두에게 동일한 액수의 소득을 제공하므로 양극화를 만들지 않는다.

　하지만 특정 사회의 시민 정서와 재정 능력을 우려하는 목소리는 기본소득을 반대하는 논리로 언제나 효율성을 강조한다. 그러므로 가장 가난한 계층에 우선적으로 자원을 투입하기 위해서는 개인의 자유와 권리를 어느 정도 희생할 필요가 있을지도 모른다. 가령, 주 10만 원의 현금 급여를 조건 없이 제공하기보다도 월 40만 원의 현금을 조건부로 제공하는 편이 더 효과적일 수 있다. 급여는 필요로 하는 사람, 수급하기에 가장 어울리는 사람에게 제공되어야 하기 때문이다. 그런 조건을 충족하지 않는 자는 당연히 배제해야 한다. 정말 성실한 자세를 유지하며 준법정신을 가지고 있다면 개인의 존엄성을 침해하는 것은 바람직하지 않다. 그러나 열등 처우나 스티그마를 수반하는 배제적 대응은 불가피한 선택일 수 있다. 부정 수급자를 찾아내거나 막기 위해 보다 덜 수치스럽게 적절히 운용하는 방법도 필요하지만 그런 메커니즘을 완전히 없애기는 불가능하다. 기본소득을 제공하더라도 수입을 신고하지 않고 과세를 피하는 자를 찾는 수단은 어떤 형태로든지 필요할 것이다. 자원을 빈곤층에게 나눠 주기 위해서는 소득세 감면 제도 등 다른 소득이전 프로그램과 구별되는 급여가 활용되어야 한다. 빈곤자와 그렇지 않은 사람들 사이에 실제로 존재하는 사회적인 격차를 축소하는 정책이 어느 수준까지 가능하다면 그 격차를 균형적으로 유지하기 위한 엄격한 제도 운용이 공정하다고 볼 수 있다.

기본소득 지지자들이 생각하는 효율성이란 무엇일까? 먼저, 기본소득을 도입하면 이전보다 행정비용을 상당히 삭감할 수 있다. 기본소득이 모든 사람에게 자동적으로 지급되면 구체적인 추계비용을 비교할 수는 없지만 조건부 급부와 병존하는 부분 기본소득이라도 인건비와 조사비 등 관리 비용을 대폭 줄일 수 있을 것이다. 또한 노동시장은 유연해지고 취업률은 오히려 상승할 것이라고 전망한다. 유연성이라는 말은 1990년대 이후부터 자주 듣는 상투적 표현이지만, 실제로 임금 인하나 취약한 노동자의 근로권을 제한하는 도구로 활용되기 쉽다. 기본소득은 노동시장을 유연하게 하면서도 주체적으로 노동을 선택할 수 있는 형태로 재구축할 수 있다. 기본소득은 소득을 수반하는 일을 하고 있는 사람과 훈련 또는 교육을 받고 있는 사람 모두에게 지급되므로 훈련이나 교육에 수반되는 기회비용을 줄일 수 있다. 마찬가지로 기본소득을 통해 생활비를 얻을 수 있다면 임금의 영향력은 상대적으로 낮아진다. 임금을 통해 생활에 고통을 느끼지 않을 정도의 수입을 확보해야 한다면 사용자는 추가 부담을 해야 하므로 현재보다 고용수준을 낮게 될 것이다. 그런데 기본소득은 임금과 급여를 연계하여 그 수준을 설정할 수 있다. 그러므로 사용자의 임금 비용을 낮게 하고, 대신에 다수의 노동자를 새롭게 고용할 수 있게 할 것이다. 그렇지만 그것이 곧 최저임금에 반대하고 저임금 경제를 도입하기 위한 면죄부가 될 것이라 해석할 필요는 없다. 부분 기본소득 구상하에서는 사용자가 임금을 대폭 인하하는 구실로 이용하는 것을 막기 위하여 일정 수준 이상의 최저임금제도가 유지되어야 할 필요가 있다. 만일 액수가 충분한 완전 기본소득을 도입할 수 있게 된다면 임금수준이 하락해도 비참한 결과를 초래하지는 않을 것이다. 더욱이 사람들이 노동시장 외부에서 적절한 생활비를 얻을 수 있다면 값싼 임금을 받으면서 원하지 않는 일을 강제로 하지 않아도 된다. 따라서 그런 분야에 종사하는 사람들의 임금수준은 좀 더 매력적인 수준으로 인상될 것이다.

그런데 저소득층은 수입의 대부분을 세금으로 징수당하면 소득이 절대적으로 부족해지므로, 다른 한편으로는 과세 후의 소득을 환급해 주는 시스템으로 균형이 맞춰져 왔다. 하지만 이전소득을 다 합쳐도 최종소득이 크게 인상되는 경우는 없을 것이다. 이와 같이 가난한 사람들에게 조세를 징수하면서 다른 한편으로 환급하는 과정은 비효율적일 수 있다. 과세와 소득이전 시스템이 원활히 조정되지 않고 있는 결과라 할 수 있다. 기본소득은 이 두 가지 시스템을 통합하여 모든 사람들이 동일한 액수의 기본소득을 수급하고 수입에 대하여 같은 비율의 세금을 납부하게 되는 선순환 과정을 만들어 낼 수 있다.

그렇지만 기본소득이 항상 조건부 급여보다 효율적이라고는 할 수 없다. 조건적 복지가 높은 행정 비용을 수반할지 모르지만, 정치적으로 또는 정서상으로 훨씬 우월하게 받아들여진다면 사회적으로 그 정도의 비용은 기꺼이 감수하려 들 것이다. 조세 제도와 소득이전 시스템을 효율적으로 조정하는 것이 바람직하다고 해도 두 가지 시스템을 완전히 통합하기란 쉽지 않을 것이다. 기본소득을 도입하지 않더라도 수입과 급여를 결합하는 방안은 EITC 형태로도 운영할 수 있다. 덧붙여서 효율성에 대해서는 여성주의 관점의 비판도 고려해야 할 것이다. 그들은 기본소득이 기혼 여성의 의존을 조장할 위험이 있다고 한다. 가령 기혼 여성이 시간제나 비정규직으로 일하면서 사회보험료를 많이 지불할 필요가 없거나 전혀 내지 않는 경우도 있다. 그러나 기본소득을 지급하고 그 소득에 과세하게 되면 기혼여성은 노동시장에서 활동을 줄이고 남편에게 점차 의존하게 될 것이다. 여성의 사회적 활동에 장애물로 작용하여 효율성을 저해한다는 것이다.

기본소득으로 자유와 인권이 보호되고 빈곤자가 평등한 대우를 받기 위해서는 그들에 대한 사회적 배제도 극복해야 한다. 생활비만 지급한다고 해서 모든 문제를 해결할 수는 없다. 비용 지원에만 매몰되면 오히려 사회적 공정성을 해칠 위험이 있다. 확실히 단언할 수 없지만 어떤 이데올로기를 기반으로 사회개혁과 어떻게 관계를 맺고 있느냐에 따라 사회적 공정성 확보 여부가 달라질 것이다.

억만장자에게 기본소득을 제공하는 것이 공정성을 해친다는 반대 여론이 형성될 수도 있다. 그러나 그들이 지금까지 혜택을 보던 각종 감면이나 공제 액수 규모보다 지급액의 수준이 낮고 더 많은 세금을 납부하며, 비정규직이나 불안정 노동계층의 소득을 인상하는 효과가 있다면 문제는 없다고 생각된다. 특히 개인 단위로 제공하는 형태를 고려하면, 아동수당과 같은 보편수당 도입은 저성장 시대를 맞아 시장소득의 획기적인 증대가 어려운 현실에서 저소득층에 상대적으로 큰 도움이 될 것이다. 그 정도의 기본소득을 지원하는 것은 공정성 측면에서도 받아들여질 수 있다고 생각된다.

4. 함정과 포착

급여제도에 있어서 함정은 의존을 초래하게 되며 포착은 제도에 의한 목표 효율성을 높이는 기능을 한다.

실업함정과 빈곤함정은 기존 급여제도의 한계와 그 개혁 방안을 논의할 때에 언제나 제기되는 화두이다. 실업함정은 임금이 급여수준과 너무 가깝기 때문에 사람들이 급여 신청을 그만두고 일하려는 생각을 하지 않는 상태를 뜻한다. 월 50만 원 급여를 받는 사람은 50만 원보다 높은 임금을 받을 수 있는 직업을 찾아야 하며, 임금 50만 원인 직종에는 종사할 가치를 못 느낄 것이다. 빈곤함정은 낮은 임금을 받게 되더라도 자산조사 급여에 의해 수입을 충당하는 결과를 낳는다. 그럴 경우, 저임금 직종도 매력적이 될 수 있으며 실업함정도 부분적으로는 줄어들게 될 것이다. 그렇지만 임금이 올라가면 총 급여는 삭감되므로 재분배 효과가 소멸해 버릴 수 있다. 사실상 저임금 노동자에 대한 할인율이 적용되는 셈이 되어 실업 및 빈곤함정이 초래되는데, 이는 직업을 적극적으로 찾는 의욕을 방해하는 결과를 낳는 심각한 문제이다. 그런데 부양의무제가 수급요건이 되는 우리나라에서는 빈곤함정과 결합되어 극단적인 결과까지 낳게 된다. 수급자의 부양의무자(자녀)가 취업 등을 통해 수입이 생기면 수급자는 탈락된다. 그럴 경우, 계속 수급 혜택을 받기 위하여 취업을 하지 못하는 결과를 초래할 수 있다. 수급 탈락 후 밀려드는 병원비에 견디지 못하고 자살을 선택하는 경우도 있다.[19]

반면에 기본소득은 노동 소득을 늘려갈수록 전체 수입이 늘어나므로, 이것이 그 옹호의 근거가 될 수 있다. 실업 기간에만 일시적으로 지급되는 것이 아니라 총소득에 추가되므로 실업이나 빈곤함정을 초래하지 않는다는 것은 지지자들에게는 강력한 메시지를 준다. 수급자 입장에서는 자산조사와 연계되지 않고 손안에 들어오는 현금이 늘어나게 되므로 더욱 매

---

19 A씨는 지병인 신부전증으로 몇 년간 요양병원에 입원해 왔지만, 딸의 취업 이후 국가는 그를 기초수급자 대상에서 제외시켰다. 그는 매달 100만 원가량의 병원비 때문에 고민하다가 결국 자동차 안에서 연탄불을 피워 놓고 자살하였다. A씨의 경우가 특별한 사례는 아닌 것 같다. 예를 들어, 모 광역시에서는 2008년부터 2012년까지 수급자 263명이 스스로 목숨을 끊었다(자세한 내용은 정민규, "기초수급자 탈락은 생명줄 끊는 것", 2013. 10. 1. http://www.ohmynews.com 참조).

력적이다. 자산조사형 제도와 같이 소득 인정액 평가에 따른 급여 삭감 없이 지급하고 늘어난 소득에 대한 조세 부과도 가능할 것이다. 따라서 근로동기를 저하시키지 않으면서 수입 증대를 위해 더 노력하려는 인센티브를 주게 된다. 특히 기본소득 수급자격은 완전한 시민권에 기초하므로 포착률을 거의 100% 가깝게 달성할 수 있을 것이다. 지속적인 제도 개선이 이루어졌지만 자산조사 시스템은 스티그마를 부과하고, 복잡한 소득 및 재산 조사와 평가 절차는 당사자도 제대로 이해하기 어렵다. 그 때문에 수급자격을 가진 사람도 신청에서 배제되기 쉽다(Fitzpatrick, 1999).

기본소득이 취업과 소득 활동에 적극적으로 나서도록 자극하는 데 긍정적 영향을 미칠지 몰라도, 급여 제공의 무조건성은 부정적인 영향을 미칠지도 모른다. 근로 유무에 관계없이 소득이 보장되면 노동시장에서 퇴장하는 사람이 나오게 되고, 그런 사람들의 규모가 커지면 충당해야 할 세입이 감소하므로 이들에게 충분한 액수를 지급할 수 없다. 따라서 빈곤함정을 완화하기 위하여 빈곤자에 대한 소득공제율을 인상할 필요가 있을 것이다. 즉 노동시장으로부터 탈퇴할 가능성을 없애면서 동시에 세율이 낮기 때문에 고소득자가 혜택을 보는 일이 없도록 설계해야 한다는 것이다. 혹시 기본소득을 도입하고 높은 세금을 부과하였으나 다른 수입 없이 기본소득만으로 생활해야 하는 사람들에게 그 액수가 충분하게 지급되지 않는 결과가 초래되면 어떻게 해야 할 것인가? 이런 사태가 발생하면 시민권에 근거한 일률적인 급여제도가 아니라 상대적으로 포착률이 낮은 자산조사가 수반되는 공공부조 제도를 다시 도입해야 할 것이다.

기본소득이 근로동기를 개선하거나 반대로 더 악화시킬지에 대해 추상적인 수준에서 결정하기는 어렵다. 구체적인 제도 설계와 운용 방식에 따라 달라질 것이다. 또한 궁극적으로는 시범사업 등을 통해 인센티브 효과를 검증해야 할 것이다. 하지만 사람들은 경제적 이익, 즉 돈을 벌기 위한 목적으로만 일하지 않는다. 월 50만 원의 기본소득을 받는 사람이 있다고 치자. 그렇다면 그 사람은 노동시장에서 활동을 줄일 것이라 생각하는가? 이에 동의하는 입장은 인간의 행동 동기를 편협한 경제적 보상에서만 찾는 관점이다. 기본소득은 양쪽 모두의 효과를 보여 줄 가능성도 있다. 오늘날과 같이 비자발적 실업이 확대된 사회는 노동시장으로부터 자발적으로 퇴장하는 사람이 넘겨주는 일자리를 얻기 위하여 기꺼이 참여하는 자도 있을 것이기 때문이다. 만일 과세기반이 축소되기 시작한다면 근로동기를 자극하거나 또는 저해하는 효과 사이의 균형을 위하여 기본소득 수준을 조정하는 데에 논쟁이 초래될 수 있지만, 그러한 논의는 실증적 조사가 필요하므로 제도적 실현 가능성 검증 이후의 과제라 할 수 있다.

5. 무임승차와 실용성

기본소득에 대한 비판의 목소리 중 가장 강력한 것은 '무임승차'에 대한 반대 논리이다. 무조건성이 기본소득의 명확한 특징을 이루고 있는 한, 이 비판이 지속된다면 기본소득 아이디어 전체가 치명적인 타격을 입게 된다. 물론 참가소득과 같이 무조건성을 어느 정도 완화한 형태도 내세울 수 있을지 모르지만, 이는 어디까지나 보완적인 차원에 불과하다. 그냥 받을 수 있다는 점에서 기본소득은 아무런 일도 하지 않는 선택을 해 버린 건강한 사람도 이를 받을 자격이 있다. 그 누구에게도 사회에 대한 일정한 공헌을 의무화할 필요는 없다. 따라서 노동 대신 여가를 선택한 건강한 사람도 기본소득을 받을 수 있는 것이다. 시민권이라는 개념이 무의미한 것이 아니라면 권리와 의무 사이의 어느 정도의 호혜성이 필요하다는 지적은 일견 타당해 보인다. 그렇지만 아무런 의무 — 임금노동, 돌봄 노동, 교육 및 훈련 중 어느 것 — 도 감당하지 않고 수급할 수 있다면 균형적 호혜성 구도는 깨져 버리므로 의무를 수반하지 않는 불균형적인 형태로 복지

급여를 제공하는 것에 불과하다. 그러한 구도에 따라 기본소득을 도입한다면 생산을 위하여 기여한 누군가의 노력에 다른 사람들이 편승하도록, 즉 무임승차를 조장한다. 이는 경제적·사회적 지속가능성에 위협을 가하는 일이 될 뿐이다. 자칫하면 기본소득은 인간이 사회 속에서 생산적이고 유익한 행동을 하도록 판단하는 기반을 거부하는 것처럼 보인다. 이에 따라 '무임승차자'를 반박의 근거로 삼아 기본소득에 대해 반대하는 사람들은 정서에 강하게 호소하는 것 같다. 그러나 이에 대해서는 다양한 형태의 반박 논리가 있다. 구체적으로는 ① 자연의 선물, ② 고용의 차액지대, ③ 실용주의적 관점에서의 변호이다.

먼저 자연의 선물로서 기본소득에 찬성하는 관점을 보자. 사회적인 공동의 산물을 만드는 데 아무런 노력도 하지 않은 자에게는 그 성과로부터 한 푼이라도 이득을 얻게 해서는 안 된다는 것이 '무임승차의 논리'이다. 그러나 이런 주장들은 현재의 노동이 기존의 사회적 자산에 해 온 기여를 지나치게 크게 계산하고 있다. 가령 우리들이 고립된 산간지역에 조난되었다고 생각해 보자. 앞으로 살아가기 위해서 야생의 열매만을 먹어야 한다면 우리들은 채취물의 일정 부분(50%)을 납부하여 저장하는 것이 유리할 것이다. 그러면 각 개인이 채취하는 열매의 절반은 가지고 나머지를 보험 삼아 창고에 보관하면서 적게 채취한 사람에게는 조금씩 분배하는 것이 공정한 방법일 것이다. '무임승차의 논리'를 펴는 사람의 입장은 생산적인 일을 하지 않은 사람은 수확물에 대한 청구권이 없다는 것이다. 따라서 채취 작업을 하지 않은 사람에게 열매를 나누어 주는 것은 게으름을 조장하므로 금지해야 할 것이다.

과연 이러한 논리적 인식은 타당한 것일까? 우리가 천연자원과 관련해서 조금 다르게 생각해 보면, 보다 여유로운 사고를 할 수 있다. 사회적 재산이 현재의 정도까지 늘어난 것은 현 사회 성립 이전부터 천연자원이 존재하고 있었기 때문이다. 우리들이 지금 향유하고 있는 부는 모든 사람의 공동재산인 천연자원으로부터 얻은 것이라는 지적은 매우 의미심장하다 (Cohen, 1986). 급진적으로 생각하면, 나태한 사람이 생산적인 일을 전혀 하지 않았다고 해도 그는 여전히 현재 천연자원의 공동소유자라 할 수 있다. 이는 일부러 노력하지 않아도 항상 풍부한 열매가 자라나게 되는 비옥한 지역에 살 수 있었던 행운과도 관계된다. 따라서 그는 타인의 노동에 무임승차하여 수당을 받은 것이 아니라, 천연자원의 풍요함 때문에 그의 몫도 일정 부분 확보되는 것이다. 이러한 환경에서는 '무임승차의 논리'는 의미가 없다. 천연자원이 풍부하다면 공동 소유자로서 손에 넣을 수 있는 것을 수용하는 사람 모두가 무임승차자이다. 다시 말하면, 생산적이며 유익한 노동은 사회적 활동이나 천연자원은 사회 성립 이전부터 존재하고 있었던 것으로 사회적인 협력의 산물이 아니다. 따라서 '아무런 기여도 하지 않은 자'라도 모든 사람이 손에 넣을 수 있는 천연자원, 즉 자연으로부터 받은 선물은 조건 없이 일정한 몫으로 나눠 가질 자격은 있다는 것이다.

그런데 천연자원을 사회적 재화로 하기 위해서는 노동이 더해져야 한다는 반론도 가능하다. 천연자원이 많다고 해도 그것을 활용하거나 먹을 수 있게 하기 위해서는 인간의 노동이 가미되어야 한다는 것이다. 일하지도 않고 자기 몫만 챙기겠다는 사람들은 그것이 풍부한 천연자원에서 나왔다고 해도 타인의 노동에 의해 생산된 몫에 대해서는 권리가 없다는 것이다. 하지만 천연자원을 사회적 재산으로 바꾸기 위해서 현재 노동이 어느 정도 기여를 해 왔는지에 대해서는 이견이 있을 수 있다. 우리들이 지금까지 축적해 온 부를 누릴 수 있는 이유는 대부분 과거의 노동의 성과들이 축적되어 온 덕분인 것이다. 사회적 재산은 그 지역에 살던 조상들이 남긴 유물과 같은 것이다. 현존하는 부의 대부분은 당대 노동자의 노력의 결과물이기보다는 인류가 지금껏 달성해 온 기술진보나 지식의 축적에 의해 만들어진 것이다. 무임승차자도 일정한 경제적 유산을 물려받을 권리가 있다는 것은 시장 참가자들의 경우와 큰 차이가 없을 것이다. 다만 과거의 유산 위에 더해진 개인적 노력에 대한 성과물 차이를 인정할 것인가의 문제는 있지만 기본적인 몫의 배분은 정당화될 수 있다고 생각한다.

우리에게 남아 있는 유산이 유한하기 때문에 무임승차를 배제해야 한다는 반론도 가능하다. 각 개인들은 과거의 유산이 소진되지 않도록 기여하고 있음에 비하여 무임승차자는 그것들을 낭비하면서 미래 세대를 위한 책임 있는 역할에 반하는 행위를 하고 있는 것이다. 즉 우리들이 자손들에게 물질적인 부를 항상 선배 세대보다도 높은 수준으로 물려줄 책임이 있다면, 한정된 자원을 낭비만 하고 있는 무임승차자는 세대 간 책임을 완수하지 못하고 있는 것이다.

한편 자원이 유한하고 환경문제가 심각하다는 점이 모두가 인정하는 사실이라면, 자원을 무한정 낭비하는 주된 원인은 물질주의와 성장주의에 따르는 생활방식 때문이다. 그렇다면 오히려 무임승차자는 대량소비를 위한 생산 활동에 참가하지 않는 셈이 되므로 자발성 여부를 떠나 자연으로부터 물려받은 증여물을 보호하려는 행동을 하게 된 것이다. 그렇다면 기존 사회적 재산의 대부분은 현재의 노동의 산물이라기보다는 자연과 과거 경제로부터 증여받은 것이라 해석할 수 있다. 그러한 시각이라면 기본소득 구상은 현재의 노동 생산물 중심으로 생각하면 무임승차라고 비판할 수도 있지만, 과거 자연으로부터의 유산이라는 역사적 시간 범위에서 보면 그렇지 않다.

결국 무임승차에 대한 비난은 불공정성과 불이익 차원에서 제기되는 것이다. 왜 직장을 다니는 사람들이 일하기 싫어하는 자를 위해 돈을 지불해야 하나? 물론 환자나 노약자 돌봄 노동과 같은 활동은 평가하지만, 자본주의 시장에서 특히 중요한 것은 임금을 통한 돈벌이밖에 없다. 빠레이스는 천연자원만으로는 높은 수준의 기본소득 유지를 위한 자금을 충당할 수 없다는 결론을 내리고, 일자리가 중요한 자원이므로 기본소득이 임금소득자를 착취하는 결과를 낳을 것이라는 이유로 자신의 지지 입장을 철회하려 하였다(Van Parijs, 1995:106). 순수하게 경쟁적이며 탄력적인 경제에서는 시급 1만 원을 받는 철수를 해고하고 시급 5천 원을 받고 일하려는 영희를 고용하는 편이 이익이다. 그렇지만 그 상황이 현실적으로는 존재할 수 없다는 반론도 있다. 철수를 해고하고 영희를 고용하여 훈련하기 위해서는 비용이 더 들기 때문이다. 장기적으로 보면, 당장 절약할 수 있는 시급 5천 원이 훈련에 드는 비용보다 더 이익이 되지만, 임금이 낮으면 열심히 일하려는 동인이나 유인이 손상되므로 철수보다 영희 쪽이 낫다고만은 할 수 없다. 요컨대 우리들이 실제로 생활하고 있는 현실에서는 유연성이 발휘되기 어려우므로 이러한 리스크를 감수하고 고용할 가능성이 낮다.

여기에서 철수는 고용의 차액지대(employment's rents)를 독점하고 있다고 볼 수 있다. 고용의 차액지대란 철수가 현재 얻고 있는 소득과 순수한 의미에서 자유시장의 노동 유연화 상태에서 받을 수 있는 소득의 차액이다. 따라서 철수가 영희에 대하여 "왜 우리가 아무것도 하지 않는 당신을 위하여 기본소득을 지불해야 하느냐?" 하고 비난하면 영희는 다음과 같이 응수할 것이다. "일자리는 가장 중요한 사회적 재화이므로 당신이 고용의 차액지대를 독점한 대가로 우리가 기본소득을 조건 없이 받아야 한다." 천연자원과 마찬가지로 사회적 재화의 가치는 모든 사람에게 평등하게 분배되어야 한다. 또한 전원에게 일자리를 제공할 수 없는 이상, 그 가치를 평등하게 분배하기 위한 최선책이 기본소득이라는 결론에 이르게 된다. 빠레이스는 천연자원과 달리 사회적 재화의 경우에는 이를 평등하게 서로 나눌 수 있다면 높은 수준의 기본소득 재원을 충당할 수 있을 것이라 주장하고 있다(Van Parijs, 1995:108).

이럴 경우, 누가 무임승차자인지 불확실해진다. 일자리를 찾지 못한 영희인가, 아니면 고용의 차액지대를 독점하고 있지만 기본소득을 위하여 돈을 지불하고 싶지 않은 철수인가? 우리들은 임금 효율을 앞세운 노동 유연화를 제거해야 할 해악으로 받아들여야 하는가? 사회적 재화의 가치를 분담한다고 해도 무조건적으로 평등하게 나누어야 하는가? 철수에게 기본소득에 대한 갹출을 요구하는 대신, 영희가 일정한 조건을 충당하고 수급자격을 얻게 하면 두 사람 모두 무임승차와 같은 도덕적 해이 논란을 피해 갈 수 있을까?

사실상 급여제도와 관련하여 도덕적으로 나태한 사람을 구분한다는 것은 유쾌하거나 간단한 일이 아니다. 누구나 복지 수급자격을 위해 평가받아야 할지도 모르기 때문이다. 인간이 사회를 위하여 다양한 방법으로 공헌하는 급여제도를 설계하기 위하여 임금노동이 아닌 형태의 공헌도 인정하려면 급여 남용을 막기 위하여 사람들의 행동을 더욱 강력하게 지속적으로 감시해야 할 것이다. 국가가 시민을 감시한다는 윤리적 비난을 감수하면서 대규모 비용 지출도 감수해야 할 것이다. 그것이 싫다면 조건 없이 최저소득을 보장하는 방법을 선택할 수도 있다. 도덕적 문제를 막기 위한 비용이 그들을 인정하고 용인함으로써 지출하는 액수보다 윤리적으로 경제적으로 더 비쌀지도 모른다. 따라서 다른 개혁적인 복지구상과 비교하면 나태한 자를 허용하는 단점보다는 모든 사람에게 장벽을 허물고 지급하는 장점이 더 클 수도 있다는 실용적인 관점이 더 효과적일 수 있다. 가령 소득보장제도가 존재하지만, 대상자별 사회안전망 정비에 실패하면 수급권이 있으나 급여를 받지 못하는 이들이 많이 생겨, 대규모 사각지대가 발생할 것이다. 포착률 향상에 실패하는 것보다 구제할 가치가 없는 소수자가 포함되는 것을 받아들이는 편이 실용적인 관점에서 더욱 바람직할 수 있다.

만일 필요한 사람이 수급하지 못하는 조건형 사회보장제도와 무임승차가 발생할 수 있는 조건 없는 기본소득 중에서 어느 한편을 선택해야 한다면 최악의 상황을 피하기 위하여 후자를 선택하는 것이 실용적이라 생각된다. 상처받기 쉽고 한계 상황에 내몰린 사람들을 배제하는 반인권적 복지정책을 실행하기보다는 약간의 비양심적인 사람들은 관용하는 것이 좋지 않을까. 실제로 그들이 제도에 편승하기란 쉽지 않을 것이다. 왜냐하면 기본소득 지급액이 풍족한 생활을 하기에는 그다지 높지 않을 것이므로 거기에만 안주해서 버틸 수는 없을 것이다. 따라서 집값을 지원하는 조건부 급여나 노동시장 참가를 통해 얻는 근로소득으로 보충해야 할 것이다. 모든 시민의 최저생활보장이 목표인 기본소득만으로 화려한 생활을 하기는 매우 버거울 것이다. 부족한 몫을 어떤 방법으로든 보충하려는 사람은 도덕적으로 나태한 사람이 아니다. 그들은 매우 낮은 금액으로 생활을 꾸려 나가야 하는 부담을 안고 살거나 각종 돈벌이 등 생계부담을 견디면서 열악한 지위에서 벗어나야 하는 사람들이다.

화이트(White)와 같은 정치철학자는 이 문제에 관심을 집중하여, 평등주의에도 호혜성이 필요함을 강조하였다(White, 1997). 그는 다음과 같은 비유를 통하여 호혜성의 중요성을 예로 들고 있다. 어떤 섬에 900명이 등대를 세우기 위하여 비용을 부담했지만 남은 100명은 하지 않았다고 하자. 비용을 부담하지 않은 100명은 부담을 전혀 하지 않았음에도 불구하고 등대 불빛을 통해 이익을 얻을 수 있기 때문에 무임승차자가 된다. 이들은 모든 시민이 평등한 가치를 가지고 있다는 원칙을 무시하므로 그들의 존재는 평등주의에 위배된다(White, 1997:63). 이런 이유로 당연히 화이트는 기본소득에 매우 비판적이었다. 그러나 그 후 사회정책에 대한 스스로의 태도를 바꾸어 기본소득 개혁에 찬성하는 입장으로 돌아섰다. 애초에는 기본소득을 제한적으로 지지하였지만 점차 강하게 지지하게 되었던 것이다. 그 이유는 무임승차의 가능성이 없어서가 아니라, 그럼에도 불구하고 기본소득이 호혜성을 촉진할 수 있다고 보았기 때문이다. 무엇보다 기본소득은 사회공헌의 범위를 매우 넓힐 수 있으며 사회임금과 임파워먼트 효과를 가진다는 것을 큰 장점으로 생각하였다. 아울러 총소득에서 차지하는 임금 비율을 낮게 할 수 있으므로 남성이 가정에서 무임승차하는 것을 막을 수 있다고 보았다. 사실상 그가 하고 싶은 말은 단점보다도 호혜적인 이익이 훨씬 더 크다는 것이었다. 따라서 기본소득은 살아간다는 것, 즉 개성이나 사회의 다양성에 대한 실험을 촉구할 수 있으므로 어느 정도 무임승차자의 존재는 수용해야 할 대상이 된 것이다.

이와 같은 관점은 기본소득을 가장 잘 옹호하는 논리일지 모르지만, 이에 대하여 피츠패트릭은 확신성에 대한 문제를 제기하고 있다. 위에서 든 등대의 사례처럼 사회적 협동 노력에 의해 경제적 급여를 획득한 자는 의무를 지는 것이 당연한데, 문제는 '노력하여 획득한다'는 의미가 무엇인지 명확하지 않다는 것이다. 공공재로부터 사회적·경제적 이익을 얻지 않는 사람은 거의 없는데, 그 이유가 이익을 거부할 수 있는 선택지가 존재하지 않기 때문이라는 것이다. 아울러 호혜적 의무가 성립되기 위해서는 수급 여부에 대하여 제한이나 조건이 부과되지 않고 거부할 수 있는 자유까지 포함한 광범위한 선택이 인정되어야 한다는 것이다. 그는 공공재 생산 여부에 대한 개인적 발언권이 없으면서 의무가 수반되는 데에 대해서는 의문을 표시하고 있다. 즉 현대 사회에서 공공재로부터 오는 이익을 거부하기란 사실상 불가능하므로 일방적인 의무만을 부과하는 것은 불합리하다는 것이다(Fitzpatrick, 1999). 앞서 든 등대의 사례에서 100명의 무임승차자는 등대를 건설하는 데 대해 어떤 발언권이 있었을까? 마찬가지로 공공시설 건설에 있어서 반대하는 소수가 있을 경우, 그들에게 어떤 발언권과 선택권이 주어졌을까? 다수 주민이 마음대로 결정했던 것은 아닐까? 그는 비공헌자가 무임승차로 비난받는 것은 등대 건설에 찬성했으면서도 공사에 참가하기를 거부할 때만이 정당화되어야 한다고 주장한다. 화이트는 무임승차자는 필요악이며 협동사회를 좀먹는 존재라고 주장하지만, 피츠패트릭은 자유사회의 증거라고 주장하는 것이다. 즉 무임승차자에 대한 관용이 자유롭고 다원적인 사회의 증거이며, 그들이 필요한 존재라는 것이다. 그러므로 기본적으로 무조건적인 권리를 도입함으로써 평등한 자유주의 사회 속에 협동적이며 호혜적인 활동이 점차 이루어질 수 있는 공간을 구축할 수 있다는 것이다.

6. 비용 효과와 정치적 지지

기본소득은 수준이 너무 낮으면 효과적이지 않고 너무 높으면 실현될 수 없다는 것도 중요한 논쟁거리이다. 특히 소득보장제도는 일하지 않을 때에도 일정한 사회적 보호를 제공해야 하는데, 부분적 기본소득은 최저생계비 수준을 훨씬 밑돌게 될 것이므로 저소득층을 충분히 보호하는 수준이 되기에는 역부족이며 중산층 이상의 구매력을 올리기는 불가능하다는 것이다. 만일 우리가 기본소득 지급수준이 인상되길 원한다면 도저히 부담할 수 없을 정도의 높은 세율을 받아들이는 정치적 부담을 안아야 될지 모른다. 그렇다면 사실상 기본소득은 소득보장 효과보다는 노동시장 참여를 동기화하는 수단으로 해석될 수 있다. 기본소득이 보편적·무조건적으로 제공되기 위해서는 개인의 개별적인 필요나 사정을 구체적으로 고려하기 어려울 것이다. 그렇게 되면 오히려 자원을 집중적으로 투입하는 데에 있어서는 대단히 비효율적인 방법이 될 것이다. 사회적 분열을 조장할지도 모른다. 기본소득 구상이 도입되면 노동윤리가 이미 상당히 약화되어 있는 청년층 중에는 사회참가를 포기하는 자가 대량으로 발생할 수 있다. 이처럼 암울한 시나리오에 의하면, 기본소득이 도입된 사회에서는 비공식 부문에서 기본소득에 의존해 살아가려는 자와 공식 부문에서 노동임금으로 생활하는 자 사이의 투쟁이 발생하게 될 것이다.

이에 대한 반박 논리는 크게 두 가지로 생각해 볼 수 있다.

먼저 기술적인 분석에 따른 것이다. 기본소득을 포함한 다양한 제안의 재분배 효과를 추계하여 어떤 제안의 효과가 가장 큰 것인지 알 수 있다. 그러나 이러한 기술적인 분석은 기본원리에 관한 논의를 대신할 수 없다. 100명으로 구성되는 사회가 있다고 가정하자. 그리고 이 사회에 원하는 대로 분배할 수 있는 돈이 1,000원이 있다고 하자. 가장 쉬운 분배 방법은 전원에게 10원씩 나눠 주는 것이다. 그러나 이런 방법은 개인이 처한 환경을 무시한 것이므로 어려운 사람에게 필요한 만큼 돌아가지 않게 된다. 이는 허기의 정도가 다른 사람들에게 똑같은 양의 빵을 나누어 주는 것과 같다.

그렇다면 선별적으로 분배하면 어떨까? 가령 1/3은 장애인에게 나눠 줄 수 있다. 신체적·정신적 능력을 명백한 범주로 구분하고 각 장애인을 의학적인 진단에 따라 분류하고 적절한 수준의 범주별 급여를 제공할 수 있다. 또한 1/3은 재직 중에 정해진 보험료를 꼬박꼬박 납부해 온 실업자에게 돌릴 수 있을 것이다. 남은 1/3은 자산조사를 조건으로 부과하여 필요성이 증명된 자에 대하여 보험 수급요건에 해당되지 않는다면 나눠 줄 수 있을 것이다.

간단히 생각해 보면, 비용 면에서 효과적이지 않다는 이유에서 기본소득에 반대하는 사람 대부분은 선별적인 보험과 부조 시스템을 지지한다. 그러나 이 방식은 완벽하다고 자신하는가? 자산조사형 급여를 비자산조사형의 그것과 비교해서 생각해 보면 알 수 있다. 자산조사를 훌륭히 수행하기 위해서는 먼저 대상을 설정하고 필요성을 판정하기 전에 빈곤자가 어떤 상태에 있는지 특정한 이미지를 가정해야만 한다. 즉 욕구 판정 기준을 설정하여 발견해야 할 것의 범위를 사전에 한정해 버리는 오류를 범하게 되는 것이다. 따라서 자산조사는 우리들의 상식으로는 빈곤하다고 생각되는 사람들을 놓쳐 버릴 위험을 낳게 된다. 예를 들어, 자산조사에 수반되는 스티그마를 피하기 위해서 수급자격을 스스로 포기하는 사람들이 그런 부류에 포함될 것이다. 또한 정해진 대상자에 대해 정확한 개입을 해야 하지만 목표를 벗어날 위험도 있다.

세대가 급여 단위가 되고 있으므로 가부장적 가족전통이 강한 우리나라의 여성은 남성의 부양가족으로 정의되어 온 데 따라 완전한 급여 대상이 되기도 어렵다. 대상을 효과적으로 커버해야 한다. 그렇지만 자산조사 급여가 악명 높은 이유는 빈곤함정으로 수급자의 자립을 방해하기 때문이다. 이런 이유에서 자산조사는 대상을 확정하기 위한 방법으로서는 그렇게 효과적인 방법이 아니다. 여기에 비하여 보험급여는 상대적으로 문제가 적지만 보험료를 부담할 수 없는 사람들을 배제해 버리는 한계가 있다. 보험급여는 최종소득을 대체하도록 설계되어 있으므로 수급자가 취업하여 급여가 정지되더라도 수입이 감액되지 않으므로 급여가 충분히 높은 직업에 종사하는 편이 유리하다. 범주형 급여는 개별 사례에 따라 목표 효율성을 높일 수 있지만 급여수준이 지원 대상자에게는 너무 낮다는 것이 문제이다. 일반적으로 선별적 제도에 의한 안전망은 기본소득 안전망보다 급여수준이 높다고 할 수 있지만, 비현실적인 기계적 제도 운용은 배제를 낳게 되어 정책목표 달성에 실패할 가능성도 높다. 지나치게 엄격한 선별주의 안전망은 수급자를 거미줄처럼 포위하여 꼼짝 못하게 할 수도 있다. 그러나 기본소득은 다른 수입의 많고 적음과 관계없이 감액되지 않으므로 도약대(trampoline)와 같이 움직일 수 있다.

물론 이와 같은 비판들이 각 제도가 지니고 있는 장점을 충분히 고려하지 못하고 있다는 지적도 있을 수 있다. 자산조사의 경우, 각종 특례 적용이나 정보시스템 등의 활용을 통해 굴욕적인 스티그마를 수반하지 않는 형태로 실시할 수도 있으며 보험급여도 수급자의 범위를 각종 크레딧이나 기금의 활용을 통해 확대할 수도 있다.

제도를 관대하게 만들면 당연히 비용이 문제가 되는데, 기본소득은 더욱 제도를 관대하게 확대할 수 있다. 그런데 비용 면에서 효과적이지 않다는 비판은 기본소득에만 해당하는 것이 아니다. 소득보장 프로그램이 효과적인 급여를 하는 데에 있어서는 수준이 너무 낮고 실현되기에는 비용이 너무 비싸다는 비판은 다른 사회보장제도 모두에 해당하기 때문이다. 사실상 현재 운용되고 있거나 예상 가능한 모든 소득보장제도가 비용 효과 측면에서 자유롭지 못하다는 것을 깨달아야 할 것이다.

사회지출이 적어질수록 제공되는 급여는 관대함을 잃어 간다. 반대로 급여가 관대해질수록 사회지출 수준은 높아질 것이다. 20~30만 원의 기본소득은 적은 금액으로 보이지만 현재 불리한 상태에 처해 있는 사람에게 일정한 목표를 일깨워 줄 수 있다. 또한 극빈층만을 대상으로 할인율을 낮춰 급여효과를 줄 수도 있다. 어떤 시스템이 최선인가에 대해서는 정치 이데올로기적 영향력이 중요하며 기술적 측면이 모든 내용을 결정하지 않는다. 따라서 기본소득이 통합의 메커니즘으로서 기능하거나 사회적 분열을 확대할 가능성에 대한 반응도 정치적으로 결정될 것이다. 만일 기본소득 지지자들이 사회악을 한번에 퇴치하는 만병통치약이 아니라는 점을 인정할 수 있다면, 반대자들도 사회를 파멸로 이끄는 마약이 아니라는 데에 동의하게 될 것이다.

찬반 논쟁과 관련하여 정치적 지지에 대한 가능성을 살펴보자. 기본소득의 무조건성이 정당화되거나 비용 효과성이 인정된다고 해도 그 구상을 실행하기 어려운 이유는 여전히 제기된다. 먼저 기본소득을 당연하게 받아들이고 지지하는 정치연합을 볼 수 없다. 기본소득 구상은 어떠한 정치적 입장에서도 지지를 얻을 수 있는 매력이 있지만, 오히려 이러한 이데올로기적 다양성이 이를 현실에 도입하는 데에 걸림돌로 작용한다. 기본소득에는 BIEN과 같은 지적이며 학술적인 국제적 지지 단체 네트워크가 존재하지만, 그 가맹단체들이 단일한 계보나 이데올로기로 단결되어 있지는 않다. 따라서 이들이 정책결정에 영향력을 발휘하기는 아직 이르다. 우리들은 최저임금의 장점에 대해서는 현실적 또는 잠재적인 정치적 지지 세력을 염두에 두면서 논의할 수 있지만, 기본소득에 대해서는 그렇지 않다. 또한 선거에서 기본소득 지지를 획득하기가 어렵다. 추상적인 논의로 기본소득의 무조건성을 정당화할 수는 있을 것이다. 그러나 유권자들 바로 앞에서 그것을 주장하려 하면 난감할 것이다. 유권자의 입장에서 상식적으로 볼 때 대가 없이 얻을 수 있는 소득이란 지금까지 들어 본 적도 없고 이해하기 어려운 면이 있다. 실제로 제18대 대통령 선거에 기본소득 공약을 내걸고 입후보한 진보 지향의 노동자 후보는 사실상 1%의 지지율도 획득하지 못했다. 기본소득에 대하여 유권자들의 심리적인 반발이 있다고 해석되는 측면인데, 그 타당성 여부를 떠나 유권자들은 노동활동과 무관하게 주는 급여를 순수하게 지지할 만큼 마음의 준비가 되어 있지 않다고 생각할 수밖에 없다. 만일 주요 정당이 기본소득을 표방하여 선거에서 지지를 얻었다고 해도 부분적이나마 기본소득을 도입하는 데에 어느 정도 시간이 필요할까? 길게 보아 10년이라면 가능할까? 그렇다고 해도 국회의원 임기 2기 이상이 걸리는 시간이 필요하다. 그러면 기본소득 구상안이 입법되지 않거나, 성사되더라도 이미 원형을 잃어버릴 가능성이 커진다. 기본소득 도입은 단기적으로는 효과가 미미하고 장기적으로는 정치적 실현 가능성에 대한 리스크를 수반하므로 도입 전망은 매우 불확실하다 (Fitzpatrick, 1999).

그러므로 무상급식이나 무상보육의 제도화 사례에서 보여 주는 것과 같이 강력한 정치적 요구가 없으면 실현되기 어렵다. 구상단계의 제안으로 머무는 동안에는 광범위한 이데올로기적 지지를 얻을 수 있지만, 실천의 수단으로서 진지하게 검토되기 시작하면 이데올로기적인 마찰이 표면화될 수 있다. 특히 이를 다른 사회정책 프로그램과 단절하여 독자적으로 다루는 것은 재고할 여지가 있다. 기본소득이 생태운동과 결합되거나 보편수당과 같은 보완적 소득보장제도의 일환으로 논의될 경우, 실현 가능성은 훨씬 높아질 것이다. 즉 단독으로 논의되지 않고 포괄적인 사회정책 패키지의 일부로서 활용된다면 실현 가능한 제안들이 훨씬 구체적으로 될 수 있다. 따라서 기본소득만으로는 독자적인 정치연합을 만들어 내기는 어려울 것이다. 현실에 강력히 뿌리내린 복지국가 정치구도 내부에 기본소득을 어떤 형태로 침투시켜 재편할 수 있을까를 고민해야 한다. 전체적인 기득권 제도의 틀을 완전히 퇴출시키고 실질적으로 자유를 누리기 위해 기본소득을 도입한다는 것은 공상적 모험주의에 가깝다. 서서히 점진적으로 사회 속에 침투시켜 체험하게 해야 한다. 실제로 기본소득을 도입하기에는 시간이 걸리므로 뾰족한 급진적 대안이 보이지 않으면 유권자에게 즉시 답안지를 보여 줄 필요는 없다. 기본소득 실현의 장기적인 과정은 복지국가 성립과정에 비춰 볼 때, 100년 이상의 전략적 접근 기간이 필요할지도 모른다.

문제는 제도·기술적 요인도 중요하지만 정치적 선택과 지지 획득이 우선이라는 것이다. 일정 수준 이상의 성취를 이룬 복지자본주의 국가에서의 사회개혁은 정치적 의지가 있다면 가능하다. 당장 기득권의 틀을 변화하기 어렵고 갈등이 고조될 것이므로 기본소득을 도입할 수 없다는 주장은 미래를 보여 줄 수 없다. 자본주의 경제를 주도한 영국에서 국유화된 의료제도(National Health Service)가 도입된 것은 비현실적이 아닌가? 우리나라에서 5·16 군사쿠데타 이후 1960~1970년대에 집중적으로 도입된 보험/부조 관련 급여제도는 즉각적으로 실현 가능한 선택이었는가? 현실에 존재하지 않는다고 해서 기본소득이 비현실적인 것은 아니다. 보수적인 현실정치에서는 정치적 논의의 대상이 되기가 어려울지도 모른다. 하지만 대안적 삶과 보편복지를 희망하는 복지동맹 정치가 확산된다면 기본소득은 희망의 대안이 될 수 있을 것이다.

제2부

서로 다른 관점과 전략의 탐색

제5장
기본소득 논쟁

　이 장에서는 기본소득의 중범위적 성격을 감안하여 다양한 이데올로기적 관점의 논쟁을 상대적으로 비교 분석하기 위해서 기본소득 구상을 둘러싼 상이한 논의를 다룬다. 여기에서의 분석은 기본소득이나 그와 유사한 개혁 구상에 한정되어 있으며, 통계학적 모형을 동원한 계량적 분석을 의미하지 않는다. 사회보장제도나 소득보장제도의 개혁에 관한 모든 논쟁을 포괄적으로 다루지 않는다. 예를 들어, 부의 소득세는 급진적 자유주의자들이 가장 선호하는 기본소득의 변종이므로 우파들이 모두 지지해야 한다고 주장하는 것은 아니다. 부의 소득세는 거의 워크페어로 대체되었거나 세계금융위기로 인해 그 한계를 맞고 있다. 여기에서의 목적은 이데올로기가 기본소득 논쟁에 적용될 경우, 그 지지자들이 도입할 만한 유형의 친근감 있는 모델이 무엇인지 도출할 수 있기를 희망하는 것이다.

　좌우 이데올로기 입장 모두 기본소득 구상에 찬성하는 목소리가 있다. 사회현실을 묘사하고 그것을 변화시키는 방법을 제시하기 위해서는 정부 정책들에 대한 가치 지향적 논쟁을 통해 대안이 선택되어야 한다. 따라서 역시 이데올로기를 소홀히 할 수 없다. 또 기본소득도 대안적 아이디어인 이상, 변화를 실현하기 위한 전략을 수립하는 데 있어 이데올로기 가치에 따라 방향이나 내용이 그 영향을 받게 된다. 특히 복지는 객관적으로 측정될 수 있는 무엇이라기보다는 그것을 보는 방식에 달려 있기 때문에 주관적 특성을 고려하는 것도 중요하다(Fitzpatrick, 1999). 따라서 무조건적 소득보장을 통해 시민의 복지를 실현하려는 기본소득 구상도 주관적 인생철학의 발전에 따라 생성되는 다양한 이데올로기적 관점에 비춰 볼 때 그 실체가 더욱 분명해질 수 있다.

제2차 세계대전 이래 대부분의 성공적인 정부들은 급여, 주택, 보건의료, 교육 등의 제공이나 감독에서 정부 개입의 필요성을 수용하고 있다. 정부 개입을 죄악시하는 당파들도 있지만, 현대 복지국가에서 정부의 역할은 주요한 정치적 행위로 되고 있다. 자유주의, 보수주의, 집합주의 등은 이론적 차원에서 기본소득의 실현 가능한 형태에 대한 통찰력을 제공할 것이다. 반면 사회주의, 여성주의, 생태주의 등은 자본주의를 극복하기위한 보다 새로운 사회를 지향하므로 보다 진보적인 형태에 대한 아이디어를 제공해 줄 수 있다. 여기에서 초점을 두는 이데올로기적 관점은 좌·우파의 대칭점을 전제로 시장의 자유를 무제한 또는 폭넓게 허용하여 개인의 복지를 성취하려는 자유주의, 국가의 개입을 통해 자유를 견제하고집합적 복지를 달성하려는 복지집합주의, 시장자유를 거부하고 대안적 사회실현을 지향하는 사회주의와 여성주의, 생태주의에 이르기까지다. 그럼, 급여 대상인 시민의 자격과 복지국가에 대한 해석, 승인 가능한 기본소득 유형 등과 관련된 논쟁들을 살펴보자.

1. 자격 있는 시민

1) 시장 속의 시민과 기본소득

기본소득을 받을 자격은 모든 개인에게 열려 있다. 이때 개인은 한 사회의 구성원으로서 동등하게 시민권을 가지는 사람이다. 기본소득의 시민은 자율적인 개인이며 시장을 부정하지 않는다. 만일 우리가 시장을 우호적으로 해석한다면, 시민이란 시장 속에서 간섭받지 않고 자유로운 생활을 향유하는 사람이다. 왜냐하면 시장은 사람들의 선량함을 가장 효과적으로 자극할 수 있는 시스템이기 때문이다. 그렇다면 이런 시장체제하에서는 시장 이외의 기구를 통한 기본적인 소득보장은 필요 없다. 시장만능주의에 가까운 이런 주장들은 극단적으로 자유를 신봉하는 우파적 사고에 가깝다. 그들이 주장하는 담론들은 그 내용보다는 배경이 되는 경제적 환경에 주목해야 한다. 하이에크는 자유시장을 찬양했지만 1929년 이후에 발생한 세계대공황을 예측하지는 못했다. 그렇지만 1970년대 이후부터는 시장을 사회·경제적 운용 메커니즘의 최고원리로 우대하는 분석이 세계적으로 주목을 받기 시작하였다. 복지자본주의가 경제적 타격을 받지 않았다면 이런 사상이 큰 영향력을 발휘할 수는 없었을 것이다. 하지만 오늘날 급진적 자유주의 논조는 어디에서든 찾아볼 수 있다. 그들은 국가 관리형 자본주의가 현실감을 상실하였으므로 복지국가에 대한 합의, 즉 정부에 의한 지속적인 소득정책과 관리된 조합주의, 사회지출 확대 정책은 해체해야 한다고 주장한다. 만일 복지국가를 통해 전후 성취해 왔던 사회적 합의가 붕괴될 경우, 미래의 사회는 어떤 형태로 통합을 유지해야 할까?

우리나라에서는 진보라는 명칭이 더 익숙하지만, 좌파가 경제 민주화를 지향하는 것과 대조적으로, 우파는 철저하게 경제 자유화를 선호하여 시장경쟁에 의해 개인과 기업이 자연스럽게 조정될 것이라 믿는다. 그 결과 경제 효율과 사회 통합이 지속될 것이라 생각한다. 시장의 힘이 자유롭게 작동하기 시작하면 자신의 이익을 극대화하려는 개인들은 국가를 통해서는 보장되기 어려운 번영과 자유를 누릴 수 있다는 것이다. 이들은 본질적으로 자유를 '시장의 자유'와 동등하게 받아들이고 있다. 하지만 절대적인 자유를 무제한 방임으로 이해하지는 않는다. 오히려 사회의 도덕성 재무장을 요구하면서 이기적인 동시에 사회적 책임도 완수할 것을 요구한다.

이와 같은 우파 이데올로기는 시장의 절대적 신봉에 근거한 도덕적 개인주의 담론을 이끌며 다수의 국가에 영향을 끼쳤다. 국제적인 흐름으로 형성되었던 권리로서의 사회복지는 경제 불황, 민영화와 시장 규제 완화, 감세 정책, 공급 측면의 개혁에 의해 일제히 공격당하였다. 자유와 평등은 제로섬 게임처럼 대립되는 상반된 존재로 인식되면서 평등주의적 사회정책은 수세에 몰리게 되었다. 자유주의적 성향이 강한 앵글로색슨 국가는 불평등과 상대적 빈곤이 심각해졌다. 수탈당한 자에 대한 분노나 동정이 생겨나고 있지만 평등주의적 사회정책은 빼앗긴 터를 완전히 되찾지는 못하고 있다. 1990년대에 들어서면서 우파 자유주의 이데올로기는 점차 쇠퇴를 보였지만, 2008년 세계금융위기 때까지 사회주의 몰락과 글로벌화의 진행으로 압도적인 승리로 귀결되는 듯했다.

그렇다면 이들이 절대적으로 신봉하는 자유주의경제 체제에 가장 적합한 시민은 누구인가? 이에 따라 우파적 관점에서 기본소득을 어떻게 이해하는지 분석할 수 있을 것이다. 일반적으로 시민권이란 공동체를 구성하는 사람들이 평등하게 가지는 지위라고 하지만, 시민권의 구체적인 형태는 이데올로기적 관점에 따라 달라질 것이다. 우파적 관점에서 지위의 평등과 사회적 공정은 거의 관계가 없다. 그들은 지위의 평등은 정치적·법적 평등 차원에서 논의될 수 있지만 물질적인 평등에서 생각할 수 있는 것은 아니라고 본다. 하이에크에게는 기회의 평등조차 자유사회의 이론적 근거와는 모순을 보인다. 왜냐하면 사회적 공정이란 집합적인 상태와는 관계 없는 개인적 덕성에서 유래한다고 보기 때문이다(Hayek, 1976:27-38). 공정이나 불공정을 논의할 수 있는 경우는 행위에 대해서만 해당되며, 타인이 자신이 추구하는 것을 동일하게 행하면서 방해하는 일 없이 욕구와 선호를 충족하고 있다면 그 개인의 행위는 공정하다는 것이다. 그의 주장에 의하면, 사회의 자생적인 질서는 시장에서의 개인 행위와 교환을 유도할 수밖에 없다. 그것은 특정한 의도 없이 자연적으로 이루어진 결과이므로 공정을 따져 볼 수 없는 것이다. 시장경제를 통해 현재 나타나는 급여나 부담이 계획적으로 형성된 것이라면 거기에 대하여 공정이나 불공정 여부를 따져 볼 수 있지만, 시장의 질서는 계획적인 배분을 포함하지 않는다. 따라서 사회적 공정에 관해 주장하는 사람들은 분배적인 메커니즘이 존재하지 않는 곳에서 무리하게 끄집어내려 하므로 근본적인 관점의 차이를 만들어 내고 있는 것이다. 특히 빈곤 퇴치는 사회적 공정에 있어서 중요한 목적이기도 하지만 국가가 주도하면서 물질적 평등을 이루어 내려 하는 순간, 그 목적을 달성하기 어려워진다는 것이다. 왜냐하면 이미 시장을 통해 자신이 선호하는 모든 것을 구입할 수 있으므로 개인은 누구나 평등한 상태에 있기 때문이다. 따라서 시장의 기능을 촉진하거나 적어도 방해하지 못하도록 요구하는 것은 정당하다는 논리가 도출된다.

또한 국가가 개인의 시민적·정치적 권리를 요구하는 것은 정당하지만, 사회적·경제적·산업적 권리를 요구해서는 안 된다. 그 이유는 사회적 권리를 보장하는 것은 국가가 이상적인 분배 상태를 실현하기 위하여 본래의 역할을 초월하여 개입하는 것을 의미하므로 개인의 자유를 침해하기 때문이다(Hayek, 1976:101-106). 이를 위해 권리와 권력은 개념상 구별되어야 한다. 부는 강력한 권력을 수반하지만 자연스럽게 보다 많은 권리가 주어지는 것은 아니다. 가난한 사람과 부유한 사람 모두 공원이나 지하도에서 잘 수 있는 권리가 있으며, 반대로 일급호텔에서 식사할 권리를 평등하게 가지고 있다. 또한 부자가 권력을 많이 가지고 있어서 빈민의 사회적 지위가 손상되는 것은 아니다. 자유는 항상 형식적인 것이며 물질적 재화의 분배와는 전혀 관계가 없기 때문이다(Hayek, 1960:87). 그러므로 시장에는 계급이 존재하지 않는다. 때문에 자유를 극단적인 수준까지 주장하는 사람들은 물질적 불평등이 아무리 커져도 문제가 되지 않는다는 논리까지 도달할 수 있다. 만일 누군가 최저생계비 수준이 인간다운 생존이 불가능할 정도로 낮은 수준이므로 획기적으로 인상되어야 한다고 비판하면, 이들은 현재 그 수준으로 국가로부터 생계비를 받고 있는 어려운 사람들이나 받지 않더라도 낮은 임금이나마 자력으로 생활하고 있는 사람들을 모독하는 발언이라고 화를 낼지도 모른다. 부유한 사람들과 가난한 사람들의 물질적 불평등은 평등한 권리와 지위를 가진 개인들 사이의 자유로운 교환의 결과라고 해석하는 사람들에게는 불필요한 자유의 침해가 될 수밖에 없다.

그리고 소득이 적다고 의무도 적어야 하는 것은 아니다. 그렇지 않으면 개인의 자기책임과 같은 도덕적 원리는 타격을 입게 된다. 실업과 불평등 때문에 범죄가 발생한다면 앞으로 범죄 활동은 더욱 조장될 수 있다. 사회 구성원 모두가 평등한 지위를 가진다는 것은 시민적·정치적 권리뿐만 아니라 사회적·도덕적 의무도 평등하다는 의미이다. 그렇다면 사회적 의무를 완수하는 일과 개인적 선호를 충족하는 일이 균형을 이룰 수 있을까? 우파적 관점에서는 개인이 자제심을 발휘하여 스스로의 욕망을 조절하여 시장과 사회적 네트워크를 통해 충족시키는 것이다. 그들이 볼 때 사회란 어떤 추상적 개념이 아니며 책임감 강한 개인과 건강하고 안정된 가족이 시장을 기초로 결합한 것이기 때문이다(Green, 1993).

이상과 같이 급진적 자유주의자들이 생각하는 시민권이란 시장을 기초로 한 시민사회 속에서 시민적·정치적 권리와 사회적·도덕적 의무를 동시에 수반하는 권리이다. 그들은 시민의 평등을 강조하지만, 그것은 시장 속에서 각자 개인적 욕망을 충족하는 형식적 평등을 의미하는 것이다. 이때의 시민은 자기조절이나 관리 능력이 상당히 필요하다. 이들은 소비 지향 사회에서 자신의 본능을 억압해야 할 때가 언제인지 알고 있어야 하거나 욕망을 절제할 수 있어야 하는 상황에 놓이게 된다. 즉 역설적으로 비소비적 행태를 조절할 수 있어야 한다. 왜냐하면 자유시장의 과잉생산 사회에서 살고 있지만 무한하게 소비하는 삶을 살 수는 없기 때문이다. 자유로운 시민은 시장을 통한 교환의 장에서 이기적으로 권리를 주장해야 하지만, 시장경제 자체가 성립되기 위한 사회적 조건을 풍요롭게 하기 위해서는 이타적인 의무도 준수하는 개인이 되어야 한다. 소비는 절약과 생산에 의해 지탱되어야 하므로 자유시장 자본주의에서 합리적인 시민은 무정부성에 적절하고 유연하게 반응함으로써 사회질서를 안정적으로 유지하면서도 스스로의 욕망을 완성해 나가야 하는 존재인 것이다.

시장의 이기성과 사회의 이타성이 불안정하게 결합된 이러한 상태를 자유주의와 권위주의 사이의 타협의 산물이라는 지적도 있다(Fitzpatrick, 1999). 급진적 자유주의자는 자유를 지상 최고의 가치로 선호할 것이다. 권리를 강조하기 시작하면 마약의 합법화조차 지지할 수 있을 것이다. 반면에 급진적 보수주의자는 행동이나 생활양식에 대하여 엄격한 도덕적인 제약을 부과하도록 요구할 것이다. 따라서 동성애에 대해 자연 질서에 위배된다고 공격할 수 있다. 하지만 급진적 자유주의자는 그것이 개인적 권리와 취향에 속하므로 문제될 것이 없다고 생각한다. 사람들 대부분은 극단적인 입장을 지지하지는 않을 것 같다. 어느 한쪽의 중간적 위치에서 경제적 자유주의와 사회적 보수주의가 결합된 사회정책을 지지할 것이다. 그렇다면 우파적 관점에서 기본소득 구상을 양립시킬 수 있는 부분은 없을까? 만일 아무런 조건이 없는 충분한 액수의 기본소득이 주어진다면 개인의 자유, 생활 선택의 자유를 가장 급진적으로 승인하는 사회정책을 의미하므로 사상적 기반을 공유할 수 있을 것이다.

2) 사회보험의 시민과 기본소득

생산주의 복지국가의 기반은 보편적 사회보험제도이다. 20세기를 관통하면서 이와 같은 복지제도가 형성하고 발전하는 데에 있어 보수주의, 자유주의, 사회민주주의 등 다양한 사상과 신념 체계가 영향을 끼쳤다는 것은 부인할 수 없을 것이다. 사회정책에 관한 문헌을 통해 우리가 찾아볼 수 있는 명칭들은 산업주의(Titmuss, 1974), 소극적 집합주의(George and Wilding, 1976), 제도주의(Mishra, 1977), 개량주의(Taylor-Gooby and

Dale, 1981) 등 다양하다. 보편적 복지국가는 국가에 의한 생산수단의 통제와 분배를 옹호한다는 점에서 복지집합주의로 대변하는 것이 적절하다고 생각된다.

복지집합주의는 사회적 공정이나 물질적 평등 차원에서 지위의 평등을 매우 적극적으로 해석한다. 그 이유는 모든 사람에게는 기본적 필요를 충족할 권리가 부여되어 있다고 믿기 때문이다. 최저한의 기본적인 욕구 충족이 보장되지 않으면 개인의 잠재능력을 발휘하려는 노력들은 손상되어 버릴 것이다. 탐욕스런 시장은 본질적으로 최저수준 보장을 제공할 수 없으므로 불평등과 불균형을 확대할 것이다. 일정 수준 이하의 자원만 동원할 수 있거나 그것조차 손에 넣을 수 없는 사람들은 자기존엄을 유지할 수 없을 뿐만 아니라 타인으로부터도 존경받을 수 없다. 모든 시민이 자유와 기회, 소득과 부와 같은 다양한 사회적인 기본재를 손에 넣고, 건강과 지성, 재능과 같이 모든 사람에게 주어지는 자연적 자산을 이용할 수 있도록 보장하기 위하여 시장은 일정하게 관리되는 집합적 통제에 의해 운영되어야 한다(Rawls, 1972). 이때 평등한 지위란 단순히 형식적인 차원이 아니라 실질적인 개념이어야 한다. 모든 시민은 최저수준의 물질적 자원을 소유할 정당한 청구권을 가지고 있으므로 사회적 공정의 원리가 침해되지 않는다면 결코 사회적 조건과 시민적 혜택에서 배제당해서는 안 된다.

시장을 강조하는 자유주의자는 개인의 이기심을 기본원리라고 생각하지만, 복지집합주의자는 기본적인 욕구가 더 중요하다고 생각한다. 자유시장의 분배는 보편적이고 규범적인 기준에 의해 이루어져야 한다. 만일 이 기준을 충족할 수 없다면 시장을 규제하는 것이 옳다. 물질적 조건을 평등하게 만드는 것은 모든 사람의 기본욕구 충족에 있어서 필수적인 조건이다. 이러한 평등화는 개인의 자유를 위협할 수 있으므로 처음부터 끝까지 항상적으로 계속되어서는 곤란하므로 적절한 단계에서 멈춰야 한다. 그렇다면 우리들의 삶의 보장은 시민적·정치적 권리 이상으로 일정 수준의 사회보장·사회복지제도가 실현될 때 정당화될 것이다. 이는 생산물의 소유 차이에서 기인하는 계급적 불평등이 고려되어야 한다는 것을 의미한다. 그렇지만 급진적 좌파와 다르게 복지집합주의자 대대수는 계급적 분열을 극복하기 위해서는 반드시 생산수단을 공동 소유하고 계급을 철폐할 필요는 없다고 주장한다(Crosland, 1956). 소유의 격차가 존재하더라도 재화의 분배가 공정하게 이루어지면 사회적 권리는 보장할 수 있다고 보기 때문이다. 자본주의 시장경제는 국가 개입을 통하여 계급 불평등을 자유와 평등, 박애, 연대와 같은 민주주의 가치로 치환하여 소멸시켜야 하지만, 그렇다고 생활을 향상시키려 노력하는 개인의 근로의욕까지 손상시켜서는 안 된다(Marshall and Bottomore, 1992). 마샬은 시장경제를 기능하게 만들어 보수와 성과에 의해 설정되는 지위를 손상시키지 않으면서 시장주의 가치와 민주주의 가치를 구별할 수 있다고 보았다(Marshall, 1981). 중요한 것은 노동자도 사용자와 마찬가지로 사회의 평등한 구성원이지만, 자유시장 질서에 따라 교환에 참여하기 위해서는 노동조합을 포함한 모든 사람들이 시민으로서의 의무를 받아들여야 한다는 것이다. 따라서 복지집합주의 관점에서 사회적 시민권이란 생산수단의 공동소유와 무관하게 기본욕구 충족에 있어서 시장참가에 의한 성과에 근거하여 권리를 확립하는 수단이 된다(Fitzpatrick, 1999).

국가를 비롯한 공동체는 시장질서와 조화를 이루어야 하지만, 양자를 서로 편의를 봐 주는 동업자 관계로 이해해서는 안 된다. 오히려 시장경제의 범위와 작용, 활동을 일정 정도 통제해야 하는 것이 공동체이다. 급진적 자유주의자들은 자발적 질서가 자유롭게 작동하는 것 이상으로 공공의 개입을 통해 뭔가 바꾸려고 해서는 안 된다고 주장하지만, 복지집합주의자들은 공동체가 시장경제에 종속되면서도 동시에 통제해야 한다고 믿는다. 효과적으로 관리하는 국가는 시장의 힘을 완전히 무시할 수 없지만 그 속도와 방향을 전환시킬 수 있다는 것이다. 시민사회를 시장교환과 같은 몰인격적인 속성과 동일한 위치에 둘 수는 없으며 어떠한 형태로든지 연대가 이루어지는 것은 분명하다. 국가와 같은 정치 공동체는 자본주의 시장으로부터 상대적으로 자율성을 갖고 있는 데 지나지 않는다. 복지 공급은 개인이 사회로부터 고립되지 않고 참가하면서 집합체의 복지로부터 혜택을 받음과 동시에 그에 공헌하기 위한 수단이라 할 수 있다(Marshall, 1981:91). 따라서 사회적 시민권은 시장 내부에서 작동하는 권리가 될 수 있지만, 시장을 부정하고 그 질서에 대항하는 권리는 아니다. 결과적으로 복지집합주의는 시장질서에 대한 의무와 책임을 강조한다. 따라서 시장 속에서 역할을 수행하는 사회보험제도를 중심으로 피보험자인 시민들에게 급여를 제공함으로써 복지국가의 노동 친화적 속성을 확립하는 데 중요한 영향을 끼쳤다고 생각된다.

　결론적으로 다음과 같이 정리할 수 있다. 복지집합주의자는 빈곤층이 사회에 참가하며 살아가기 위한 필수적인 기본욕구를 자유시장이 빼앗고 있다고 비판한다. 모든 개인이 평등한 지위를 획득하기 위해서는 시장이 특정한 형태의 정책적 개입에 따를 필요가 있다. 또한 사회적 공정을 달성하기 위해서는 시장 자체가 허용하는 것 이상의 정의로운 기준에 근거하여 시장이 만들어 내는 급여와 부담을 나눌 필요가 있다. 사회적 조건의 평등화는 관리적인 국가가 시민의 권리를 모든 사람에게 나누어 줄 때 비로소 이루어질 것이다. 사회적 권리가 제거하는 것은 부당한 불평등, 즉 자유로운 시민의 자발적 노력과 무관하게 발생하는 불평등이다. 사람들은 경제적 권력을 어느 정도 제어할 수 있는 국가 공동체의 구성원으로서 사회적 시민권을 시장 환경 속에서 소유하고 있다. 따라서 사회적 시민권은 시민이 지켜야 할 사회적 의무와 밀접히 연결되어 있다. 복지집합주의에 따르면, 시민권이란 물질적 조건의 평등화를 통하여 누구에게나 표출되는 기본욕구의 충족을 의미하므로, 개인의 지위는 시장에서 매겨지는 가치와 동등하지 않다. 또한 사회권은 호혜적인 사회적 의무에 따라 시장경제 내부에 있어서 부적절한 분배로부터 시민을 보호해 줄 것이다. 그 호혜적 의무를 충실히 반영하는 제도가 사회보험으로 형성되었다. 그런데 사회보험은 조건형 복지의 전형이라 할 수 있으므로 기본소득의 무조건성과 항상 충돌하게 된다. 그러나 보험의 조건성이 약화되어 수입 대비 보험료 납부 등이 완화되어 보편적 적용이 강화되는 방향으로 지속적인 순화가 가능하다면 피보험자로서의 시민뿐만 아니라 기본소득을 수급하는 시민의 자격도 승인될 수 있을 것이다.

3) 공유 사회의 시민과 기본소득

자본이나 생산수단의 소유가 개인과 사회 중 어느 쪽에 속하는가에 따라 사회주의와 자본주의를 구분할 수 있다. 생산수단의 사적 소유는 개인적 능력에 근거한 소유나 개인들의 자발적 결사에 의한 소유라 할 수 있다. 반면에 공적 소유란 국가 차원과 같이 정치적 공동체를 대표하는 조직에 의한 소유이다. 물론 명확하게 이분법적으로 구분되는 것은 아니다. 소유라는 개념이 모든 사람이 접근할 수 있고 어떠한 규칙의 제한도 없는 수준까지 확장된다면 이러한 구분은 가능할 것이다. 그렇지만 이해관계자가 공동으로 하나의 회사를 소유하거나 노동자가 협동조합을 소유하는 것처럼 공적 성격을 띠는 사적 소유도 있을 수 있다. 마찬가지로 공유화된 사회에서 시민은 마치 단 한 사람만 존재하는 것처럼 공적 소유물이 특정 개인을 위해 독단적으로 활용될 수도 있다. 어쩌면 사적 또는 공적 소유는 범위의 문제일 수 있다. 일반적으로 자유로운 사회는 민주주의가 최대로 실현된 사회라고 한다면, 모두가 집합적인 의사결정에 복종하고 사회의 결정에 대해 각 성원이 평등한 권한과 능력을 가지는 사회를 만들 수 있을 것이다. 만일 그렇다면 철저하게 민주적인 형태를 보이는 집산주의 사회야말로 자유로운 사회의 이념을 가장 잘 보여 줄 수 있을 것이다. 그렇지만 자기 자신의 권능을 스스로 선택하고 발휘할 수 있는 권리가 없다면 그건 불가능할 것이다. 사람들은 그동안의 경험을 통해 자본주의 경제의 사적 소유가 평등하고 완전한 자기 소유권을 보장할 수 없다는 것도 잘 알고 있다.

사회주의 이데올로기는 자본주의 사회에 대한 분석적인 비판에 활용되어 왔다. 그들이 할 수 있는 주요 역할은 불완전한 사회 환경에 대하여 대안적 유토피아 구상을 제시하는 것이다. 그런 사상을 정교하게 다듬어 사회주의 이상에 충만한 세계를 만들려는 노력을 어떤 방식으로 할 수 있을까? 그들이 지향하는 사회정의를 확립하기 위하여 기존의 소유나 지배 구조와 타협할 수 있다. 만일 사회주의가 그런 역할을 할 수 있다면 기본소득을 좀 더 다른 형태로 적용할 수 있지 않을까? 사회주의는 다양한 형태로 전개되어 왔지만 기본소득은 자본주의 시장경제를 직접적으로 부정하지 않는다. 따라서 매우 유연한 형태의 민주적 사회주의까지 이념을 확장해야 할 것이다. 그런 측면에서 시장사회주의는 기본소득과의 관계에서 가장 밀접한 관련성을 맺고 있는 사회주의 이데올로기라 할 수 있다.

사회주의 관점에서 기본소득처럼 일정한 급여자격을 인정받기 위해서는 시민권을 어떻게 적용할 것인지 논의할 필요가 있다. 사회적 공정이나 물질적 평등, 기본욕구의 중요성과 관련된 사회주의와 복지집합주의의 관점이 크게 다르다고는 할 수 없다. 실질적 평등의 개념을 정당화하기 위하여 일정한 수준에서 시장을 계획적으로 통제하는 것은 양자 모두 인정하는 것 같다. 그렇지만 사회주의자는 사회적 공정을 실현하기 위하여 필요한 사회·경제적 조건을 복지집합주의가 오해하고 있다고 비판한다(Miliband, 1994). 단기적이거나 과도적이라 할지라도 사회적인 분배체제와 사적 소유에 의한 시장경제를 서로 조합하는 것은 불가능하기 때문이다. 분명히 20세기 말부터 일어나고 있는 사태는 자본이 그 헤게모니를 침해당하는 데에 대하여 격렬히 저항하고 있다는 것을 확인하는 과정이라 할 수 있다. 따라서 복지국가 정치의 대립 축은 모든 수단을 동원하여 자본주의를 본래 모습으로 되돌리려는 사람들과 보다 인간적인 사회시장적 접근에 찬성하는 사람들 사이의 논쟁이 주류가 되고 있다. 사회주의는 생산수단의 소유가 불평등한 사회는 모든 사람에게 지위의 평등을 실현할 수 없다고 주장한다(Tawney, 1931). 이미 근본적 불평등이 존재하고 있으므로 시민권 개념은 신뢰할 수 없다는 것이다. 생산수단의 소유를 평등하게 하려는 사회적 시장경제를 수용하고 국가의 시장개입을 부정하지 않는 혼합경제만으로는 신분평등을 이룰 수 없다.

마찬가지로 사회적 시민권이 자본주의 시장 메커니즘에 의해 초래되는 불평등과 빈곤으로부터 최소한의 사회·경제적 안전을 보장받는 권리라면, 한 사람이 사회의 일원으로 살아가기 위해서는 사회권의 보호만으로는 부족하다. 그들에게 보수와 기여에 의한 위계구조가 유지된다는 것은 누군가 착취자가 되고 대신에 그 누군가는 피착취자가 되는 구조 속에서 서로 치열한 경쟁을 할 수밖에 없는 현실을 인정한다는 의미이다. 따라서 부의 분배에 있어서 불평등한 정책을 인정하는 사회적 시민권은 당연히 폐기되어야 하며, 생산수단을 통제하고 이용할 수 있는 평등한 권리를 대변할 수 있는 다른 개념으로 바꾸어야 한다. 가령 사회적 경제는 대안적 개념이 될 수 있다. 그것은 자신의 노동을 자기만이 소유하는 자와 자본을 소유하여 노동자를 고용하는 자 사이에 존재하는 분단을 완화시키는 것이어야 한다. 그게 가능하다면 착취의 기반이 되는 자본주의 노동 계약을 약화시킬 수 있을 것이다. 즉 사회주의적 관점은 자본을 사적인 것이 아니라 사회적인 것으로 공유할 수 있을 때, 또한 소수가 독점하지 않고 모두에게 개방하여 공유할 때만이 진정한 시민권이 가능하다는 것이다. 따라서 사회주의자들은 지역사회 공동체를 평등한 참가자의 연합체가 아니라 평등한 소유자의 연합체라 생각한다(Fitzpatrick, 1999).

민주적인 시장지배를 통해 힘의 남용을 저지하고 제어할 수 있다. 현재 우리 사회를 비롯하여 규제 없는 탐욕스런 자본주의는 무분별한 경쟁자들로 구성되는 비인간적인 정글에 지나지 않는다. 사회주의적 공동체는 자기결정이 공동으로 이루어진다. 그것은 공공의 선을 지향하는 민주적인 의지에 의해서만 좌우되는데, 시장에 저항할 제반 권리를 공동체의 상호 의존 속에서 결정하는 것이다.

결론적으로 사회주의는 자본주의가 책임을 져야 할 문제를 해결하기 위하여 자본주의가 제공하는 해결책을 거부한다. 모든 사람이 동등한 신분이므로 모두가 돈이나 권리를 동일한 양만큼 필요로 하지는 않지만 사회적인 자본은 평등하게 소유할 필요가 있다. 따라서 모든 사람이 생산수단에 평등하게 접근할 수 있도록 보장하는 것이 중요하다. 그것이 없다면 사회의 완전한 멤버라고 할 수 없다. 이들에게 시민권은 생산수단의 평등한 소유와 통제, 정치 공동체에 의한 경제시스템의 민주적 통제에 의해 사회에 대한 완전한 참가 자격을 가지는 권리를 의미한다. 따라서 자율적 개인의 참가를 통한 공동체적 개입을 인정하고 시장을 통한 생산수단의 분배를 최소화해 나가야 한다. 시장의 이득을 기금으로 환수하여 모두에게 기본소득으로 지급하고 노동소득과 기본소득을 전체 수입으로 개혁을 지속한다면 자본주의 경제체제를 활용하여 공유사회의 시민을 육성하면서 코뮨사회로 이행하는 유력한 수단이 될 것이다.

4) 젠더사회의 시민과 기본소득

젠더 관점에서 보면, 복지국가는 베버리지 구상의 출발부터 남성 중심이었다. 최근 복지국가의 재구축을 초월하여 실업자와 여성 등도 주된 포섭의 대상으로 삼는 자유화 전략이 주목받는 등 그 편향성이 개선되고 있는 것은 여성주의 지지자들의 비판이 큰 역할을 해 왔기 때문이다. 애초부터 여성주의는 시민권을 어떻게 정의하고 있을까? 리스터(Lister, 1997)는 여성주의 관점에서 시민권에 대하여 폭넓은 논의를 전개해 온 학자이다. 그의 핵심적인 관심은 공동체의 전 구성원에게 평등한 지위에 맞게 적용할 수 있는 시민권의 범주를 구분하고자 하는 것이다. 즉 여성의 시민권을 남성과의 평등에 초점을 두어야 하는가, 그렇지 않으면 차이에 두어야 하는가. '평등'이 시민권의 젠더적인 측면을 제거하는 개념에 더 가깝다면, '차이'는 더욱 젠더 관점으로 생각하는 것이라 주장한다. 평등한 시민권에 근거한 접근은 젠더 중립적이라고 하지만, 실제로는 여성이 남성과 대등하다고 생각하기 위해서는 남성의 가치나 특징, 화법을 익히는 것처럼 남성성에 보다 가까워지는 것을 요구하는 것이다. 반면 차이에 초점을 둔 시민권적 접근은 남성과의 차이를 고착화시키므로 여성은 단순한 수동적인 돌봄 제공자로서 규정된다. 때문에 평등과 차이의 비판적 통합을 지향하는 태도가 바람직하다. '평등'과 '차이'를 서로 모순적인 성격으로 생각할 필요는 없다. 오히려 차이를 의식할 때야말로 이성 간의 평등은 그 의미가 확실해질 것이다.

그렇다면 남성과 여성에게 있어서 시민으로서의 권리와 의무는 어떻게 다를까? 권리를 강조하게 되면 여성주의는 자유주의 이데올로기와 맥락을 같이할 것이다. 따라서 여성도 남성과 동등하게 개인의 자기결정권을 확보하는 평등의 시각이 중요하다. 그러나 사람이 항상 독자적인 자기결정이 가능하며 그것이 바람직하다고 볼 수 있을지는 의문이다. 개인은 항상 사회관계 속에서 형성되지만 그 관계적 맥락에서 분리된 추상적인 존재로 살아갈 수는 없다. 또한 여성이 처해 있는 특정한 사회 환경을 고려할 때 차이에 따른 상황도 무시할 수 없다. 현실적으로 가부장제 사회를 전제로 생각하면 여성이 자유로워질 권리란 남성성의 모방을 벗어나지 못할 수도 있다. 또한 의무를 강조할 경우에도 마찬가지일 것이다. 어떤 면에서 여성은 공공의 선을 지향하는 데에 있어서 남성보다도 사회질서에 더 공헌하고 있다. 왜냐하면, 가부장제 질서에서 정의되는 공공의 선은 남성 중심적인 질서가 반영되어 있기 때문이다. 즉 남성성이 우월한 사회에서 의무에 충실하려면 여성들도 남성다움을 모방하고 따라잡는 것이 훨씬 유리하다는 것이다.

그런데 권리와 의무는 적어도 두 가지 관점에서 구별할 수 있다. 즉 포섭과 배제, 공정과 돌봄이 상호 관련된다. 시민권 개념에는 포섭의 요소가 포함되어 있지만, 동시에 특정 사회의 일급시민에 대해서만 포섭으로 작동하고 이급시민이나 외부시민에게는 배제 전략으로서 사용될 수 있다. 여성주의는 그런 차별과 불공정은 장벽을 제거하고 권리를 정식으로 인정하면 극복할 수 있다는 낙관주의를 거부한다(Pateman, 1989). 노동시장에서 남성과 여성의 권력은 불평등하게 분포되어 있으며 시민권 범주 자체가 본질적으로 배타적일지도 모른다. 진정으로 포섭적인 형태의 사회적 시민권을 상정한다면 '권리'는 적어도 이론적으로는 보편주의적 형태를 가질 수 있지만, '의무'는 시민으로서의 자격심사를 통과하지 못하는 사람을 사실상 배제하게 될 것이다. 또한 '생산적인 일을 하는 시민 = 임금노동자'로, '비생산적인 일을 하는 시민 = 가사 노동이나 수발 노동을 하는 여성' 등으로 설정하여 여성에게 이등시민의 지위를 부여하여 복지국가 내부로의 접근을 배제하게 될 것이다.

여성주의자들은 오랫동안 공과 사의 구별에도 관심을 가져 왔다(Pateman, 1987). 공공적인 것과 개인적인 것에 대한 사회적 분단의 실태, 즉 가정폭력이 경찰이나 법원, 사회제도와 관계되는 문제라고 인식되지 않는 데 대하여 이의를 제기할 뿐만 아니라 주요한 이데올로기들이 이런 분단에 대하여 이론적으로 문제를 제기하지 않았던 데에도 비판을 제기해 왔다. 여성이 남성 중심 제도에 종속되어 온 것은 여성이 전통적으로 사적인 것, 즉 가정 내 재생산 영역에 매몰되어 왔기 때문이다. 그렇다면 이들이 주장하는 시민권 이론은 여성이 남성의 역할을 인수하여 정치·경제·법률·문화 제도에 참가하는 것을 의미하는가? 그 경우, 젠더 불균형이 근본적으로 지속될 가능성은 없는가? 여성의 가정 내 활동을 공적 영역에서의 활동과 동일하게 평가하게 되면, 위기에 처한 주소득자로서의 남성과 주부로서의 여성의 젠더 역할은 오히려 영구적으로 고정되는 것이 아닌가? 평등한 지위란 양성 평등의 가치를 보호하는 것뿐만 아니라 성의 차이도 의미하므로 여성과 남성의 평등한 대우 보장은 어떤 점에서는 다르게 취급할 필요도 있다고 생각된다.

여성주의 관점에서도 사회적 시민권에 대하여 권리와 의무 양자는 모두 중요하다. 그런데 쌍방을 폭넓게 정의할 필요가 있다. 지역사회 공동체는 공적 영역을 남성다움의 영역이라 설정하지 않고 사적 영역을 여성다움의 영역으로 구분하지 않아야 한다. 시민권에 대한 여성주의적 전망은 평등과 차이의 조정이 행해져야 할 것이다. 따라서 국가의 급여를 보편적으로 받을 권리에 있어서도 여성과 남성의 차별은 없어야 하지만, 돌봄 노동 등 성적 특성에 따라 차별되어 온 활동에 대하여 노동의무와 무관하게 부가소득을 얻을 수 있는 권리도 인정되어야 할 것이다. 그것은 공과 사의 경계를 재편함으로써 젠더 사회 속의 시민의 지위를 재구성하는 계기가 될 것이다.

5) 녹색시민과 기본소득

생태주의는 생산주의 사회를 위기에서 구출하기 위해 당장 무엇을 해야 할지 현실적인 고민을 하고 있다. 주류가 되고 있지도 못하고 주변에 머무르는 느낌이지만, 자본주의적 생활방식을 바꾸려는 사람들이 늘어나고 있는 현실에서 대안적 사회가 논의되고 있다. 그 논의의 장에서 생태주의는 누구도 무시하지 못할 지위를 차지하고 있다. 생태주의는 환경 파괴적인 성장을 확인하고 억제할 수 있다. 생태주의가 목적 달성에 성공한다면 환경을 배려한 이른바 녹색 사회정책이 중요해질 것이다. 녹색 사회정책이 환경의 지속성에 대한 관심을 사회정의로 부각시키는 것이 과제라면 사회정책과 환경운동의 방법론이 연결되어야 할 것이다. 생태주의 관점에서 부와 기회를 재분배하려는 목적은 재화를 만들어 내는 방법과는 관계가 없다. 그렇지만 빈곤 퇴치에 필요한 자원이 서서히 소멸해 간다면 미래는 지속가능성에 대한 우려 때문에 정책 선택의 폭은 한정되고 사회적으로 불평등과 격차는 확대될 것이다. 그런 사태의 발생을 방지하기 위하여 여러 사회정책의 목적이 조정될 필요가 있다.

그렇다면 생태주의 사회정책은 자유로운 시민의 권리를 어떻게 설정하고 있으며 그들의 시민권은 기본소득과 어떤 관계가 될 수 있는가. 생태주의는 시민권 개념에 대하여 인간 중심의 단일한 해석을 하고 있지 않다. 인간 이외의 생명체도 권리-의무 관계 속에 포함하여 생각할 경우, 시민권은 인간의 영역을 완전히 초월한 형태로 적용할 수 있기 때문이다. 그렇지만 시민권은 본질적으로 인간 중심적 개념인 것도 부정할 수 없다.

하지만 생태주의 관점에서 보면, 우리들은 동물의 권리나 미래 세대의 권리를 옹호하면서 생명을 유지해야 할 의무를 지고 있다. 개나 고양이, 그리고 아직 태어나지 않은 인간의 권리에 대하여 말하는 것은 그다지 큰 호소력을 갖지 못할 수도 있다. 하지만 미래 세대와 연결은 약하지만, 그들의 권리를 인정하고자 한다면 권리와 의무의 호혜적인 연결고리를 단절해야 할 것이다. 그런 연결을 개념적으로 단절할 수 있다면 동물이나 자연환경에 대해서도 마찬가지일 것이다. 가령 애완견에게 동물의 권리를 보호해 주는 대신, 동물로서의 의무를 요구하지는 않는다. 개 주인이나 환경보호론자들이 이해와 욕구를 명확한 형태로 표시할 수 없는 동물을 대신하여 권리를 대신하여 주장할 수는 있을 것이다. 이럴 경우 의식불명 상태에 빠진 환자, 유아, 태아의 권리 사이에는 본질적 차이는 없다는 것이다 (O'Neill, 1993). 인간과 자연의 상호의존관계를 강조하기 위하여 우리 사회가 환경 중심적인 윤리를 채택한다면 그것이 곧 생태적 시민권의 도덕적 기반이 될 수 있을 것이다. 따라서 생태주의가 의미하는 지위의 평등이란 인간 사이의 평등에 한정할 필요가 없고 생태적 평등주의를 논의하는 수준까지 논리적으로 연결시킬 수 있을 것이다. 이는 사람 이외의 생물종의 지위까지 평등하게 고려하면서 현 세대와 미래 세대의 지위를 평등하게 보장하려는 시도라고도 할 수 있다.

우리들은 현 세대 인류를 가장 높은 지위에 두고 나머지는 그 주변에 열등한 위치에 두고 있다. 인간 이외의 존재와 미래 인류의 이익과 손해를 비교하여 그 우열을 정하는 방법을 결정하기란 쉽지 않다. 제기되는 문제와 상황에 따라 그 방법이 달라질 수 있기 때문이다. 예를 들어, 지구환경의 위기가 심각해질수록 미래 인류에 대해 만물의 영장으로서의 높은 지위를 부여하기는 어려울 것이다. 대신에 현재의 우리들은 항상 미래 인류나 다른 존재를 위해 지구보전의 책임을 다해야 할 것이다. 그렇다면 생태주의 관점에서 볼 때, 사람들은 자연환경에 대한 보다 강한 의무를 일방적으로 수행해야 할 것이다. 따라서 생태주의 시민권은 인간과 자연의 대등한 상호의존관계뿐만 아니라 현재 인류가 미래 세대에 대해서 지게 되는 고유한 의무를 강조하고 있는 것이다. 생태주의는 권리와 의무의 균형적 관계를 내세우지 않고 의무의 충실한 수행을 시민에게 일방적으로 요구하고 있는 것이다(Fitzpatrick, 1999).

생태주의는 과거와 현재, 그리고 미래 자연환경까지 관심의 대상이므로 세계를 인간의 이기적 목적을 달성하기 위한 수단으로만 생각하지 않는다. 지구촌은 이기심으로 작동되는 거대한 시장이 아니며 보다 윤리적인 세계시민으로서 지켜야 할 만물이 공존하는 평등한 세계인 것이다.

결론적으로 생태주의 시민권에서의 평등은 종 사이의 관계나 종의 현재 및 미래 세대 사이의 관계에 대하여 언급하고 있는 것이다. 인류 이외의 존재가 가지는 권리나 미래 세대의 권리는 현재의 인류가 그들에 대하여 부담해야 할 의무와 마찬가지로 강조되고 있지만, 권리와 의무의 상호관계는 약해지고 있다. 국가와 지역사회의 공동체는 시민이 아닌 존재와의 상호행위나 상호의존을 가능하게 하기 위하여 지구적 규모의 관계를 설계해야 할 것이다. 생태주의 시민권은 현재와 미래의 종의 지위의 평등화라 할 수 있다. 인류에게는 미래 세대의 복지를 보장하기 위한 강한 의무가 부과되어 있다. 녹색 시민권은 지구 세계에 대한 관리자 역할을 자처하고 있는 것이다. 개인은 스스로를 자연환경의 보호자 내지 후견인이라 생각해야 한다. 자연환경은 개인의 소유물이 아니지만, 개인의 생활은 자연환경이 존재할 때 비로소 가능해지기 때문이다. 그런 점에서 기본소득은 녹색시민이 지향하는 생태적인 삶을 지속하기 위한 유력한 수단이라 할 수 있다.

2. 복지시스템 평가와 기본소득

1) 무기력한 복지국가와 기본소득

자유주의자들은 복지국가 시스템에 대해서 지속적으로 비판의 목소리를 보내고 있다. 그들은 복지국가는 전혀 경제성이 없는 시스템이라 조롱한다. 복지 급여는 성공에 대한 보수를 줄이고 실패에 대한 부담을 가볍게 만들어 시장규율을 지속적으로 해친다는 것이다. 복지국가가 지배적인 사회에서는 제공되는 급여와 서비스가 높은 부담의 과세로 충당되어야 하므로 순수한 시장사회에 비하여 사람들이 자본을 투입하려는 인센티브나 열심히 노동하려는 의욕을 약화시켜 성장의 혜택을 누릴 수 없게 만든다. 또한 시장경쟁에서 패배한 무능력한 사람들을 인위적으로 보호하기 때문에 시민권의 원리인 자조나 책임의식을 무디게 한다. 풍요한 사회를 이끄는 기술혁신이나 성장, 지속적인 생활수준 향상은 자유시장의 인센티브와 거기에서 생기는 격차로 촉진되는데도 가부장적 복지국가는 경쟁을 억제하므로 활력 잃은 정체된 사회만 유도한다는 것이다. 복지국가 위기가 생긴 것은 이런 배경 때문이다.

경제성이 없다는 것은 달리 표현하면 비생산적이라는 뜻이기도 하다.

그런데 특히 어떤 부문이 비생산적일까? 그들은 주저 없이 공공부문을 성토할 것이다. 시장 자유주의자들의 비생산적인 복지국가 비판의 주된 내용은 공공부문의 비대화로 생산적인 민간부문이 축소된다는 것이다. 국가복지가 지배적인 사회에서는 민간부문의 자원은 부족해지므로 부를 창조하는 생산자가 수탈당하고 부를 낭비하는 비생산자는 방치된다(Bacon and Eltis, 1978). 공공부문 노동자는 우수한 존재일지 모르지만 GDP에 기여하는 비중은 상대적으로 적은 분량에 지나지 않으며 수입 이상으로 공공지출을 낭비해 왔다고 지적한다. 정부는 성장을 촉진시켜 재정 적자에 대처하려고 했지만 인플레이션 압력과 지속적으로 발생하는 실업의 연쇄반응을 불러왔다는 것이다(Fitzpatrick, 1999).

그리고 복지 공급을 국가가 독점하는 것은 매우 비효율적이므로 복지국가는 필연적으로 실패할 수밖에 없다. 공공부문의 비대화로 거기에 종사하는 노동자들의 영향력은 매우 커지게 되고 국가는 그들의 이익에 대해서만 충실히 반응한다. 서비스 이용자는 공공복지로부터 벗어날 자유, 즉 국가 이외의 공급형태를 선택할 기회가 거의 없어 자기결정의 자유를 침해당하고 있다. 지지를 호소하는 모든 정당은 유권자의 표를 얻기 위하여 공공부문의 복지를 확대하는 데에 관심을 보인다. 정부 관료나 공무원들도 특수이익을 추구하는 집단이 되어 자원을 소비한다. 그 결과, 복지제도는 과잉 부담을 끌어안고 병들어 간다. 이런 시스템에서 국가는 시장에 비하여 비효율적이며 개인의 자기이익 추구에 신속히 대응할 수 없으며 복지 과잉을 억제할 수도 없다는 것이다.

따라서 복지국가는 무기력한 시스템이라 할 수 있다. 국가복지를 옹호하는 사람들은 빈곤의 본질이나 원인을 잘못 파악하고 있다. 이들을 혼동해서는 안 되며 추상적인 사회구조적 현상으로 원인을 돌리면 안 된다. 오히려 개인적 특성이나 성격에 초점을 맞춰야 한다. 사회적으로 배제된 자들은 어떤 의미에서는 사람들의 능력을 약하게 만드는 복지제도에 대하여 합리적으로 적응하는 사람들이다. 너무나 관대한 사회안전망의 제공은 복지의존을 조장할 뿐이다. 이와 같은 도덕적 해이는 빈곤가족의 계속적인 의존과 박탈의 사이클을 낳게 된다. 이 때문에 합리적이며 자격 있는 빈민뿐만 아니라 비효율적이며 나태한 하류층, 즉 스스로를 사회로부터 배제하고 범죄적인 생활방식에 빠져드는 사람들이 경험하는 반사회적인 빈곤을 낳게 된다. 이처럼 비효율적이고 비생산적이며 무기력한 국가의 복지 시스템은 가부장적으로 복지 공급을 담당해 온 결과이며 복지제도 전체를 독재적이고 전제적으로 운영해 왔기 때문이라고 볼 수 있다. 하이에크가 말하는 '예종의 길'을 의미하는 것이기도 하다(Hayek, 1944). 공공의 선을 앞세운 평등주의적 복지정치는 어떤 경우에도 자유나 자기결정의 권리를 좁히는 원인이 된다. 시민사회가 공공영역의 관리 대상으로 포섭되고 중앙집권적이며 강력한 전제국가의 고객으로서 조직될수록 개인의 자율은 점차 어려워진다. 복지국가와 시장의 개혁은 의사결정의 분권화가 수반되며 국가의 잘못과 강제적 개입의 가능성을 줄여 나간다는 의미가 있다.

무엇보다도 복지국가는 의무는 소홀히 하면서 권리나 수급자격만 강조한다. 권리의 강조는 술독에 빠져 살아도 상관없다는 태도를 사회생활 모든 영역에 침투시켜 사회의 정치적·도덕적 권위를 손상시킨다. 지역사회의 상호책임 윤리가 약화되는 것은 의무에 대하여 충분한 형태로 요구하지 않았기 때문이다. 시민들은 노동이나 세금을 지불하는 것만으로도 상호의무를 완수하고 있다. 반면 집합주의는 의존을 조장하여 시민들이 국가에 대하여 다양한 급여를 기대하지만, 복지의 원천으로서 가족이나 지역사회는 전혀 중요하게 생각하지 않게 만들었다. 이 때문에 가족과 지역사회의 유대는 약화되었으며 사람들은 결코 스스로의 행위 결과에 대해 책임지려 하지 않는 수동적인 심리상태가 확산되었다는 것이다(Fitzpatrick, 1999).

이상과 같은 평가에 동의한다면, 복지국가는 경제적이지도 않고 비생산적이며, 비효율과 무력을 조장하며 전제적이며 방종을 낳고 있는 괴물과 같은 존재가 된다. 자유주의 복지국가는 주로 최소한의 규제자이며 자금 조달자로서의 비중도 약하고 직접적으로 서비스를 공급하는 역할도 크지 않다. 가해지는 비판의 대부분은 경제적 자유주의가 대세를 이루기 이전의 시기까지 거슬러 올라갈 수 있다. 프리드먼의 영향으로 인하여 국가복지가 사회에 미치는 해악에 대한 만병통치약으로서 시장의 우월성이 대단히 강조되었다(Freedman, 1962). 민영화를 비롯하여 워크페어적 사회정책의 흐름은 일과 조건 부과를 통한 복지의 성과를 강조하는 개인의 노력과 인센티브를 강조하는 포섭 전략이라 할 수 있다. 그러나 사람들을 시장으로 유도하는 정책만으로는 복지자본주의의 구조적 결함에 대응할 수 없다는 것이 최근의 세계금융위기로 명백해졌다. 그렇지만 여전히 우파적 관점에서 시장과 도덕적 권위를 강조하는 전략은 포기할 수 없다. 이들은 경제적 자유주의와 사회적 보수주의를 동시에 통합하려 했던 것이다. 따라서 이들에게 있어 자유시장과 노동을 단절하지 않는 기본소득의 제공이 가능하다면 생산비용을 낮춰 시장의 효율성과 활력을 살릴 수 있다는 점에서도 어느 정도 수용할 여지가 생긴다.

2) 신뢰할 수 있는 복지국가와 기본소득

하지만 국가는 결코 무능하지 않다고 평가할 수도 있다. 오히려 사회에 좋은 영향력을 끼칠 수 있으므로 복지국가는 여전히 신뢰할 수 있다는 것이다. 탐욕스런 자본주의가 초래하는 불평등을 가로막아 시민들의 복지를 증가시킬 수 있는 주체는 국가 외에는 없다. 집합적인 사고방식으로 국가의 규제와 급여를 필수적인 조건으로 받아들이는 관점은 복지국가가 시민의 기본욕구를 충족시킨다고 본다. 물론 기본욕구에는 자연적이며 보편적으로 필요한 육체적·정신적 건강과 정서적 안정도 포함될 것이다. 또한 의사소통과 자기결정, 노동이나 경제적 보호 등 사회적인 것도 포함된다. 복지집합주의는 기본욕구를 충족할 수 있는 체제로서 복지국가를 그리고 있다. 그 이유는 포괄적인 사회정책과 공공정책, 경제정책과 마찬가지로 복지제도도 기본 욕구에 직접적으로 대응하기 때문이다. 기본적인 욕구가 충족되지 않는 상태가 계속되는 이유는 부당한 사회 환경이나 문화가 복지제도에 의해 만들어지기 때문이다.

기본욕구를 위협하는 사회문제 중 가장 위협적인 것은 빈곤이라 할 수 있다. 현대 사회에서 빈곤을 제거할 수 있는 수단은 복지 급여뿐이라고 인식하는 집합주의자들은 거의 없을 것이다. 그러나 공공의 규제 및 급여와 같은 집합주의적 수단을 통하여 개인이나 가족은 최종적으로는 빈곤의 원인에 대항할 수 있을 것이다. 빈곤 퇴치 전략의 이론적 근거는 어떤 종류의 복지집합주의냐에 따라 달라질 것이다. 자유시장을 거부하는 사람들은 사회 안정과 격차 해소를 위해서는 사회적 배제가 해결될 필요가 있다고 믿기 때문에 국가복지를 빈곤 퇴치 전략으로 연결시킬 수 있었다. 실제로 1960년대 빈곤의 재발견은 자유시장이 이루어 낸 풍요의 시대에 큰 타격을 입히고 빈곤과의 전쟁을 이끌었다.

그러나 복지국가가 사회와 개인의 복지를 보장하는 데 충분히 만족스러운 시스템은 아닐 것이다. 복지국가는 민간의 자발성과 시장의 활동, 가족의 기능을 지원하는 다원주의 체제이다. 물론 국가중심주의와 중앙집권적 속성이 지나치게 강조되어서는 안 되겠지만, 복지 공급의 다양한 주체들 사이의 효과적인 조정능력이 요구되고 있는 것이 현실이다. 비정부조직이 복지에 우호적인 매우 강력한 국가에 종속되어도 다원화가 실현될 수 없다. 사적 소유는 복지에 있어서 필요한 경제성장을 만들어 내지만, 국가의 소유와 규제는 형평원리에 근거하여 순수 자본주의 시장의 손을 떠나 분배를 지향한다. 마찬가지로 복지의 혼합경제를 만들어 내기 위하여 국가는 기타 복지섹터와 협동할 수 있으며 공공 및 민간, 비영리 조직과 비공식부문의 상호작용에 의해 시민들의 이익을 도출한다.

그런데 복지집합주의는 집단의 이익을 최우선으로 여기지만 개인의 자기책임이나 노력을 지지한다. 즉 자유주의와 달리 사회문제에 구조적 원인이 있다고 생각하며 생산수단과 분배의 통제 등 집합주의적 방법으로 해결하려 한다. 따라서 빈곤 개선을 위한 조건을 만들고 개인이 그 기회를 이용할 수 있도록 기대한다. 여기에서 기회란 노동시장 속에서 임금을 벌어들이는 활동을 의미한다. 이들의 분배 노력은 고용윤리와의 최적 조합을 지향하므로 시장 참가 의무와 연결되지 않는 권리로서의 사회권은 의미가 없다고 규정할 것이다. 그러므로 개인의 자립을 위해 필요한 기회는 완전고용에 의해 제공되어야 하는 것이다(Beveridge, 1944). 국가는 높은 수준의 지속적인 고용을 창출할 의무가 있으며 동시에 남성은 40~50년에 걸쳐 정규직에 종사할 책임이 있다. 오늘날 그런 일이 가능하며 또 바람직하다고 믿는 사람들은 점차 줄어들고 있다. 오늘날의 집합주의자들은 보다 친시장적인 사고를 받아들여야 하는데, 완전고용보다도 '완전고용가능성(employability)'에 주목해야 할 것이다(Fitzpatrick, 1999). 글로벌 경쟁에서 국내 투자 유치를 위해서는 고용 창출에 있어서 정치가에게 의존하기보다는 노동의 질과 공급을 개선하기 위한 정부와 개인의 협력이 보다 중요할 것이다. 개인은 신기술과 경제 환경에 대하여 유연하게 대처할 수 있을 때만이 노동시장에 계속적으로 참가할 수 있다. 전통적으로 국가의 의무는 개인의 의무에 앞선다고 믿었지만, 시장을 우위에 두는 집합주의자들은 개인의 의무가 집합체의 그것에 앞서야 한다고 주장한다. 워크페어처럼 복지 공급 주체는 개인에게 의무를 부과하기 위한 도덕적 권위를 가지고 있다는 것을 의미한다.

지금까지 복지국가는 보편주의와 선별주의 사이에서 항상 불안정한 긴장을 유지해 왔다. 보편주의를 강조하면 가장 필요로 하는 사람들에게 투입하기 위한 자원이 적어진다. 선별주의를 강조하면 빈곤자의 폭을 좁혀 배제를 낳게 된다. 따라서 시민권 논리가 작동하기 어려워진다. 이러한 긴장은 복지집합주의 내부의 좌파와 우파가 상호 근접하면서도 이질적인 경향에서 나타난다. 양쪽 모두 보편주의의 유효성에는 동의하고 있다. 사회민주주의자에게 있어서 보편주의는 계급협력을 얻기 위한 수단이었다. 보수주의자에게 있어서 보편주의는 연대를 표현한 것이었다. 마찬가지로 가난한 사람들의 이익을 높이고 그들의 권력을 강화하려는 사회민주주의자나 시장에서의 하층계급의 충성을 획득하고 모든 사회의 내부 투쟁이 생길 가능성을 억제하려는 보수주의자들과 함께 집합주의자도 어느 정도 재분배는 지지해 왔다. 앞으로도 계속 복지국가가 균형 작용을 효과적으로 해 나갈지 여부는 이러한 목적을 조화할 수 있는가, 다양한 복지집합주의자들이 산출한 다양한 이론적 근거에 호소할 수 있는가에 달려 있다. 보험원리는 그런 점에서 매우 중요한 역할을 해 왔다. 왜냐하면 보험제도는 이론적으로는 모든 사람이 부담하고 이득을 얻는 보편주의를 표방하지만, 노동능력의 결여나 상실에 대하여 가장 취약한 자를 지원하는 재분배 제도이기 때문이다.

따라서 복지국가는 모든 사람들의 기본욕구 충족에 관계하고 있으며 다른 복지 부문과의 수평적 협력관계의 유지라는 의미에서 다원적이며 보편적 재분배를 목표로 하는 국가시스템이라 할 수 있다. 시민권과 관련하여 이와 같은 해석은 모든 사람들이 지위가 평등하다면 복지제도는 공동체를 구성하는 시민 모두에게 사회적 기본권을 보장해야 한다는 의미가 될 것이다. 물질적 조건의 평등은 사회적 공정을 위해 요청되지만, 이는 탐욕스런 자본주의 경제가 초래하는 최악의 피해를 막기 위한 보편적인 재분배에 의해 완성된다. 집합주의적 복지국가는 전혀 별개의 소유 형태를 개척하기보다 다원적인 복지 공급 주체와 연계되어 개인책임을 강조하며 혼합경제를 확충하려 한다. 구체적인 제도화의 유형은 노동시장 참여를 통한 사회적 보호, 상호의무적 사회보장 시스템에 의한 재분배가 작동되는 조건형 복지체제를 구축하는 것이다. 그런 측면에서 상호의무 조건의 단절

없이 최저소득을 보장하면서 시장을 규제하고 소득보장의 보편성이 확대되는 메커니즘이 기본소득 제도를 통해 적용될 수 있다면 복지집합주의는 극단적인 반대자로 등장하지는 않을 것이다.

3) 감시하는 복지국가와 기본소득

자유주의자들은 복지국가에 대하여 급여 효과는 거의 없으며 경제적·문화적 측면에서 시장자본주의에 해로운 영향을 미치는 것이라 비판해 왔다. 복지집합주의자들은 복지국가에 대해서 일부 부족한 측면이 있음에도 불구하고 경제적 효율과 사회적 공정, 사회 안정을 성취하는 데 긍정적으로 기여해 왔다고 주장한다. 하지만 사회주의 지지자들은 복지국가는 근본적으로 모순적 요소를 품고 있다는 비판을 제기한다. 즉 복지국가가 자본주의에 내재하는 본질을 은폐하고 있으며 권력이 시민을 효과적으로 감시하도록 규율하는 효과를 만들어 내고 있다는 것이다. 그렇지만 노동자나 권력을 박탈당한 사람에 대하여 복지제도가 진정한 이익을 제공할 것이라는 견해를 전적으로 부정하지는 않으며 일정한 형태의 조정이 필요하다고 본다. 따라서 국가복지 급여체계를 어떤 방법으로 개선할 수 있는가에 대하여 책임 있는 해답을 제시해야만 한다. 이들은 복지국가에 고유한 두 가지 모순이 존재한다는 것을 규명하고자 하였다.

우선 복지국가는 빈곤을 제거하고 구축하는 효과가 있다. 그런데 빈곤 제거의 목적을 단어 그대로의 의미로 순수하게 받아들이고 있다. 만일 복지국가가 박탈에 대항할 수 없었다고 생각했다면 끝까지 협조하지 않고 투쟁했을 것이다. 복지국가의 필요성을 옹호하는 사회주의 지지자들은 베버리지형 복지국가를 신랄하게 비판하지만, 빈곤의 완화 가능성을 부정하지는 않았던 것이다. 이들이 기본욕구의 충족을 강조하고 있다는 점에서 복지집합주의자들과 유사하다. 또한 복지 급여가 수요를 자극하여 경제성장을 촉진할 수 있다는 점도 인정한다. 빵 조각을 분배하는 데 관심이 있으므로 그 크기에 주목할 수밖에 없는 것이다. 그러므로 개인에 대한 복지 급여에 주목하면서 한편으로는 현재와 미래의 생산성 향상이 병행되어야 하는 것이다. 그렇지만 빈곤 제거 효과에 회의적 시각을 가질 수도 있다. 복지국가가 빈곤을 퇴치하고 모든 사람에게 행복을 가져다줄 것이라 기대 했지만, 결코 빈곤이 해소된 적은 없다. 오히려 빈곤 그 자체가 새로운 형 태의 불평등과 격차로 진화하고 있는 것이다. 사회복지의 역사에서 영국 의 빈민법은 수급자격에 어울리는 빈민과 그렇지 않은 경우를 철저히 구 분하였지만, 오히려 그러한 조건과 분류가 새로운 빈곤을 낳는 원인이 될 수 있다. 빈곤은 주위에서 흔히 볼 수 있는 결과적 현상이 아니지만 단순 히 사회적으로 만들어진 것도 아닌 것 같다. 전문가의 규범적 정의에 의해 욕구가 가공될 수 있는 것이다. 즉 빈곤선 규정이나 수급자격 구분 등 대 상을 구분하는 이름 짓기와 의미 부여를 통해 만들어진 부분이 존재할 것 이다.

복지제도는 시민을 위해서라는 명분으로 표준화되고 사회적으로 특정 한 행동양식을 규율하는 방법으로 기계적·형식적으로 적용된다. 수급자격 의 범위를 벗어나면 더 손해를 보는 가난한 사람과 수급자격자는 아니지 만 항상 가난한 사람을 구분하는 조건형 복지제도로서 분배를 고착시키고 있다는 것이다. 따라서 풍요 속의 빈곤이 계속 존재하는 이유는 복지국가 의 실패가 아니라 이러한 방식의 복지제도 운용 방법 때문이라 인식한다.

또한 복지국가는 사회적 공정과 통제를 강화할 수 있다. 사회적 공정을 이루기 위해 국가 개입에 의해 자원을 재분배하려 한다. 그 결과, 사회는 순수한 자유시장 경제보다도 시민의 삶을 더 평등하게 만들 수 있다. 평등 전략은 복지국가의 핵심적 목표로 인식되어 효과적인 복지국가 전략은 순 수한 시장경제에 비하여 사회나 시민을 이기적이기보다는 이타적으로 만 들게 될 것이다. 즉 호혜성과 보험주의 원리의 적용으로 시민들은 운명 공 동체로 연대가 이루어져 상호의존에서 분리될 수 없다. 최근 세계금융위기 이전까지는 이타성에 의한 국가복지의 정당화는 낭비적이고 비도덕적인 것으로 비판받아 왔지만, 금융위기 이후 복지국가의 미덕은 다시 명예를 회복하고 있다. 또한 계급과 인종, 성별, 장애 등에 의해 그 누구도 차별당하지 않는 보편주의적 기준에 의해 사회적 공정과 사회통합을 추진하려는 요구가 강해졌다.

사회주의자는 복지국가가 어떻게 사회통제 기제를 작동해 왔는지 주목해 왔다. 오코너(O'Connor)와 하버마스(Habermas), 오페(Offe) 등은 국가복지는 자본의 축적을 지원할 뿐만 아니라 기존의 재산관계, 부의 축적 패턴, 고용윤리와 같은 자본주의적 가치를 정당화함으로써 위기를 완화한다고 주장하였다. 따라서 복지국가의 장기적인 기능은 사유재산제를 유지하면서 안정시키는 데에 있다는 것이다. 그 결과 감시와 보상, 처벌을 수반하는 규제와 조건 부과 등은 필수적인 장치로 설치된다. 자유롭고 민주적인 사회에서는 국가의 억압적 장치를 통한 지배에 의존할 수 없으므로 복지정책이 그런 역할의 일부를 대체하는 것이다. 따라서 복지국가는 자유라는 이름하에 사람들의 자유를 박탈하고 통제하는 수단으로 기능하고 있다는 것이다.

사회주의는 국가에 대하여 어정쩡한 상태로 찬성하고 있다. 즉 복지국가의 목적에 대해서는 찬성하지만, 그 기능과 효과에는 적극적으로 지지하지 않는 경우가 많다. 사회주의가 모든 사람에 대하여 지위의 평등을 실현해 주는 것은 아니다. 사실상 사회주의는 자본주의가 초래하는 불평등으로 생기는 최악의 결과를 완화하려는 데에 관심이 있을 뿐이며 불평등 그 자체는 계속될지도 모른다. 복지국가는 노동에 의한 소득획득이나 노사관계 규범을 우리들이 수용할 것을 요구하지만, 거기에서 나타나는 사회적 시민권은 대단히 조건적인 형태를 띠는 것이기도 하다. 사회권은 시장에 반하는 권리가 아니며 시장 속에서 주어지는 권리이다. 따라서 생산수단을 공유하는 코뮨주의적 연합체와 유사한 정치공동체는 자본주의 사회에는 존재할 수없다.

중요한 것은 사회주의적 이데올로기에서 기존 복지국가는 사회적 시민권의 이상을 완전히 실현하지 못한다는 것이다. 그것은 적절한 형태로 만들어진 사회주의 환경에서 비로소 실현될 수 있다는 것이다. 사회주의 복지제도는 현재와 같이 임금 획득 능력의 상실을 보완하는 내용을 기초로 하는 것이 아니라 코뮨주의로 가는 사회를 통합하는 역할을 담당하게 된다. 따라서 평등주의적 소유와 자본 통제를 지지하는 형태가 될 것이며 기본소득에 대해서 그러한 역할을 수행하도록 기대하는 것이다.

4) 여성 의존적 복지국가와 기본소득

여성주의 관점에서는 복지 급여를 통한 자립이 여성 노동에 의존하는 가정에 근거하여 이루어지면 노동 가치는 강화될 수 있지만, 반면에 임금을 수반하지 않는 노동의 가치는 평가 절하될 것이라 비판한다. 즉 복지국가는 남성의 자립이라는 이름하에 여성의 의존을 초래하는 것이다. 여성은 남성에 비하여 복지국가나 가족에 의존하지만, 이런 구도는 여성의 남성에 대한 의존을 합리화하기 위한 사회적으로 형성된 구조로부터 생긴 것이다. 여성은 복지국가에서 주로 클라이언트로서 국가의 복지서비스를 받기 쉬우며 동시에 돌봄 제공자 역할을 주로 담당하게 된다. 평균적으로 여성은 남성에 비하여 오래 생존하므로 연금과 보건, 사회서비스를 더 길게 수급해야 하는 것이 주된 원인이 되고 있다.

여성의 고용형태는 남성의 경우와 비교할 때 비정규직 등 불안정한 노동에 집중되어 있다. 즉 임금이 낮고 조건이 열악하며 교육이나 승진 기회가 부족한 노동에 여성이 종사할 가능성이 높다. 감정 노동이나 돌봄 노동에 종사하는 인력도 여성이 대부분이다. 따라서 여성은 남성에 비하여 빈곤 발생 가능성이 높고 리스크 발생 기간도 길다. 여성은 복지 급여에 한층 강하게 의존하게 되고 그로 인하여 노동시장에서도 불리해져 빈곤에 빠질 가능성이 높다. 임금은 낮고 권리가 적기 때문에 여성은 복지국가의 가장 엄격한 장치인 자산조사에 의존하게 되고 이것이 노동시장에서의 불리한 위치를 지속시키는 원인이기도 하다. 이런 의존은 여성의 선택의 결과로 생긴 것이 아니며 단순히 노동시장에 경제적인 결함이 있어서 나타난 것도 아니다. 남성 노동자의 자립을 주요 목표로 하는 제도의 결과와 반작용으로 초래된 것이다. 복지자본주의는 남성을 주된 소득자로서 복지국가 시민의 자격을 부여하였다. 이에 대응하는 형태로 여성을 돌봄 제공자, 즉 돌보는 사람으로 정의하였던 것이다(Alber and Ginn, 1995). 여성이 복지 급여와 서비스에 더 의존하는 클라이언트라는 인식은 만들어진 것이며 임금을 벌어들이는 남성에게 종속되어 부양받는 존재가 되고 있는 것이다. 여성은 전통적으로 배우자와 어머니로 받아들여지고 취직 기회나 복지 수급권은 이런 역할 유형을 충실히 수행하고 있다는 전제하에 제공된다. 전후 완전고용경제가 쇠퇴하는 가운데 주부의 역할을 담당하는 남성이나 돈벌이 역할을 하는 여성이 증가하면서 여성에 대한 노동자로서의 시민권에 대한 인식이 다소나마 전환되었지만, 주소득자 대 주부라는 역할 구도는 근본적으로 변하지 않았다고 생각된다. 여성이 복지국가에 대한 의존을 강화하는 원인은 여성 소득은 남성의 임금소득 활동에 포함되어 부수적으로 얻는 수입이라는, 오랫동안 계속된 불리한 가정 때문이다. 이와 같은 태도는 취직 기회, 임금수준, 소득 등에 있어서 여성을 체계적으로 불리한 상황에 놓이게 한다.

그리고 복지국가는 여성의 무상노동을 무시하며 시장관계를 강화한다. 주소득자인 시민과 돌봄 노동에 종사하는 시민과 같은 사회적 분업이 성 분업을 규정한다. 성 분업 환경에서 비공식적인 가사활동과 같은 가족 내의 역할 대부분은 여성이 담당한다. 이와 같은 의존은 여성이 소득을 남성 주소득자와 공유하고 있다는 의미가 아니라, 오로지 가족을 통해서만 그들이 의미를 가진다는 것, 즉 다수의 여성에게 있어서 가족은 정체성의 장이며 사회적 상호작용이나 네트워크 형성의 기반이라는 것을 의미한다. 분명히 파트타임으로 일하는 여성의 대다수는 가정에서는 거의 온종일 일해야 하므로 풀타임 노동을 선호하지 않을 것이다. 이런 선택은 남성과 여성의 분업이 매우 이질적인 구조로 제한되어 있는 영향 때문이라 생각된다. 다시 말하면 국가의 복지는 '남성 = 공적인 영역, 여성 = 사적인 영역'의 분업 역할을 유지하게 한다. 국가의 복지제도가 남성적인 가치나 행동양식이 우월하다고 확인해 주는 기능을 하고 있는 것이다.

이런 논의들은 국가복지가 노동윤리가 아니라 고용윤리(employment ethic)에 근거하기 때문에 가능하다(Fitzpatrick, 1999). 고용윤리는 공식적인 노동시장에서 임금 획득 활동이 인간 활동의 가장 중요한 형태로 평가받는다는 사실을 말해 준다. 가사 수행과 같은 돌봄 노동이 사회복지에 공헌하고 있다는 점은 의문의 여지가 없다. 출산이나 육아는 매우 중요한 활동이지만 고용윤리가 보급되면서 제반 자원의 분배에 대하여 실천적인 결정을 행하는 경우에는 그것조차 경시되는 것은 분명하다. 고용윤리는 가부장제 가족을 사회·경제적 효율과 응집을 촉진하는 매개체로 간주한다. 가족 내부의 안정과 외부의 시장 유동성을 함께 확보하기 위해서는 남성 주소득자가 가족과 시장 사이를 왕복해야 한다. 따라서 고용윤리와 성별 분업은 도덕적으로 표리 관계에 있다고 생각된다. 가사 노동이나 비공식 돌봄 노동 부문은 낮게 평가되고 사회적 역할과 정체성은 임금 획득 활동의 규범에 근거하여 조직되고 분배되어 왔다는 것이다. 또한 소득이나 지위는 취업에 의해 결정되어야 한다는 의미이다. 복지 수급권은 임금노동 활동에 수반되는 자격이라는 개념을 고착함으로써 취업 촉진 행위와 밀접히 연결된다. 중요한 것은 자본주의 시장관계, 즉 임금 계약에 복지국가가 동의해 왔으므로 일자리가 과다하게 평가되고 돌봄과 같은 비임금노동은 낮게 평가되어 왔다는 것이다.

여성주의 관점에서 복지국가를 비판하는 핵심적인 이유는 남녀 노동에 대한 차별적인 가정에 의해 복지서비스를 제공해 왔기 때문이다. 복지국가의 활동은 여성이 담당해 온 비공식적 활동의 희생에 의해 이루어지고 있는 것이다. 여성이 남성보다 국가나 가족에 더 종속되는 경향은 가부장제 사회 속에서 남성적인 가치에 의존하도록 길들여졌기 때문이다. 따라서 국가복지를 기본적으로 지지하지만 현재의 형태에 대해서는 비판적으로 될 수밖에 없다. 이들에게 있어서 복지제도의 급여와 부담은 계급과 자본의 범주에 더하여 젠더와 가부장제에 관련되는 것이다. 최근 복지국가의 남성과 여성의 역할 경계가 변하고 있지만, 그것은 의식적으로 또는 이데올로기적인 동기에 의해 이루어진 개혁의 결과는 아니며 광범위한 경제적 변용의 결과라고 생각된다. 따라서 여성주의 관점에서는 근본적으로 복지국가가 젠더 차별이나 돌봄 노동의 여성 의존에 대하여 할 수 있는 일은 없다는 냉정한 판단을 하고 있는 것 같다. 그들은 불균형한 의존을 대체할 수 있는 젠더 평등적 소득보장제도로서 기본소득 구상을 지지하는 것이다.

5) 반생태적 복지국가와 기본소득

생태주의자들은 복지국가 제도의 핵심에 양면성이 존재한다고 생각한다. 복지국가는 탈상품화를 확대하기 위해 사회적 공정을 높이는 방향으로 발전하는 것처럼 보이지만, 결국은 산업 자본주의의 성과물에 불과하다. 왜냐하면 사회적 공정의 확보를 물질적 자원의 공정한 재분배를 통해 이루려고 하므로 환경의 지속가능성을 경제성장이라는 이름으로 희생시켜 왔기 때문이다. 이와 같은 재분배 윤리는 빵 조각의 공평한 분배를 요구하는 것이 아니라 환경비용을 무시하고 분배되는 빵을 확대하는 데에만 치중하는 것이다. 따라서 재화나 서비스 공급에 대한 탈생산주의화가 필요하다. 복지국가 옹호자들의 탈상품화는 시장으로부터의 자유라고 이해하기보다는 오히려 지속가능한 사회 구조 속에서 복지 급여를 민주적으로 조직하기 위한 자유라고 이해해야 할 것이다.

생태주의 관점에서 복지국가는 반생태적 한계를 가진 시스템이다. 가장 큰 이유는 생산주의 윤리 위에 성립되었기 때문이다. 생태주의의 주요 특징은 높은 수준의 경제성장을 지속시키는 것이 사회와 개인의 복지 제공을 가능하게 하는 전제조건이라 주장하는 생산주의 논리를 거부한다(Pierson, 1991). 복지국가는 근대 산업화의 산물이며 초기 자본주의가 지닌 최악의 폐해를 상당 부분 인간적으로 변모시켰다. 그러나 그 대가로 복지국가는 산업화에 기여하도록 운용되면서 사회복지는 경제성장에 의존하게 되었다. 이러한 속성은 복지 확대를 위한 불가피한 측면으로서 지지받고 있지만, 생태주의는 이런 관점을 폐기하거나 수정해야 한다고 인식한다. 왜냐하면 자원이 유한한 세상에서 성장은 한계가 있으므로 지속가능하지 않기 때문이다. 복지국가는 성장에 의존하고 있으며 나아가 성장을 촉진하기 위한 수요를 대규모로 자극하기 때문에 그 자체는 자원의 고갈을 맞이하게 될 것이다. 또한 복지의 성과는 사회문제의 원인을 해결하는 것이 아니라 증상을 다루는 치료적 시스템에 불과하므로 그다지 효과적이지도 않다. 노동과 소비, 경쟁 강화라는 스트레스 상황을 줄여 나갈 수는 있지만, 처음부터 문제를 예방하는 데에는 거의 도움이 되지 않는다. 그렇다면 이러한 산업주의 논리는 무엇으로 치환되는 것이 좋을까? 그들은 성장 자체를 반대하거나 성장이 가진 탐욕적인 성질을 비판하므로, 생산의 과소 여부를 평가하는 방식에는 반대할 것이다. GDP와 같은 경제지표는 전후 경제발전의 필요에서 만들어졌지만 환경에 대해서는 비도덕적이라는 점은 널리 인식되고 있다. 따라서 생태주의자들은 그러한 경제적 척도가 생태적 요인이 중심적 역할을 하는 지표로 치환되는 데에 공통적으로 찬성하고 있다(Fitzpatrick, 1999).

복지국가의 가족형태는 자본주의 시장의 교환 시스템에 적합해야 하지만, 시장의 유동성은 가족의 안정성과 양립하기 어렵다. 시장의 소비주의가 불러일으키는 자유화 효과와 쾌락주의는 절약과 저축, 수평적 재분배 사이에서 모순을 낳는다. 보장과 상호의무를 기대할 수 있었던 전통적인 가족은 욕구와 선호를 충족할 권리를 가진 개인으로 구성된 불확실한 시장의 작용과 조정하기가 어려워지고 있다. 사회정책은 서로 상반되는 요소를 조화시키기 위한 노력이라 생각되는데, 가족 내부의 안정성과 시장의 유동성을 함께 보장하기 위하여 가정과 시장 사이를 연결하는 통로로서 남성 주소득자가 필요하다고 간주되어 왔다. 이런 맥락에서는 고용윤리는 성별 분업에 대한 위반이라 생각할지 모른다. 비공식 돌봄 노동의 전 영역이 저평가되어 왔으므로 가사 노동도 저평가되어 임금노동 규범에 근거하여 사회적 역할이나 정체성이 구성되고 분배되어 왔던 것이다.

따라서 일이 수입이나 지위를 분배하는 데에 있어서 주된 수단이어야 한다. 노동과 같이 우리들이 필요로 하는 일에 대해서는 세금을 낮게 하고 공해처럼 불필요한 일에 대한 세금은 높게 매겨야 한다는 생태주의자의 비판을 새겨들을 필요가 있다. 이런 비판은 실업에 의한 인력 낭비를 막는 것뿐만 아니라 자연의 낭비를 막는 것에도 해당된다. 그런데 이런 논리는 일자리가 복지에서 중요하지 않다는 한발 더 나아간 주장과 연결되어 있다. 실업은 고용에 집착하는 사회에서 귀결된 결과이다. 생태주의자들은 고용의 중요도를 낮추어 노동시간을 대폭적으로 단축하면서 고용을 창출하는 것이 고용에 의한 복지에서 탈피하기 위한 필수조건이라 생각한다.

복지국가는 소비자로서의 시민에 근거하고 있다. 성장과 고용윤리를 강조하면, 복지란 조직의 규칙이나 기준을 잘 파악하여 그에 순종함으로써 얻어낸 물질적 풍요함이라는 사고방식에 근거한다. 이는 사적인 관계에 있어서는 개인적인 가치를 물질주의적 척도에 의해 비교하려는 인간의 공통적인 본능으로 귀결되는 것이다. 우리들은 스스로를 소비자로서 정의한다. 인생의 대부분 시간을 사람들은 애정이나 우정과 같이 형태가 없는 것을 위하여 할애하고 있다. 그렇지만 공적영역이나 사회적 상호작용의 본질에 대해서 생각하면 다수 사람들에게 삶의 질이란 생활수준과 거의 동의어로 받아들여진다. 예를 들어, 빈곤의 공포 때문에 우리들은 생활양식의 선택범위를 좁혀 성장 우선의 낮은 복지 수준을 강요당하고 있다. 현재 탈물질주의적 가치가 확산되고 있는 것은 사실이지만, 이런 가치가 항상 탈물질주의적 실천으로 자동적으로 연결되는 것은 아니다. 경제적·정치적 소비자를 가릴 것 없이 사람들이 경제성장의 이익에 대한 욕구를 폐기하거나 고용윤리를 재확인하기 위한 제약을 폐기하고 있다는 증거는 찾을 수 없다. 전체적인 맥락에서 보면, 복지국가는 지구의 보호자 및 후견인으로서의 시민이라는 생태주의 개념을 구현하는 데에 있어 아무런 역할도 하지 못하였다. 그것은 성장이 환경에 주는 영향을 외면하고 권리나 의무를 물질주의적인 의미로 좁게 받아들였기 때문이다. 반면 기본소득은 탈노동·탈성장에 의한 생활 설계를 가능하게 하므로 생태적 삶의 기회를 제공할 수 있는 매력적인 수단이 될 수 있다. 따라서 이들에게 기본소득은 늘 생태적 변혁을 위한 정책 패키지로 관심의 대상이 된다.

3. 급여시스템과 기본소득

현행 복지국가의 급여시스템과 관련하여 이데올로기적 관점에서 찬반 논의를 살펴보면서 기본소득과 연결되는 논점들을 비교할 경우, 어떤 정책 함의와 방향을 도출할 수 있을까?

먼저 자유주의 관점에서 출발해 보자. 우리가 알고 있는 것처럼 그들은 베버리지형 복지국가 프로그램에 대하여 경제적·도덕적 반대론을 전개해 왔다. 경제적 반대론은 지나치게 관대한 급여시스템이 국민의 부를 고갈시킬 뿐만 아니라 노동시장의 경직화를 초래하는 측면을 추적한다. 완벽하게 탄력적인 경제시스템에서는 모든 시민의 노동과 임금은 합리적이고 투명하게 움직인다. 노동의 수요 이상으로 고용이 창출되지 않는 수준 까지 임금은 하락할 것이다. 임금이 완전히 노동력의 수급 관계에 따라 결 정되는 노동시장에서는 비자발적 실업은 소멸된다. 임금 수준이 노동력의 수급 관계에 의해 결정되는 시스템을 잘 운용한다면 실업은 완전히 소멸 할 것이다.

경제적 반대론 중에서도 도덕적 해이에 관한 논의는 도덕적 반대론과의 구별이 힘들다. 복지국가의 관대한 사회안전망을 사람들에게 지나치게 허 용하면 거기에 의존할 가능성이 높아지게 되며, 그 결과 의존을 조장하게 되어 비난을 초래한다는 것이다. 빈곤 회피를 목적으로 설계된 급여시스 템에도 불구하고 사람들을 오히려 궁핍한 상태에 안주하도록 내몰아 버린 다. 복지국가의 사회보장은 개인을 능동적인 형태로 역량을 강화하여 자 유를 허용하는 것이 아니라 노동능력 결여나 소득 손실의 결과에 대해 수 동적인 형태로 보상하는 제도이다. 그와 같은 문제를 해결하기 위해서는 안주하게 만드는 제도적 원인을 찾아서 제거해 버리면 된다. 단기적으로 는 냉혹해 보일지 몰라도 진정으로 그들을 자립하게 만들 수 있다.

우리는 급여시스템이 반가족적이라고 비난하는 내용에도 낯설지 않다 (Morgan, 1995). 부모가 함께 생활하고 있는 세대보다도 별거하고 있는 세 대에 사실상 많은 아동 부양 급여를 제공함으로써 가족해체를 유도하고 있다는 것이다. 이들 급여는 이혼에 대한 위기감을 무감각하게 만들고 한 부모 가정에 대한 넉넉한 보상 때문에 부부 중심의 가족형태를 고집하지 않더라도 살아갈 수 있도록 해 준다.

그렇다면 과연 자유주의 관점에서 지지를 표명할 수 있는 사회보장 개 혁 전략은 없을까? 부의 소득세 구상은 사실상 사회보장 급여시스템 모두 를 대체하는 보편적 자산조사를 수반하는 제도이다. 이와 같은 개혁 방향 은 서양에서 1960~1970년대 우파에게 높은 지지를 불러온 구상이기도 하 다. 이후 보다 온건한 선별주의적 접근이 선호되었다. 미국은 EITC를, 영국은 가족 크레딧 제도를 도입하였다. 보수 정부는 급여 신청을 복잡하고 엄격하게 만들고 급여수준은 내리거나 동결하였다. 이런 움직임은 개인을 지역사회나 자본주의의 능동적인 멤버로서 도덕적으로 재무장시키려는 시도이며 단순한 경제적 해결법을 초월한 전략을 의미한다. 거의 모든 워크페어 개혁에서는 고용논리가 강조되었으며, 아울러 값싼 미숙련 노동력의 개발이 선호되었다.

그런데 사람들은 사회보장에 의한 연금이나 급여를 단순하게 시혜적으로 제공받는 것만으로는 만족하지 않는다. 그들은 보험료를 지불함으로써 개인적 권리성을 더 강화하기를 원한다는 것이다. 이것은 사회보험 원리가 복지집합주의자들에게 왜 지금까지 인기를 얻고 있었는지를 엿볼 수 있게 하는 대목이다. 하지만 보험원리는 권리를 얻을 수 없는 사람을 어떻게 포섭할 것인지에 대해 원론적으로 공공부조에 맡기는 방법 외에 특별한 대안이 없다. 사회보험제도의 사각지대 발생은 보편적 적용 효과를 해치는 심각한 리스크이다. 따라서 복지집합주의가 직면하고 있는 과제는 사회보험의 애초 목표대로 보편적 적용 범위를 어떻게 창출할 것인가에 집중된다.

널리 알려진 것처럼 최초로 보험 계획을 도입한 비스마르크의 의도는 당시 매우 교묘하게 포장되었다. 그는 남성 노동자를 자본주의 시장의 폭도로부터 보호하고 사회주의사상의 유혹에서 분리하려고 생각하였다 (Rimlinger, 1971). 독일 사회민주당(SPD)은 이와 같은 전략의 본질을 인식하고 있었지만, 그에 강력하게 반대할 수가 없었다. 분명히 처음에는 반사회주의적 조치였을지 모르지만, 사회보험 원리가 중도 좌파에게는 필수적이었으므로 채택하였던 것이다. 이후 영국에서 사회보험은 일부에게는 과거를 어느 정도 계승한다는 이유에서, 또한 국고 고갈을 회피할 수 있다는 이유에서 도입되었다. "보험은 궁핍 문제에 대한 자본가의 회답이었다. 궁핍을 줄임으로써 보험원리는 사회주의자가 빈곤의 근본원인이라 생각하는 것을 은폐하는 것이다."(Fraser, 1984:150) 이처럼 사회보험은 생활양식 속에 뿌리를 내려 복지국가의 기초를 이루게 되었다. 베버리지의 보고서가 출간되었을 때는 이미 영국에서는 사회보험 원리가 어느 정도 정착된 상태였다. 급여는 국민적 최저한을 확립하기 위한 일시적 구제라 여겨졌으며 균일하게 지급되었다. 급여의 균일성은 형평성에 따라 보험료 기여의 균일성을 요구하였다. 만일 기여가 정액이라면 저임금 노동자가 부담할 수 있을 정도로 그 액수를 낮게 억제해야 한다. 보험료 지불이 가능한 수준으로 인하한다면 급여도 이에 따라 낮아져야 한다. 결과적으로 국가부조에 의존하는 사람들이 늘어날 수 있는데, 베버리지는 이 점을 과소평가하였다. 그는 사회보험제도가 보다 보편적으로 확산되면서 자산조사를 수반하는 급여에 의존하는 자의 숫자가 점차 줄어들 것이라 믿었던 것 같다. 따라서 복지집합주의 관점에서는 사각지대의 폐해를 수정하면서 사회보험제도를 어떻게 옹호할 것인지가 핵심과제라 할 수 있다. 한마디로 사회보험은 시장 중심의 개인주의와 국가 중심의 집합주의의 타협이라 할 수 있다. 사회보험원리는 사람들을 시장실패에 대한 리스크로부터 보호한다. 사회보험은 강제 가입이므로 리스크가 낮은 개인을 가입시키면서 사회보험에 필요한 세입을 유지할 수 있다. 또한 재분배 기능도 작동한다. 기여와 급여의 관련도 명확하다. 때문에 사회연대와 호혜성 원리가 동시에 촉진된다. 사회보험은 가부장적인 속성을 지니고 있지만, 만일 모두 개인의 자발성이나 창의력에 맡긴다면 리스크에 대한 대비는 부실한 수준으로 이루어질 수밖에 없을 것이다. 정부의 집합적 개입으로 사회보험 기금을 확보하기란 비교적 쉽다. 옳고 그름을 떠나 사람들은 보험료를 자신의 복지를 위하여 납부하고 있다고 믿으므로 보험료 인상은 증세만큼 저항이 높지 않다. 또한 경쟁적인 사보험 조직보다도 관리가 단순하다.

그러나 보험원리의 목적은 적용 대상이 보편성을 벗어나는 순간 크게 손상된다. 물론 완전고용경제에서는 대부분의 여성은 남성의 기여에 의해 보호받게 되면 적용 범위가 불충분해도 그다지 심각한 문제를 일으키는 경우는 없다. 그러나 완전고용이 불가능해진 경제상황에서는 시스템 균열이 확대되기 시작한다. 복지국가 위기 이후 보다 많은 사람들은 워크페어에 의존하게 되었다. 보험원리가 유지될 수 있을지 여부에 대한 논란은 과거보다 임시적이며 주변적이고 낮은 수입의 비정규 고용이 일반화된 결과와 무관하지 않다. 사회보험의 목적 자체가 가진 이데올로기적인 기반에 대해 이의를 제기하는 사람들도 있다. 사회주의자들은 사회보험이 계급 불평등의 원천을 은폐한다고 그에 반대하기도 한다. 복지집합주의가 자유주의 가치를 자본주의 시장에 팔아넘기고 있으며 시민권의 보편적 논리를 실현하고 있지 않다고 비판하는 것이다. 사회보험이 강제 가입의 성질이 있으며 현실적으로는 일상적인 형태와는 다른 또 다른 세금이라는 사실이 거부감을 불러올 수도 있다. 실제로는 기여와 급여 사이에는 엄격한 보험 수리적 상호관계가 존재하지 않기 때문이다.

사회보험제도는 기본적 필요를 제공함과 아울러 자조와 개인책임 원리를 손상하는 일 없이 평등한 권리를 인정하므로, 원리상으로는 보편주의적이며 재분배 효과가 있다. 혼합경제와 양립하면서 다른 형태의 복지 공급에 손해를 끼치지 않는다. 노동능력에 따른 권리이므로 사회적이면서도 시장에 근거한 의무라는 개념이 밀접히 개입되어 있다. 시장의 장점을 유지하면서 국가의 개입과 소유를 통해 균형을 유지하려는 복지집합주의자는 당연히 지지를 호소할 것이다.

그러나 과거와 같은 가부장적이고 남성 노동자 위주의 사회보험제도를 초월하는 형태가 되어야 할 것이다. 예를 들어, 정부로부터 독립된 보험기관을 만들어 국민 전원에게 개인구좌를 개설할 수 있도록 제도 개혁을 설계할 수도 있다. 복지집합주의 관점에서 사회보험의 보편성 확대를 추구할 때, 조건성 범위를 둘러싸고 기본소득과의 접점 가능성은 항상 열려 있다.

복지국가의 시민은 자본주의 시장경제의 국경을 초월하지 못한다. 생존의 자유는 국경 내의 승인된 시민에게만 기회가 주어진다. 시장경제 내의 형식적 자유를 초월하여 억압받는 노동 계급에 대한 해방의 장을 제공할 수는 없을까? 사회주의는 복지국가는 노동자 계급의 진정한 이익을 대표하며 포스트 자본주의 사회를 향한 첫걸음을 시작할 수 있을지 주목한다. 이와 관련하여 특히 사회주의자의 영향력이 강한 지역에서는 복지제도가 시장의 패권적 논리에 대하여 부분적인 승리를 실현하고 있다고 한다(Esping-Andersen, 1990). 사회주의적 접근이 보편주의와 관대한 급여제도와 결합되어 스칸디나비아 국가에서 승리를 거두었다는 것이다. 보편주의 복지국가의 연대를 담보하기 위하여 사회급여를 중산층 수준으로 맞출 수밖에 없었을 것이다. 즉 보편적 수급자격을 높은 보수 비례 급여와 결합시킴으로써 복지국가의 급여와 서비스를 중산계급의 기대에 맞추게 되면서 평균적 노동자는 상승이동을 경험하게 되었다. 복지국가는 대다수의 국민의 견고한 사회적 통합을 강화하게 되었으며, 보편주의 복지정책이 비판적인 공격으로부터 복지국가를 지켜 왔다고 할 수 있다. 따라서 급여시스템은 탈상품화 효과, 즉 노동시장에 대한 의존으로부터 시민들을 해방시키는 데에 가치가 있다. 그렇지만 이런 낙관주의적 시각은 보다 비관적인 평가에 의해 빛이 바래진다. 사회보장제도는 산업예비군, 가부장적 가족제도, 노동력 개발과 같은 재생산에 관여하므로 빈곤 완화는 결과적으로 우연히 이루어진 것일 뿐이며 소득보장을 제공하기 위한 수단으로 기능할 뿐이라는 지적(Ginsburg, 1979)은 복지국가의 의의를 평가 절하하는 비판임에 분명하다.

급여 제도는 임금을 인하시킬 수 있는데, 그 이유는 급여수준이 지나치게 낮으면 사람들이 실업급여를 받던 때보다도 생활이 나아지지 않더라도 생활유지를 위해 저임금 노동에 종사할 수밖에 없기 때문이다. 이는 낮은 급여와 저임금이 결합되어 근로빈민과 근로무능력 빈민이 만들어지는 콤비임금 효과를 의미한다. 노동력 공급은 크게 두 가지 경로로 이루어진다. 먼저 급여를 신청하기 위해서 노동능력이 있고 동시에 취업 가능하며 적극적으로 구직 활동에 노력해야 한다. 이는 마음대로 고용하거나 해고할 수 있는 광범위한 산업예비군을 자본주의가 필요로 하기 때문이다. 따라서 노동자는 언제나 대기하면서 필요한 때에 항상 결원을 충원할 준비가 되어 있어야만 한다. 다음으로 노동력 공급은 기혼여성과 같은 특정 집단을 배제함으로써 체계적으로 유지된다. 사회보험원리는 고임금직에 장기간 종사해 온 정규직 수급권자에게 유리하게 작용한다. 그런 정도의 일자리 경력을 가진 여성은 남성에 비하여 훨씬 소수이므로 여성은 점차 최저수준의 복지와 소득보장을 적용받게 되고 가정 내에서의 돌봄 담당자나 공급자 역할과 같은 재생산 역할에 고착된다. 그에 따라 배우자(남성)가 노동시장에서 효과적으로 일할 수 있도록 차세대 노동자를 육성하는 역할을 담당하게 된다. 결국 일하는 자는 수급자가 되지 않도록 양성되며 일할 수 없는 자는 수급자로서 개인화됨으로써 사회적 불공정에 대하여 집단적으로 대응할 수 없도록 길들여지게 될 것이다. 따라서 사회주의 이데올로기는 사회·경제적 환경에 따라 사회보장이 급진적인 함의를 지닐 수 있다고 믿는 사람과, 기존 제도는 궁극적으로는 자본의 이익을 위해 기능하고 있다고 해석하는 사람 양쪽을 낳게할 것이다. 사회주의에서 도입할 수 있는 급여 제도는 완전한 탈상품화를 촉진하고 조건 없이 시장으로부터 자유로울 수 있어야 한다. 따라서 현행 복지제도가 모든 사람에게 평등한 지위를 보장해야 한다는 사회주의 이상을 실현하기까지 여정은 멀지만, 현실의 제도와는 차원이 다른 대안들을 생각하고 구상하려는 동기를 자극할 것이다. 사회주의 입장에서는 급여제도를 포함한 실행 가능한 전체적인 사회주의 시스템이 어떤 방향일지 설계하는 것보다, 사회주의 장점을 충족할 수 있는 기본소득의 범위를 탐구하는 것이 훨씬 현실적인 지름길이 될 수 있다.

평소에 벌어들이던 소득이 중단되었을 때에 보험급여가 제공되면 빈곤에 빠질 위험을 방지할 수 있다는 복지국가의 가정이 성립된다면, 남성 주 소득자 중심의 소득보장은 정당화될 것이다. 이 경우에 여성은 결혼하여 대부분 가사 노동의 의무를 충실히 수행하면 되므로 사회보장시스템에서 여성과 남성은 별도로 다루어져야 하는 것이다. 전후 복지국가에서 여성의 소득수급권을 남편의 과거 및 현재의 취업과 연결시킨 이유도 여기에 있다. 그렇다면 남성이 실업하는 경우에도 당연히 배우자를 위한 몫은 남편의 급여에 포함하여 지급하면 된다. 이런 구조로 인하여 복지국가의 사회보장시스템을 젠더 편견이 내재되어 있다고 비판할 수 있다. 이 구조는 한 부모 가정에 대한 추가지원이나 아동수당, 출산 크레딧이나 여성에 대한 연금 수급권 인정 등 일부 개선의 동향을 보이고 있지만, 남성 중심적이며 기혼 여성이 그 지배를 받는 의존적 측면은 그대로 남아 있다. 특히 여성은 노동시장에서 불이익을 당하고 있으므로 노동시장에서의 차별이 사회보장 속에서 차별되고 재인식되는 것이다.

보험 급여에 있어서 여성은 남성에 비하여 비연속적이며 저임금이므로 상대적으로 손해를 볼 가능성이 높다. 여성이 보험료를 지불하지 않는 이유는 보험료 지불 의무가 발생하는 최저소득 수입액보다 액수가 적기 때문이기도 하다. 보험 급여는 노동소득에 의해 획득한 자격이므로 벌이가 불충분한 사람은 자격이 없다. 저임금 고용은 고용주의 비용 삭감을 위한 행위이며, 주로 파트타임 직종을 찾고 있는 여성이 거기에 취직하게 된다. 여성은 파트타임 노동을 통해서라도 수입을 얻을 수 있다면 수급권을 희생할 각오가 되어 있을 것이다. 보험에 의한 소득이전이 남성을 우대하므로 여성은 공공부조에 의존할 가능성이 더 높다. 사실혼 관계의 적용에 의해 급여 조사를 받게 될 경우, 여성은 남성보다 불리할 것이다. 혼자 사는 여성에게는 사실상 생활비 도움을 받는 남성이 있을 것이라 가정하는 경우조차 있다.

여성주의자들은 복지국가의 급여시스템에 대해서는 그다지 높은 점수를 매기지 않는다. 제도의 규칙이나 작용이 과거에 비하여 공정하게 되었다고는 하지만, 남성에 의존하는 근본적인 구도는 그대로 유지되고 있기 때문이다. 여성은 여전히 가정 내의 돌봄 노동 담당자로 정의되며 그와 같은 비공식 경제에서는 남성이 임금을 벌도록 조직되어 있으므로 여성은 의존적이다. 복지국가 급여시스템 속에서 여성은 남성의 대등한 파트너가 아니며 남성적 시민권 규범의 비공식적 수발자가 되고 있는 것이다.

생태주의 시각으로 볼 때, 현대적 소득이전 제도는 특정 상황에서는 사람들을 노동시장으로부터 상대적으로 자유롭게 하지만 한편으로는 노동시장에 속박시키는 것이다. 그렇다고 해서 모든 사람들의 최저소득이 보장되는 것도 아니다. 급여시스템이 실업과 빈곤함정을 만들 뿐만 아니라 사회안전망에 구멍을 내고 있는 것이다. 소득이전 제도는 정상적 고용을 더 어렵게 만들고 있지만 유상노동 규범에 지나치게 의존하고 있다. 하지만 생태주의는 유상노동 철폐가 목표가 아니다. 고용이 극소수의 운 좋은 사람에게 집중되어 있으므로 가난한 사람들이 충분히 일자리에 연결되지 못하는 상황이 빈곤을 생성하는 주요 원인이라는 점을 인정한다. 따라서 현재의 고용상태를 공평하게 분배하는 것이 목표가 된다. 사회적 공정이란 고용수준 향상이나 환경 파괴적인 성장을 의미하는 것이 아니라 현재의 고용수준을 동결하고 재분배하는 것을 의미한다. 이를 위해서는 노동윤리를 강조하지 않아야 하며 계속적인 풀타임 고용을 원하는 사람들 모두에게 고용을 보장할 수 있다고 간주할 것이 아니라 오히려 생활 중심에서 외부로 밀어내 버려야 한다는 것이다.

그러한 대안으로 노동시간을 단축하는 것이 주된 전략이 된다. 100명으로 구성되는 사회가 있다고 하자. 그중 90명이 직업이 있으며 10인이 실직상태이다. 우리들은 실업자 10명을 위하여 고용을 창출하도록 노력해야 할까? 아니면 취업자 90명의 고용을 재분배해야 할까? 생태주의 전략은 전자의 경우에 실현될 수 없다. 왜냐하면 그것은 성장을 향해 매진하는 것을 의미하는데, 고도 성장기에만 그런 방법이 효과적인 접근이었기 때문이다. 때문에 후자의, 다수에 대한 고용 재분배만 남게 된다. 직장이 있는 90명이 주당 40시간 일했다면 전체적으로 3,600시간 정도 일한다. 그렇지만 대신에 100명이 주당 36시간 일하는 것이 훨씬 어울린다고 보는 것이다. 그래도 고용수준은 동일한 3,600시간으로 변화가 없으며 전체 인구에 평등하게 재분배하는 것이다.

중요한 것은 임금 획득 활동을 개인복지의 중심에서 벗어나게 함으로써 고용을 재분배할 수 있는 것이다. 복지국가 경제와 마찬가지로 소득이전 시스템은 생산주의 고용윤리에 의존함으로써 성장이 환경에 초래하는 비극적 결과에 대하여 눈을 감고 있다. 더구나 열심히 성장을 추진하고 있지만, 모든 사람에게 최저소득이 보장되고 있는 것도 아니다. 따라서 녹색시각으로 보면, 계속적인 풀타임 고용의 비중을 줄이면서 사람들이 보다 간단히 노동시간을 단축할 수 있도록 하고 그것이 금전적으로도 수지에 맞게 만드는 것이다. 이와 같은 녹색삶이 가능한 수단으로서 기본소득이 기존 복지국가의 소득이전 시스템을 대체하게 되면 생태적인 삶은 훨씬 가까운 미래로 다가올 것이다.

4. 다양성과 한계: 어떤 기본소득인가?

1) 시장의 장점을 살려 지급하라

자유주의 입장에서는 시장의 장점을 촉진하는 방향의 기본소득이라면 도입을 반대할 이유가 없다. 이들이 기본소득에 매력을 느끼는 중요한 이유는 도입되면 시장가격 수준까지 임금을 낮추어 생산성 향상에 도움을 줄 수 있기 때문이다. 기본소득은 기존 시스템과 본질적으로 다르다. 기존 복지국가는 소득능력이 상실되었을 때에 그것을 대체하지만, 기본소득은 조건 없이 기존 수입에 부가되는 보충적 급여의 성질을 가지고 있으므로 임금의 하방 지향을 촉진한다는 것이다. 예를 들어, 월 90만 원 급여를 받는 사람이 실업급여에서 빠져 나오기 위해서는 급여수준보다도 상당히 높은 임금을 받는 직종을 찾아야 한다. 교통비나 아동양육비 등 노동과 관계되는 모든 비용을 고려할 때, 시급 3,000원의 직종은 경제적으로는 크게 의미가 없다. 복지 급여시스템이 존재하므로 사람들은 시장 외부에서 자기 자신의 값을 매기려 할 것이다. 때문에 순수시장에 비하여 고용 비용이 상승 압박을 받아 고용 창출의 양은 적어지게 될 것이다. 반대로 기본소득을 적용한다면 노동자에게 금전적으로 손실을 주는 일 없이 저임금 직종의 시장을 유지할 수 있다. 조건 없이 월 50만 원이 지급되는 기본소득과 시급 3,000원으로 주 40시간 일하는 직종을 합하면 총수입은 월 980,000원이 된다. 따라서 고용주 입장에서는 노동자가 저임금 직종이라도 일하겠다고 마음먹으면 필요한 인력을 확보하기가 한층 쉬워질 것으로 예상한다. 그러나 이처럼 단순한 계산으로 이 문제를 해결할 수 없다. 기존 소득보장제도는 주택급여나 가족공제 등으로 낮은 임금을 보충하는 것이 가능하지만, 기본소득에 의한 소득 인상과 고용 창출 효과는 세율과 급여수준에 따라 결정된다. 그럼에도 불구하고 기본소득 개혁은 잠재적으로는 시장원리를 관철시키는 효과를 가져올 것이다. 좌파가 기본소득을 꺼리는 것은 실제로 기본소득에 시장원리를 관철시키는 효과가 있기 때문이다.

그리고 선별적 소득보장제도와 같은 스티그마를 철폐할 수 있으므로 '인간의 얼굴을 한 자본주의'를 이루어 낼 수 있다(Brittan, 1995). 불로소득을 둘러싼 오해 가운데 중요한 것은 그렇게 부정이득을 얻는 사람들이 매우 적은 규모에 불과하다고 생각하는 데에 있다. 지금까지 사회정책의 핵심적 문제는 유연한 노동시장의 장점을 어떻게 살리면서 빈곤이나 불평등을 수반하지 않고 포괄성을 실현할 것인가 하는 데에 있다. 기본소득을 지급하면 저임금 노동자는 소득이 보충되므로 노동시장을 탈퇴하지 않고 계속하여 일하는 것이 이익이다. 그러므로 기본소득은 정합성과 포괄성을 모두 조정할 수 있으므로 집합주의와 자유주의 양쪽에 치우친 모형 모두를 만족시킬 수 있을 것이다.

기본소득의 최대 매력 가운데 세대 중립성도 많이 언급되었다. 현재 시스템은 신청자의 수급권을 세대 전체의 소득과 자산을 기본으로 판정한다. 이는 가령 철수와 영희 사이에 혼인상의 문제가 생기면 이전에 함께 지낼 때보다도 이혼 후 각자 사는 것이 국가로부터 보다 많은 급여를 얻을 수 있다는 것을 의미한다. 따라서 현행 시스템에 의해 사람들은 가족들과 흩어져 개별화되는 길을 강요당하고 있을지 모른다. 기본소득의 장점은 개인에게 지급되므로 철수와 영희는 이별해도 함께 있어도 동일한 액수의 소득을 각자 수급하므로 가족해체에 대한 인센티브는 제거된다. 이를 근거로 기본소득은 가족친화적인 것이라 해석할 수 있다.

지금까지 논의는 우파적 관점에서 기본소득을 찬성할 때 펼치는 주된 논리이다. 우파에게 기본소득은 시장과 가족을 건전하게 만드는 이상적인 구상으로 보이는 것 같다. 물질적인 최저한을 보장하지만 물질의 평등을 보증하는 것은 아니므로 반시장적인 요소도 제어할 수 있다. 유토피아적 코뮌사회를 강요하는 논리도 아니다. 왜냐하면 사람들은 자신들의 기본소득을 받은 후에도 가능한 일을 계속하도록 구조화되어 있기 때문이다. 자유시장 맥락에서 볼 때, 기본소득은 개인은 자신이 좋아하는 것을 해도 좋지만 자조 책임을 다 하도록 요구할 수 있다. 즉 기본소득은 하이에크가 말하는 최저보증소득을 제공하지만, 가부장적이고 억압적인 국가가 시민을 통제하는 일 따위는 하지 않으며 시장의 규율을 손상시키는 일도 없다. 재정적인 원조에 따라 저임금 직종을 창출하는 것이 가능하므로 노동시장을 유연하게 만들면서도 국가복지에 의존하는 문화를 극복할 수 있다.

그러나 기본소득은 무조건 지급되므로 고용윤리를 강조하는 급진적 우파에게는 불안이 남는다. 만일 급여에 따라 사람들이 일하지 않더라도 살 수 있다면 아무리 일자리를 제공해도 헛수고가 될 것이다. 어떤 부담도 없이 국가를 상대로 생활이 가능하도록 제공되는 정부로부터의 선물로 비춰질 수 있으므로 사람들이 노동시장에서 자발적인 퇴출을 선택하더라도 전혀 이상한 일이 아니다. 그렇게 되면 근로의욕은 급격히 감퇴되고 풍요로운 세계를 담보할 수 없을 것이다. 물론 그것은 급여되는 기본소득 수준에 따라 달라진다. 만일 우리들이 월 5만 원의 기본소득에 대해 노동의욕 감소를 말한다면 그에 반대하는 목소리는 거의 없을 것이다. 그러나 월 30만 원 또는 50만 원 상당의 부분적 기본소득에 대하여 말한다면, 다수의 사람들이 고통스런 노동에서 벗어나 놀면서 한숨 돌릴 기회가 오지 않을까 상상하게 될 것이다. 분명히 우파적 시각에서 기본소득은 복지 의존자를 일반 사회에 재통합하기보다 일하기 싫어하는 게으른 하층민을 지원하는 것처럼 보일 것이다. 기본소득 지지자들은 경제적 이익에 대해서는 언급하지만, 의무와 책임에 대해서는 아무도 명확히 언급하지 않는다. 특히 자유의 개념을 시장의 자유와 연결하지 않고 차원이 다른 의미로 단절하므로 자유 과잉을 보여 준다. 우파적 관점에서 자유란 자유시장 자본주의가 요구하고 창출하는 활동이나 재화를 통해서만 보장되는데, 기본소득은 비시장적인 자유의 가능성에 대해 말하고 있는 것이다.

그런데 자유주의자들은 확실치도 않은 기본소득 계획의 비용에 대해서조차 파랗게 질리는 경향이 있다. 복지 재정이 실제로 팽창하여 제어할 수 없다면 비용이 드는 모든 개혁은 추진할 수 없으며 또한 추진하지 말아야 하는가? 밑빠진 독에 물 붓기 식의 대규모 토건사업에 아까운 국부를 낭비하는 것이 오히려 더 심각한 도덕적 해이 아닐까? 만일 비용 효율성에 집중하게 되면 소득이전 제도는 점점 더 선별적·기계적인 제도 운용이 될 것이다. 많은 문제는 기본소득 구상의 구체적인 내용에 따라 달라질 것이다. 그것이 효율적이고 생산적이라면 그에 따른 고비용은 창출되는 경제적 이익에 따라 상쇄될 수 있을 것이다. 그럼에도 불구하고 보수적 관점을 견지하는 사람 대다수는 만일 불가피하게 사회지출을 늘려야 한다면 적어도 워크페어와 같은 의무를 강화하는 소득보장 정책이 추진되어야 한다고 주장할 것이다.

그런데 기본소득이 기존 시스템만큼 가족해체를 초래하지 않지만, 그렇다고 자동적으로 전통적인 가족을 지지하는 기제로 작용하는 것은 아니다. 개인의 제반 권리에 초점을 맞추는 사회정책은 가족을 진정으로 하나로 통합하는 요인을 무시하고 있다. 어머니에게 기본소득이 있으면 자녀와 아버지에게도 자신의 기본소득이 있다. 따라서 기본소득 이외에 개인적인 보수가 있는지 여부에 따라, 다른 사람에게 분배하거나 제공해야 할 책임은 그 누구에게도 없다. 이런 정책은 상호부조나 상호의존을 미덕으로 삼아 온 전통적 가족제도에 정면으로 대립하는 것이다. 우리들 중에는 동의하지 않을지도 모르지만 보수적인 윤리 도덕감과 가족이나 생활양식에 관한 기본소득의 중립성은 명확하게 조화를 이루지는 못한다.

기본소득의 자유시장적 측면이 부각되지 않고 보다 보수적이며 권위주의적 속성이 고려되면 매력은 적어진다. 그러나 모든 미덕을 갖추고 결함이 전혀 없는 급여시스템은 존재할까? 그게 가능하다면 경제적 효율을 촉진하면서 동시에 비용 효과적이어야 한다. 또한 노동이나 자기 책임에 대한 의무도 포함하여 자본주의가 도덕적으로 우위에 있다는 것을 분명히 보여줘야만 한다. 나아가 전통적 가족을 우위에 두면서 그런 기준을 충족하는 급여 모델을 만들 수 있어야 한다. 그러나 오랫동안 특히 신자유주의자 대다수는 프리드먼이 제안하는 부의 소득세에 만족해 왔는데, 기본소득 관점에서는 변종으로서 자유주의 버전이라 할 수 있다. 왜냐하면 자산조사 없는 보편적 기본소득과 달리 모든 개인을 대상으로 자산조사를 보편적으로 실시하는 선별적 기본소득이기 때문이다.

부의 소득세(Negative Income Tax, NIT)를 이해하기 위해서 소득이전 시스템이 효과적으로 개혁된 사회를 상상해 보아야 한다. 당신이 실업자로 가난에 시달리고 있다고 하자. 대학 때 배웠던 두터운 전공서적까지 팔아 버리고 이제 더 팔 수 있는 것은 없다. 그래서 생활비를 벌기 위해 거리에서 김밥을 팔기로 했다. 지금 당신의 전 재산은 거의 밑바닥에 와 있을 것이다. 만일 부의 소득세에 의한 소득이전 혜택을 전액 받을 수 있어 순소득이 상승한다면, 당신은 다른 김밥 장사보다 더 싼 값에 팔 수 있으므로 경쟁우위에 설 수 있을 것이다. 김밥은 잘 팔릴 것이며 지금 현재의 당신은 이전보다도 부의 소득세 액수가 적어져도 총소득은 과거보다 높아지므로 최종 수입은 더욱 많아질 것이다. 김밥을 더 많이 팔면 소득은 훨씬 더 높아질 것이다. 당신은 부의 소득세를 조금밖에 받을 수 없지만 그건 문제가 되지 않는다. 당신의 최종소득은 과거보다 훨씬 많아졌기 때문이다. 그리고 정부의 융자에 의해 당신이 김밥 전문점을 창업한다면 당신의 총소득은 더욱 높아져 부의 소득세를 받을 자격은 없어지게 될 것이다. 그 대신에 당신은 소득세는 그대로 지불해야 하며, 결과적으로 이전보다 당신의 소득은 감액되는 결과가 될 것이다. 매출이 늘수록 또한 식당이 잘되어 당신의 점포 수가 늘어날수록 상황이 개선되는 속도는 늦어질 것이다. 왜냐하면 당신의 세금 부담은 무거워지고 총소득이 더 높아지면 더 감액이 될 것이기 때문이다. 당신은 매우 불공평한 처사라 생각하여 지역 국회의원을 찾아가 자신의 노동성과나 노동에 대한 생산물을 더 많이 가져갈 수 없는 데 대한 설명과 제도 개선을 요구하였다. 국회의원은 세금과 소득이전에 적합한 시스템이 필요하다는 것을 조리 있게 설명하며 부의 소득세가 실시할 수 있는 제도 가운데 최선이라는 점을 강조한다. 이 제도가 도입되기 전에는 비자발적으로 실업하거나 그것을 증명할 수 있었던 사람에게 최저소득이 제공되었다. 그 당시에는 논리적이며 인도적인 제도라 생각하였지만, 실업함정 효과를 간과하였다. 아무것도 하지 않아도 받을 수 있는 실업급여보다도 실질적으로 높은 급료가 지불되는 일자리가 아닌 한, 사람들은 일하려 하지 않을 것이다. 저소득층의 근로의욕을 높이기 위해서 부의 소득세는 실행 가능한 최선의 선택지라 설명한다. 왜냐하면 자산조사를 수반하면서 빈곤에서 탈출하게 만드는 가장 효과적인 계기가 제공된다고 판단하기 때문이다.

이와 같은 방법이 과거 제도와 어떻게 다른가? 과연 의존을 조장하는가? 만일 당신이 김밥을 팔아 얻는 이익 대부분이 회수된다면, 일자리를 얻더라도 지금보다 훨씬 수입은 낮아질 것이다. 아니면 당신은 고의로 소득 신고액을 누락시켜 사회 법규를 무력화시켜 손실을 끼칠지도 모른다.

부의 소득세는 일정한 소득수준을 밑도는 저소득층에게 세금을 다시 돌려주기 위한 조세이전 시스템이라는 점은 분명하다. 일정 소득 이하의 사람에게는 조세제도를 이용해 급여를 지급하고, 수준 이상의 사람에게는 세금을 납부하게 한다. 따라서 부의 소득세가 제공하는 최저소득, 감액률, 재원 조달을 위한 과세수준과 같은 요소가 갖추어져야 한다. 가령 최저소득액이 월 50만 원, 1만 원당 0.5%의 부의 소득세가 감액된다고 가정하자. 이때 소득이 100만 원을 초과할 경우에는 급여가 지급되지 않고 세금을 납부해야 한다.

〈표 4〉 부의 소득세

근로소득	부의 소득세	최종소득
-	50만 원	50만 원
10만 원	45만 원	55만 원
20만 원	40만 원	60만 원
30만 원	35만 원	65만 원
60만 원	20만 원	80만 원
100만 원	0원	100만 원
150만 원	-25만 원	125만 원

부의 소득세의 기본 논리는 빈곤층에 대한 현금 지원이 시장의 움직임을 방해해서는 안 되며 사회보장의 비용을 확실히 하여 근로의욕을 유지하고 정부 개입에 대한 행정적 부담을 줄여야 한다는 것이다.

자유주의자들은 부의 소득세가 기본소득의 장점만 취할 수 있는 제도라 인식할 것이다. 무엇보다도 부의 소득세는 노동시장을 보다 유연하게 할 여지가 있다. 그들은 저소득층 노동자에게 생활에 적절한 임금을 제공하면 경제에 부담이 된다는 이유에서 최저임금제도는 부적절하다고 단언한다. 그렇지만 부의 소득세를 도입하면 사용자는 안심하고 임금수준을 낮추는 것이 가능하다. 부의 소득세가 어느 정도 감액되느냐에 따라 다르지만 근로의욕을 유지할 수 있다는 것은 크나큰 매력이다. 사실 부의 소득세는 선별적 가족수당을 확대한 것이라 생각할 수 있다. 왜냐하면 가족공제는 아동이 있는 근로세대에 대하여 자산조사를 통해 제공할 수 있는 급여인 데 비하여 부의 소득세는 노동자에게 지급하는 보조금 원리를 모든 저소득 집단에 대하여 확장하기 때문이다. 이를 수급하기 위해서는 임금을 벌어들이거나 장애 등으로 불가피하게 일할 수 없다는 점을 제시할 필요가 있다. 따라서 무임승차자를 방지하는 데 있어 약점이 있는 것은 아니며 성실한 납세자가 나태한 인간을 지원할 불공정성도 피할 수 있다. 부의 소득세는 자유시장 시민권이 내포하는 노동의무에 대하여 암묵적인 가치를 두고 있는 것이다.

그런데 부의 소득세는 기존의 소득이전 시스템과 지불 방법이 다르다. 기여금에 의존하지 않는 사후적인 급여를 제공하는 것이다. 즉 노동소득과 과세 최저한과의 차액을 지급하게 되며, 소득이 늘어나면 부의 소득세가 줄어드는 형태로 계산하여 결정한다. 이에 반하여 기본소득은 다른 수입과 관계없이 개인에게 자동적으로 지불되므로 사전적 급여의 형태를 띤다. 따라서 기본소득은 부의 소득세가 제공할 수 없을 정도의 보편적 보장을 제공한다. 만일 부의 소득세의 감액 비율이 기본소득을 운영하는 데 필요한 세율과 동일하다면, 최종소득은 양쪽 모두 동일하게 될 것이다. 그러나 최종소득에 초점을 두게 되면 사회보장 시스템에 있어서 중요한 원칙을 손상하게 된다. 현금이 어떻게 제공될 것인가에 대한 절차적 내용은 얼마를 제공할 수 있는가와 마찬가지로 중요하기 때문이다. 기본소득에 있어서 중요한 것은 자동적으로 급부되며 무조건적으로 제공되는 성질이다 (Van Parijs, 1995:35).

그런데 부의 소득세는 자산조사를 수반하므로 저임금 노동자에게는 채찍을 휘두르는 셈이 된다. 대신 무조건 제공되는 기본소득은 낮은 임금에 불이익을 주지 않고 높은 임금에 보수를 제공할 것을 강조한다. 더욱이 만일 부의 소득세가 가구 소득에 근거하여 산출된다면 다른 소득원천이 일체 없는 가구는 어떻게 될까? 분명히 부의 소득세는 노동심사를 조건으로 하는 공공부조에 의해 보완되어야 할 것이다. 그렇다면 부의 소득세는 대량으로 고용이 창출되는 경제에서는 효율적으로 운영되지만, 실업이 증가하기 시작할 때에는 과거 제도의 요소를 활용해야 할 것이다. 자산조사 요건을 축소한 시스템을 선택해야 하는 것이다.

또한 급여를 사정하는 단위가 다르다. 부의 소득세는 부유한 가족 중에 낮은 임금을 받고 있는 구성원에게 소득세가 지불될 가능성을 회피하기 위하여 개인보다는 빈곤한 세대에 맞추고 있다. 물론 기본소득도 가구 단위로 제공해야 한다고 주장할 수도 있다. 그러나 잠시 동안이라도 부유한 전업주부에게는 기본소득이 지불되지 않는다면 조건 없이 급여되는 기본소득의 특징은 사라져 버리고 만다. 만일 그 지급액이 세대소득이나 재산에 의해 달라진다면 무조건이라 할 수 없다. 이처럼 세대를 단위로 한 최저소득보장 계획에 집중하게 되면 기본소득이 아니라 부의 소득세에 가깝게 될 것이다. 기본소득은 무조건 개인 단위로 지급되어야 하므로 시민권의 보편성이나 자율성을 높이는 효과가 있다. 반면 부유한 세대에 대해서도 지급하지만, 부의 소득세처럼 이들에게는 조세제도를 적용하여 회수할 수 있다.

이 제도는 여러 가지 장점을 가지고 있다. 즉 조세제도와 소득이전을 체계적으로 연계시킬 수 있다. 복잡한 소득보장 시스템을 통합할 수 있으므로 급여와 수당이 복잡하게 얽힌 시스템을 대신할 단순하고 매력적인 대안이라 할 수 있다. 또한 수급권과 납세 의무가 동일한 척도로 평가된다. 모든 사람이 면세점 상하에 따라 수급 정도가 달라진다. 완전고용이 실현된다면 수급자 규모는 최소화될 수 있다. 그렇지만 현실적으로는 수급자와 납세자 사이의 단절이 유지되고 있는데, 생산성 향상에 의해 수급자와 납세자 사이의 장벽을 줄일 수 있으므로 시민권 윤리─수급권과 노동의무─를 촉진하는 계기가 될 수 있다.

하지만, 실제로 부의 소득세가 시민권 윤리를 촉진할 수 있을지 장담할 수 없다. 모든 시민을 동일선상에서 대우하는 것 같지만, 가장 아래쪽에 있는 자의 한계세율과 가장 상층에 있는 사람의 세율이 쉽게 비교될 수 있다. 조세제도를 빌려 부유한 사람의 자선을 통해 빈자에게 수급자격을 부여하는 것이다. 이는 기여나 보험에 근거하는 수급권에 비하여 조세 부담자와 수급자 사이의 권위적 구조가 형성될 수밖에 없으므로 빈자에게 스티그마가 부여되기 쉽다. 따라서 포착률을 높일 수 있을지 의문스럽다. 그런데 부의 소득세를 사후적으로 지급하면 수급권 인정 후 실제로 지불되기까지 시간적 지체가 생기게 된다. 전산시스템을 활용한다고 해도 대규모 조세 사정이 월 단위로 시작되면 시간적 지체는 해결되기 어려울 것이다. 갑자기 해고를 당해 지금까지 받던 액수보다 높은 금액의 부의 소득세가 필요한 저임금 노동자를 상정해 보자, 사후지불이므로 실업을 확인할 다른 이유가 없지만, 실업한 후에 보다 높은 수준의 부의 소득을 받기까지는 시간이 걸릴 것이다.

새로운 사회적 리스크가 증가하는 상황에서 포괄적 소득보장이 점차 중요해지지만, 부의 소득세는 보장수준을 올리는 데에 기여하지는 못할 것이다. 왜냐하면 사후적인 조정을 통해 이루어지는 불확실한 약속이며 충분히 나눠 가질 수 있는 돈이 아니기 때문이다(Van Parijs, 1995:36). 물론 어느 정도 경제적 효율성을 희생시키는 경우가 있더라도 가난한 자를 불안정한 상태로 방치하는 편이 더 나을지도 모른다. 분명히 시장의 규율이 작동하기 위해서는 저임금 노동자에게 스티그마가 필요할지도 모른다. 만일 자유주의자가 사회문제의 개인화를 목적으로 한다면 부의 소득세는 가난한 사람들에게 빈곤 원인이 자신에게 있다고 인식하게 만드는 데에 매우 효과적인 수단이 될 것이다.

따라서 이들의 주장에 이의를 제기하는 사람들은 부의 소득세를 지지하기 전에 충분히 숙고해야 할 것이다. 사회적 공정을 포기하는 사회정책에는 본질적으로 수급자를 불쾌하게 만드는 요소가 깃들어 있다. 만일 부의 소득세가 자유시장 자본주의를 인간의 얼굴로 만들 수 있다고 해도 제도 운용 현장에는 여전히 불신의 코드가 감추어져 있을 것이다.

자산조사를 극단적으로 제도 속에 보편화시켰다는 점에서 부의 소득세는 인상적이다. 1970년대 말부터 급여 대상 축소가 영국과 미국에서 이루어졌지만, 부의 소득세는 보수주의자의 우선순위가 아니었다. 물론 근로 소득 세액 공제 등은 부의 소득세의 축소판이라 할 수 있다. 왜냐하면 임금 획득 능력의 상실이나 결여를 사후적으로 보충하기보다는 임금노동 수행에 대한 급여 보증의 성격을 가지기 때문이다. 만일 이러한 접근이 인기를 모으기 시작하면 부의 소득세 원리는 워크페어와 결합되어 소득이전 시스템의 정합성과 포괄성 확립에 기여할 것이다. 부의 소득세를 유통기한이 지난 아이디어로 평가 절하하기는 이르다. 보편성이 강화될수록 중도적인 복지 지지자들을 적극적인 동맹세력으로 만들 수도 있을 것이다. 기본소득과 마찬가지로 그것이 임금을 대체하는 것이 아니라 임금을 상승시키는 보완적 수단이라는 인식이 강할수록 매우 큰 영향력을 발휘할 것이다.

2) 사회적 기여에 따라 지급하라

집합주의자도 기본소득의 장점을 인정한다. 조건이 필요 없으므로 다른 급여제도가 커버할 수 없는 부분까지 손길이 닿을 수 있다. 이론적으로는 거의 완전한 포착률 달성이 가능하므로 사회보험이나 자산조사를 통한 소득보장보다 확실하게 사회안전망을 제공할 수 있을 것이다. 사회보험 수급자격을 얻기 위해서는 계속적이고 장기간에 걸쳐 충분한 액수의 기여를 행할 필요가 있지만, 우리나라의 경우에도 아직 전업주부 여성은 남성에 비하여 충분한 기여 경력을 가지고 있지 않은 경우가 대부분이다. 따라서 이 조건은 남성 노동자에게 보다 유리한 것이다. 기본소득은 기여와 무관한 시민권에 기초를 두고 있으므로 가정 내부의 무상노동의 가치를 인정하며 포착률 누락이 없으므로 사각지대를 커버할 수 있다. 특별한 장애가 없다면 기본소득은 모든 사람의 기본욕구를 충족할 수 있을 뿐만 아니라 평등한 지위를 보장하는 시스템이다. 실업이나 빈곤함정을 해결할 수 있다면 시장 참가를 저해하는 일 없이 근로의무를 계속 이행하게 할 수 있을 것이다. 이러한 의무는 복지집합주의자들에 의해 사회권 속에 호혜성 원리로 결합되어 있다. 이들은 자유주의자들처럼 복지 의존자를 문제 많은 인간으로 만들어 비난하지 않고 제도상의 한계가 존재한다는 것을 인정하려 한다. 기본소득의 매력은 희생양 만들기를 통한 처벌적인 복지가 아니며 노동 인센티브를 부정하지 아니하면서 유상노동의 도덕적 가치를 강화할 수 있는 점에 있다. 따라서 사회보험 및 부조 시스템보다 효과적으로 사회적 응집력을 높이고 자유와 재분배를 결합할 수 있다. 또한 부유층에 대한 조세 감면이나 공제를 일괄 폐지하고 납세자와 수급자와의 분단을 해소하여 조세정의를 높일 수 있으므로 조세와 급여시스템을 합리적으로 재설계할 수 있다.

글로벌 경제에서는 수요보다도 공급 개선에 의해 높은 수준의 고용을 창출한다고 믿는 사람들도 많다. 인재의 훈련과 노동 유연성은 그 자체가 미래의 고용정책에 있어서 무시할 수 없는 것이다. 따라서 기본소득은 노동이동을 원활하게 하고 기능 향상을 위한 휴가 활용도 촉진할 수 있다. 노동시장의 기회비용이 높아지면 공급 측면의 전략은 설득력이 약해진다. 기본소득은 최저소득을 무조건적으로 보증하므로 기회비용을 줄일 수 있을 것이다. 정리해고와 같은 방법과 달리 본인 의지에 의해 임금노동을 선택할 수 있으므로 노동시장을 유연하게 만들어 생산성 효율 향상에 기여할 수 있다는 것이다. 물론 본인이 부담한 보험료가 아니라 직접세로부터 재원을 확보하고 모든 사람에 대하여 정액으로 급여를 제공하게 되면 보험원리를 부정한다는 비난이 제기될 수 있다. 그 이유는 간단하다. 본인이 일해서 번 것도 아닌데 그에 대해 권리를 제공하는 것은 국가가 제도적으로 자선을 베푸는 것과 다르지 않기 때문이다. 다시 말해 사회보험은 책임 있는 시민권을 요구하는 제도이지만, 상대적으로 기본소득은 지역사회에 참가하지 않는 수동적인 시민에게까지 현금을 제공하므로 무책임한 제도가 되는 것이다.

이런 비판을 두고 기본소득 지지자는 다음과 같이 반박한다. 지금까지 사회보험원리가 이상적으로 작동한 경우가 있는가? 시민권에 근거한 행위를 요구하면서도 전근대적 빈민법 요소를 현대의 소득보장제도에 이식시켜 실질적인 형태로 부정적 영향을 낳고 있다는 것이다. 그 단적인 예가 사회적으로 요구되는 행위를 하지 않는 사람은 수급자격이 없다는 낙인이 부가되는 노동심사이다. 사회보험 옹호자도 보험원리가 과거에 충분히 현실적이지 않았다는 점은 인정할 것이다. 보험을 보다 보편적으로 만들기 위한 개혁을 주장할 때에는 여전히 시민권에 근거한 행위를 전제로 하고 있다. 보험은 사람들 스스로가 노동을 통해 소득을 올리거나 저축을 통하여 쌓아올릴 수 있는 효과적인 기반을 제공할 수 있다(Commission on Social Justice, 1994).

기본욕구를 충족하기 위해서는 기본소득 수준이 결코 충분하지 않다는 비판도 주목해야 한다. 월 얼마 정도의 수준이 주거와 식품 등 기본적인 물자를 충당할 수 있는 수준이 될 수 있을까? 물론 불충분한 수준에서 출발하여 기본욕구를 충족하는 데에 충분한 수준으로 인상하기 위해 이층급여를 설계할 수 있다. 그럴 경우, 현재의 시스템 대부분을 그대로 유지하면서 베이스로 지급하면 되므로 굳이 기본소득을 고민할 필요가 없다. 만일 우리들이 보다 관대한 수준의 기본소득 수준을 선호한다면 그에 따라 필요한 증세는 정치적으로 볼 때 거의 불가능하다고 비난하는 반대에 직면할 수 있다. 기본소득 옹호자들은 불충분한 액수가 기본욕구 충족에는 부족할지라도 실업이나 빈곤함정을 없앨 수 있으므로 현재의 사회보장과 비교하면 개인의 최저소득을 인상하는 데 유리하다고 본다. 모든 사람의 기본욕구를 충족하기에 충분한 액수를 확보하면서 완전 기본소득으로 이행하는 방법도 가능하다고 주장한다. 가령 최초로 연금을 받는 사람에 대하여 완전 기본소득을 도입하고, 이후 완전 기본소득을 성장률이나 경제 환경에 맞게 시간적 계획을 세워 보다 젊은 연령층으로 확대할 수도 있다 (Dore, 1996) 그렇지만 복지집합주의자 대부분은 기본소득형 복지국가로 이행하는 것은 너무나 큰 불확실한 모험이라고 느낄 것이다.

그런데 복지국가가 일정 부분 달성하였던 사회통합에 대하여 오히려 기본소득 도입이 사회적 분열을 초래할 위험은 없을까? 사회적으로 배제된 자를 시민권 이념으로 재통합하기보다 불만을 가진 사람이나 소외된 사람들이 완전히 사회로부터 탈퇴하는 것까지 허용할 수 있지 않을까? 노동의 무나 이윤 추구에 완전히 편입되지 않았던 청년층뿐만 아니라 저소득층이 무임승차자로 남게 될 고립의 자유가 초래되지 않을까? 이와 같은 부정적 의문은 보수적 관점에서 제기되는 부정적 단골메뉴로서, 노동윤리 강화를 위한 엄격한 정책의 필요성 때문이라고 반박할 수 있다. 찬반 논란의 옳고 그름이 무엇이든 문제 해결을 하기 위해서는 어떤 형태로든 대규모 사회 실험이 필요할 것이다.

모든 사람에게 평등한 지위를 부여함과 동시에 진정한 보편주의를 달성하겠다는 구상은 사회적 의무나 시민권에 근거한 행위의 가치를 무시하는 것으로 비춰질 것이다. 기본욕구와 물질적 평등, 재분배, 자기책임에 관해 기본소득이 주는 효과를 계량적으로 판단하기는 곤란하다. 복지집합주의는 기본소득 도입이 비현실적이라 보지만, 이를 완전히 배격하지 않고 장점을 취하여 수정적인 대안으로 수용하려는 입장도 있다. 이 원리를 이해하기 위해서는 복지집합주의자의 원리와 목적에 가장 밀접한 형태로 합치시킬 수 있는 종류의 기본소득을 생각해야 한다. 그것이 바로 참가소득이 될 것이다. 의외로 참가소득은 매우 간단하다. 도입된 이후는 어떤 모습일까? 주민복지센터에서 담당 직원이 당신과 면접을 하고 있다고 상상해 보자. 우선 당신은 이미 접수 창구에서 다른 직원과 상담했기 때문에 지겨워하거나 긴장할 수도 있다. 담당 복지사는 이번 면접은 완전히 자발적인 것이며 새로운 업무 처리의 일부라고 설명한다. 면접 목적은 사회에 생산적 공헌을 한다고 판정된 사람들에게 기존 급여시스템에 더하여 급여를 추가하는 것이다. 실업급여와 연금 등은 여전히 존재하지만 이에 더하여 내담자의 시민으로서 가치 있는 활동이 인정되면 기초적인 소득을 더 받을 수 있다. 시민으로서 가치는 직업을 가지는 것이 아니라 피부양 상태에 있는 가족을 돌보거나 자원봉사 활동을 하는 경우를 의미한다. 이에 따라 임금노동이 사회참가의 모든 것이라는 생각은 이제는 낡은 사고방식이라고 담당 사회복지사가 설명하고 있다. 앞으로는 구직 활동을 하는 사람뿐만 아니라 어떤 형태로든 사회적으로 유익한 활동을 하고 있는 사람에게도 급여가 지불될 것이라면서 상담을 끝맺었다. 급여 담당 직원은 훈련이나 교육, 돌봄, 자원봉사 등 고용 이외의 활동을 뭔가 하고 있는지 묻는다. 당신은 12시간 정도 홈리스 쉼터에서 정기적으로 일을 돕고 있다고 답한다. 유감스럽게도 자원봉사 활동으로 급여가 인정되기 위해서는 최소한 주 15시간을 투자해야 한다고 급여 담당 직원이 말한다. 수급자격을 얻기 위하여 단시간 자원봉사 활동을 하는 자에게 급여를 주는 낭비를 막기 위해서다. 당신은 이에 대하여 충분히 납득이 가지 않지만, 쉼터에서 돕는 시간을 늘리는 것도 가능하다고 말한다. 그랬더니 해당 사회복지사는 참가소득 담당 직원이 언제 방문하면 좋을지 묻는다. 어떤 자원봉사 활동을 하고 있는지 점검하려는 셈인데, 당신은 매우 놀란다. 직원은 그 이유를 설명한다. 당신이 정해진 형태로 진정으로 참가하고 있는지 확인해야 한다. 아무것도 하지 않고 시간만 허비하고 있을 수 있으므로 부정하게 이용하는지 확인해야 한다. 보다 확실하게 하려면 일한 시간을 기록하는 시간표, 운영자의 확인서, 같이 참가하여 일하는 직원에 의해 세금이 낭비되지 않고 있다는 것을 확인할 수 있는 방문 조사 등이 필요할 것이다.

기본소득과 관련된 구상에 대하여 앳킨슨이 흥미를 느낀 것은 1960년대 후반까지 거슬러 올라간다. 그는 사회보험원리를 일관되게 옹호해 왔는데, 다수의 복지집합주의자들이 염려하는 형태로 기본소득이 보험원리를 파괴한다고는 보지 않았다. 그가 실질적으로 논쟁에 참가한 것은 1980년대 말이며, 부분 기본소득을 호의적으로 분석하였다. 기본소득의 재분배 영향력은 크지 않지만 후에 재분배를 하는 데에 있어 효과적인 토대가 된다고 결론 내리고 있다. 또한 부분 기본소득은 사회보험제도를 대체하려는 것보다는 오히려 사회보험제도를 지지하고, 보다 효율적으로 기능하도록 목표를 설정해야 한다고 보았다. 즉 기본소득은 보완적인 소득보장으로 도입하는 것이 생산적이라는 것이다. 과도기에 단순한 타협으로서가 아니라 자산조사 조건부 공공부조에 의존을 줄이고 저임금 노동자를 지원하는 개량된 사회보험제도를 보완하는 것이다(Atkinson, 1995).

기본소득 지지자는 기본소득을 무조건 제공한다는 것이 시민 정서상 즉각적으로 받아들여지기 어렵다는 것을 잘 알고 있다. 따라서 우선 조건부 기본소득을 도입하는 것이 실현 가능성이 높다고 생각한다. 앳킨슨도 조건부 기본소득과 현대적 사회보험 시스템을 통합시킬 것을 제안하였다.

참가소득은 사회공헌의 정의를 널리 확대하게 되므로 유상노동만이 조건이 아니다. 고려할 수 있는 여러 가지 활동은 ① 고용이나 자영업 노동, ② 연금 수급 연령, ③ 장애 등에 의한 노동 불능, ④ 노동 가능한 실업 상태, ⑤ 공인된 형태의 교육 또는 훈련 종사, ⑥ 연소·고령·장애로 인하여 의존 상태에 있는 사람들의 돌봄, ⑥ 공인된 형태의 자발적인 활동 등이다.

참가소득은 얼마 정도 지급해야 할까? 만일 소득공제나 세액공제, 보험료 납부액 상한이 폐지되고 사회보험 급여에 과세하는 경우라면, 영국의 경우, 주 12.5파운드의 아동급부, 1인당 주 17/18파운드의 참가소득 급여가 가능할 것이라 추산되고 있다(Atkinson, 1995). 이에 따라 약 50만 명에 대해 자산조사 조건의 급여로부터 탈피하는 효과를 얻을 수 있다고 한다. 또한 영국 전체 인구에서 보면 이득을 얻는 자가 손해를 보는 자보다 많아져 그 비율은 약 2:1이 될 것이라고 한다. 모든 세율이 10% 정도 인상되면 주 37~39파운드를 지급할 수 있다. 또한 자산조사 급여에 의존하는 사람들을 225만 명 정도 줄일 수 있어 영국을 1960년대 중반 상태로 회복시킬 수 있다고 제안하고 있다(Fitzpatrick, 1999). 사회보험 개혁 계획을 기본적으로 지지할 수 있지만, 참가소득은 과거에 구축된 모든 제도보다도 효과적인 사회안전망을 제공할 수 있으므로 자산조사형 부조를 대체할 수 있을 것이다.

과연 복지집합주의는 참가소득을 어떻게 이해하고 있을까? 기본소득의 형태를 유지하고 있지만 복지국가 자본주의 원리가 결합된 확장판이라 할 수 있다. 거의 모든 개인에게 지급되고 무임승차자를 배제할 수 있지만, 기여 활동을 요구하므로 균형된 호혜성이 유지되기 때문이다. 돌봄이나 자원봉사 등과 같은 활동에 민감하므로 기존 제도의 남성 편중성을 해소할 수 있다. 참가소득은 조세와 급여의 시스템을 합리화하고 납세자와 급여 신청자 사이의 분단을 메우는 데 기여할 수 있다. 또한 새로운 대안 경제를 육성할 수 있으므로 훈련이나 교육과 관련된 기회비용을 줄일 수 있다.

참가소득을 도입함과 동시에 복지집합주의 관점에서 제기되는 비판 대부분을 피해 갈 수 있다. 공공부조형 사회안전망을 대체할 수 있으며 동시에 보험제도의 효율성을 손상시키는 급여 의존에의 탈피를 목표로 하므로 사회보험과도 양립할 수 있다. 따라서 모든 개인의 기본욕구를 충족하는 데에 있어 기존 시스템보다도 효과적이라는 판단이다. 여전히 구제할 가치가 없는 자를 선별하는 것과 유사한 시민권에 부합하는 사회참가 의무를 요구하지만, 배제와 비효율을 개선시킬 것이라 본다. 결국 참가소득은 복지집합주의 원리와 목적 대부분을 실현할 수 있다고 인식되는 것이다.

참가소득이 명예로운 평판을 얻을 수 있을까? 한 가지 긍정적 측면은 급여 지불에 있어서 시민의 자격에 대한 사고의 폭을 넓혀 주며 기존 사회보험/부조 방식보다 포섭적인 기회를 제공한다는 것이다. 복지집합주의적 개혁은 결국은 복지국가 체제 내에서 다른 주요한 복지제도와 기본소득을 조화시키는 것이다. 사회보험 시스템에 대해서는 덜 부정적이지만 자산조사형 공공부조는 소득보장제도 전체의 유효성을 손상시켜 온 주범으로 비난을 받고 있다. 따라서 참가소득은 복지국가 전체를 대체하기를 기대하는 급진적 개혁가들에게는 받아들이기 어려운 구상이 될 것이다. 하지만 참가소득은 성별을 구분하지 않고 지급되므로 여성을 의존자로서 다루지 않는다는 점에서 젠더 중립적이다. 오히려 자유시장의 노동윤리를 반영하지 아니하므로 여성이 주로 담당해 온 비공식 및 무상 활동의 가치를 환기시킨다.

그러나 참가소득을 수급하기에 어울리는 활동과 그렇지 않은 것을 어떻게 구별할 것인가를 둘러싸고 논란이 제기될 것이다. 배제할 수 있는 활동이 있다는 것은 분명하지만, 사회적인 가치 여부에 관해 판단하기 어려운 활동도 많다. 도로 건설이나 공항 확장 저지, 내부고발, 인권 침해 규탄 등 공익이나 민주주의 보호를 목적으로 하는 직접적인 행동을 모두 사회참가로 승인하여 지급해야 하는가? 무엇이 참가이며 무엇이 아닌가에 대하여 합의에 이를 수 있다고 해도 참가소득은 어떻게 시행되어야 할 것인가? 단순히 사회적 합의서를 펼쳐 놓고 거기에 서명하면 그걸로 끝일까? 돌봄이나 자원봉사 활동을 정말로 하고 있을까? 사람들을 감시해야 할 것인가? 만일 그렇다면 행정상 매우 번거로운 업무 부담이 늘어날 것이며, 국가는 민간인 사찰 이상으로 사람들의 생활에 깊숙이 개입해야 할 것이다. 시민권에 근거한 행위라고 해도 강제적인 성격을 띠고 거부하는 자를 배제하게 되면 총체적인 억압 국가가 될 것이다. 결국 참가소득은 기본소득보다도 사람들이나 정책 입안자에게 수용하기 쉬운 조건을 제시하는 점에서 매력적이지만, 완전 기본소득이라면 고민하지 않아도 될 시민에 대한 자율성 억압의 문제를 피할 수 없을 것이다. 그동안 사회보험제도는 지나치게 임금노동 중심의 보험료 기여 조건에 치우쳐 왔다. 하지만 노동의 변용을 둘러싸고 생존이 불안정해지는 현실에서 사회보험의 적용 범위 확대를 시도한다면, 그 조건에 있어서 참가소득과 같은 기본소득의 시장 친화적 확장판과 큰 차이가 없는 형태가 될 것이다.

3) 시장을 통한 사회배당으로 지급하라

사회주의 이데올로기는 기본소득을 어떻게 받아들일까? 기본소득이 사회주의의 이행 과정이 될 수 있는가. 만일 코뮨사회가 형성된다면 그 이후에 기본소득에 더 큰 역할이 있을까? 조단(Bill Jordan)은 기본소득을 가장 적극적으로 지지하는 사회주의자이다. 그는 자유시장 또는 사회주의 어느 쪽이든 기본소득이 도입되면 서구 자본주의나 과거 동유럽의 계획경제보다도 우월한 사회가 만들어질 것이라 예측했다(Jordan, 1989). 기본소득은 모든 시민의 기본욕구를 보장하기 위해서는 노동시장이나 가족이 개입하기 전에 생계유지에 충분한 소득을 제공할 필요가 있다는 전제에서 나왔다. 개인은 독립적인 소득을 가지므로 유·무상 노동을 자유롭게 선택할 수 있기 때문에 아무도 일이나 가사를 강제당하는 일 없고 타인으로부터 부양받을 필요도 없다(Jordan, 1987). 이는 사회주의자가 기본소득에 부여하는 대의명분 중의 하나이다. 기본소득은 자립을 촉진하고 자본에 대한 노동의 영향력을 강화한다. 투자와 이윤의 규모는 자본가가 노동자로부터 어느 정도 착취할 수 있는가에 따라 결정된다. 다시 말하면, 노동자가 착취당하면서 얻게 되는 손실의 규모에 따라 결정된다는 것이다. 기본소득은 실직 위험을 줄이고 노동자의 힘을 크게 만든다. 노동시장 참가에 앞서 생존 가능한 소득을 얻게 되므로 사람들은 어디에서 무엇을 할지 스스로 선택할 수 있다. '생존의 자유'보다 더 큰 '삶의 자유'를 획득하게 되는 것이다. 노동시장 외부에서 생존할 능력이 생기므로 노동시장 내부에서 이동할 힘은 커진다. 노동자들은 임금에만 의존하지 않으므로 사용자는 종업원의 요구나 이익에 더욱 주의하게 될 것이다. 아울러 노동시장에서 퇴출할 능력이나 발언권은 더욱 강화될 것이다.

노동자의 힘이 강해지면 노동력 구성이나 실업자에 대해서도 바람직한 영향이 파급될 것이다. 만일 기본소득에 의해 저임금 노동자나 가장 인기가 낮은 직종에 대한 노동 공급이 감소한다면, 그런 직종을 보다 매력적으로 만들거나 임금을 인상해야 할 것이다. 노동자는 임금 인상을 하기 어려운 직종에 굳이 종사하지 않아도 되므로 처우가 보다 매력적으로 될 것이다. 숙련되고 안정적인 고임금 핵심 노동자와 비숙련·불안정 노동자 사이의 노동력 분단에 대처하기 위하여 기본소득을 이용할 수 있다. 나아가 임금이 지불되지 않는 활동에 종사한다고 불이익을 주지 아니하므로 그런 활동에 가해지는 스티그마나 비난을 배제할 수 있다. 따라서 자원적인 활동 성격의 비임금노동이 늘어남에 따라 사람들은 스스로 새로운 가치에 근거한 활동이 쉬워지고 노동시장에서 퇴장할 수 있게 되므로 이들이 종사하던 빈자리에 비자발적 실업자가 들어올 수 있게 된다. 이처럼 역설적이게도 기본소득은 자본주의 시장을 통해 탈노동 사회와 일자리 나누기

등 코뮨사회로 나아가기 위한 중요한 전략이 될 수 있다. 기본소득은 모든 개인의 자율성을 높이고 평등한 자율성 원칙을 중요시한다. 그런데 사회주의자들은 자유와 평등이 대립된다는 생각을 비판하므로 그것이 곧 기본소득에 대한 지지로 연결된다. 기본소득만이 평등한 자율을 실현할 수 있는 목적 개념은 아니지만 그래도 그 노선에 따라 효과적으로 개혁을 이끄는 수단이 될 수 있다는 것이다.

지금까지 복지국가 정책으로는 할 수 없었던 급진적인 개혁을 기본소득을 통해 실현할 수 있을까? 그것은 코뮨사회에 이르는 자본주의적인 길이다(Van der Veen and Van Parijs, 2006). 마르크스 이론을 신봉하는 사람들은 자본주의 사회로부터 코뮨사회로 이행하기 위해서는 사회 및 경제조직이 명확한 사회주의 단계를 필수적으로 거쳐야 한다고 믿고 있다. 그러나 만일 능력에 따라 받지 않고 필요에 따라 분배받는 코뮨사회를 상정한다면, 기본소득은 사람들이 필요한 것을 무조건 제공할 수 있으므로 생산수단의 공공 소유와 통제라는 코뮨주의 전단계인 사회주의를 우회할 수 있다는 것이다. 따라서 자본주의 사회 내부에서 코뮨주의를 목표로 한다면 보편주의적 급여 형태를 취하는 보증소득을 가능한 한 가급적 인상하는 방향을 따라야 할 것이다. 사회적 생산물 모두가 각 개인의 공헌과 관계없이 분배되었을 때 코뮨주의는 달성된다(Van der Veen and Van Parijs, 2006). 만일 코뮨주의가 기본소득과 같은 자본주의적 방법을 통하여 실현될 가능성이 높다면 코뮨사회는 사회주의의 논리적 근거를 초월하여 달성된다. 이에 대해서는 코뮨주의에 이르는 '기본소득 자본주의'와 같이 여러 가지 논쟁적 담론들을 둘러싼 논의가 제기될 수 있지만, 기본소득은 미래의 사회주의와 코뮨사회에 대하여 논의할 때에 독자적인 기준을 제공해 줄 수 있다고 생각된다.

오페(Offe)는 후기 산업사회에의 적응과 관련하여 일관되게 기본소득을 주장하는데, 탈조직화와 탈(post)고용 자본주의 속에서 기본소득은 복지제도에 적용 가능한 개혁 전략이라고 한다(Offe, 1996). 국가 자본주의와 결합된 특징인 대중, 공업 생산, 중앙집권화, 복지집합주의, 국민국가의 주권, 강력한 노동운동, 노동자 정당, 완전고용 등은 해체되고 있으므로, 복지에 대한 새로운 접근이 필요하다. "일하지 않는 자 먹지 말라"는 오래된 원리는 생활에 필요한 것을 노동에서 획득할 기회가 충분할 때에만 의미가 있다. 만일 그렇지 아니한 경우, 시민의 필요를 충족하기 위해서는 노동소득이나 사회보장과의 교환 이외의 방법에 의해, 또한 그러한 교환 제도가 기초로 하는 가족제도 이외의 방법에 의해 노동의 대가를 분배할 필요가 있다(Offe, 1985). 따라서 기본소득은 새로운 개념과 접근으로 성립된다. 기본소득은 임금계약이 제공하는 관료주의적 관계에서 사람들을 해방시키며 민간 비영리 단체와 협동조합, 상호부조 조직의 발전을 허용하고 지원한다는 의미에서 생산지상주의와 거리가 멀다. 따라서 기본소득을 통해 사회변동에 적응할 수 있는 것이다.

하지만 사회주의자가 기본소득을 의심하는 근본적인 이유는 윤리적인 문제 때문이다. 무엇보다 기본소득이 무임승차를 허용한다는 것이다. 이런 비판은 매우 설득력이 있다. 그것은 자본주의가 부의 창조자인 노동자로부터 노동 성과물을 착취하거나 박탈하고 있다고 비난하고 있는데, 기본소득의 경우에도 비생산자들이 생산자들의 노력에 의해 먹고 사는 셈이므로, 이를 도입한 제도는 또 다른 형태의 착취를 인정하는 비도덕적인 제도가 되기 때문이다. 어쩌면 기본소득은 자본주의 시장경제에서 구조화된 착취를 비생산자에 의한 생산자에 대한 착취로 치환하는 것인지도 모른다. 노동자들 대다수는 기본소득을 게으른 자가 열심히 일하는 성실한 자를 착취하기 위한 수단이라 생각할 것이다(Elster, 1987). 특히 대다수의 좌파는 무임승차에 관한 본능적인 거부감 때문에 기본소득에 대한 의심의 눈초리를 거두지 않는 것 같다.

기본소득을 도입해도 노동자의 교섭 능력은 나아지지 않을 것이다. 사회적 배제 문제나 양극화된 노동시장 문제는 기본소득으로 해결되기 어렵다. 왜냐하면 완전 기본소득 계획은 실질적인 효과가 없기 때문이다. 기본소득의 재정을 마련하기 위해서는 물질적인 풍요함을 유지할 필요가 있는데, 완전 기본소득을 충분히 유지할 수 있는 수준까지 세율을 인상하기는 곤란하다(Fitzpatrick, 1999). 무엇이 기본욕구를 구성하는가와 관련하여 사회적 합의를 이루기가 어렵고, 더욱이 조세의 공정성에 대한 저항감이 높은 사회에서 기본소득 도입을 위해 세율을 높이는 결정은 엄청난 소모전이 될 것이다. 어느 정도 타협하여 부분 기본소득을 도입할 수는 있을 것이다. 하지만 완전 기본소득의 경우, 장점은 거의 얻을 수 없는 최저수준만 시행될 것이다. 기본소득을 지지하는 자가 노동조합에 거의 없는 경우를 보더라도 이런 분석은 설득력이 있다. 만일 인간다운 생활에 미치지 못하는 액수만 지급한다면 자본에 대한 노동자의 대등한 세력화를 기대할 수 없으므로 노동자는 기본소득만으로는 생활유지를 할 수 없다. 그들의 지위는 노동시장 경기변동에 대응하는 데 있어 현재보다 더욱 취약해질 것이다. 동시에 소득과 노동의 단절이 진행되므로 노동력을 조직화하기 위한 이론적 근거는 상실될 것이다(Walter, 1989).

노동자가 임금수준이나 노동자의 권리, 노동조건 등을 둘러싸고 투쟁할 때에는 노동현장에서 싸우는 것이 가장 효율적이다. 기본소득은 직장을 거치치 않고 직접 제공되므로, 그 비용을 국가가 지출한다는 것을 알고 있는 사용자는 주저하지 않고 임금을 삭감하려 들 것이다. 실업을 막고 취업을 활성화시켜 경제상황을 좋게 하는 것이 아니라 현실의 격차를 정당화하기 위하여 이용할 수 있다.

그렇다면 기본소득은 포스트 복지국가의 코뮌사회로의 대안이 될 수 없으며 지나치게 유토피아적인 아이디어만 부각되고 있는 것이다. 기본소득 도입을 시도할 경우, 자본가는 분명히 급진적인 재분배 제도가 실시되지 않는 국가로 자본을 유출하려 할 것이다. 국경 없는 자본은 어디에서든 이용할 수 있기 때문이다. 그렇게 되면 자본 유출의 위험 때문에 기본소득 급여는 계속 인상될 수 없을 것이다. 물론 기본소득뿐만 아니라 모든 진보적 개혁 구상에 대해 자본가들은 유사한 대응으로 위협할 가능성이 있다.

우리들은 대기업 최고경영자와 오피스텔 청소원이 기본소득과 같은 동일한 이전소득을 받는 데 주저 없이 동의할 수 있는가? 사회주의 사회에서도 최저한 소득수준이 보장되어야 하는 것은 분명하지만, 자본가와 노동자 쌍방에게 소득이전 시스템을 이용하여 동일하게 제공하는 것이 정당한가? 무조건적인 재분배로서만 시민권 윤리를 적용하는 것이 옳을까? 만일 기본소득을 받을 수 없다면 어떻게 하면 좋을까? 분명히 기본소득은 보편주의에 편중되어 있다는 비판에 대해서도 지지자들은 명확한 반론을 제시할 수 있어야 한다. 그렇지 않으면 기본소득은 필요 없는 사람에게도 지급되는 낭비적인 용돈이며, 급여를 보편적으로 확대할수록 일인당 액수는 줄어들게 되어 극빈층의 편익이 사라진다는 점에서 외면당할 수밖에 없다.

자본주의 경제에서 기본소득 원리는 자본주의 경제의 임금 관계나 가격 메커니즘과 충돌하면서도 이들을 영속시킨다. 기본소득이 시장에 참가하지 않을 권리를 인정해도 자본가들의 압박에 의해 오래 지속되지 못할 것이다. 시장경제의 규칙을 부정하지 않는 한, 절대로 이길 수 없는 게임에 말려들고 있다는 것이다. 왜냐하면 규칙은 강한 자의 이익에 맞게 항상 변화되고 있기 때문이다. 따라서 기본소득을 주장하면서도 자본주의 생산관계에 이의를 제기하지 않고 계급권력의 구조에 대해서도 아무런 언급도 하지 않는 것이다.

하지만 모든 사람을 노동시장에서 어느 정도 독립시켜 평등한 지위를 보장하려는 의도는 노동자의 권력을 강화하게 될 것이다. 그러므로 생산수단의 공동소유자이면서 자립하는 시민이 민주적으로 경제를 통제하도록 지원할 수 있다. 또한 북유럽 복지 모델보다 더욱 적극적으로 탈상품화를 지원하므로 빈곤이나 사회적 배제를 제거하여 사회적 공정을 촉진할 수 있다. 포스트 복지국가에 적응하도록 지원하면서 점진적으로 근본적인 개혁을 실시하도록 계획하는 데 유용한 모델을 제공할 수 있을 것이다. 그러나 생산수단의 진정한 소유와 통제가 무엇인가에 대해서는 구체적인 실체를 밝히지 않고 있다. 오히려 사람들이 의존할 수 있는 경제적 보장을 기본소득을 통해 최소한 받을 수 있으므로 무제한적인 시장의 힘이 작동하도록 면죄부를 주는 결과를 만들 수 있다. 공정한 사회에 기여하지 않는 무임승차, 노동조합의 조직력 약화 등을 초래하여 사회적 배제가 더욱 고착될 수도 있다. 강력한 사회통제 기제로 기본소득이 작동할 가능성이 있는 것이다. 가령 우리는 기본소득을 받고 있다는 구실로 소득이 낮아도 그 어떤 사회적 배경도 비난할 수 없고 빈곤의 원인을 개인의 무능력으로 돌릴 수 있다. 사회문제의 구조적 원인은 외면하는 허위의식만 생길 것이다. 또한 기본소득은 자본주의 경제의 물적 기반에 의해 기능하므로 자본주의를 초월하는 대안적 사회로의 이행에 방해가 될 것이다. 만일 사회주의 이데올로기를 포기하지 않으면서 그 장점을 극대화하는 기본소득이 가능하다면 해답을 제시할 수 있다. 이에 답하기 위해서는 시장경제와 사회주의 시스템을 연결하는 사회주의 버전의 기본소득, 즉 사회배당에 대한 검토가 필요하다.

　사회배당을 도입하기 위해서는 시장사회주의 경제와 같이 재산 소유의 성질을 바꿀 필요가 있다. 시장사회주의란 시장경제가 아니면 경제가 효율적으로 기능하지 않는다는 주장에 대하여 시장과 계획 쌍방의 이익을 향수하기 위하여 시장에 의한 생산과 소유, 분배정의와 공공 소유를 결합시키는 것이다(Lange and Taylor, 1938; Fitzpatrick, 1999). 시장사회주의 논의는 그동안 수면 아래 있었지만, 현존하는 사회주의 국가의 붕괴와 사회민주주의 세력의 보수화 등으로 좌파 진영에서 불러일으킨 논쟁이었다(Fitzpatrick, 1999:160-164).

기본적 모델은 두 가지로 분류할 수 있다. ① 소비재와 노동시장은 존재하지만 자본시장은 없는 시장사회주의(제1모델), ② 소비재와 노동, 자본시장에 어느 정도 노동자의 소유와 통제를 가미하는 시장사회주의(제2모델)이다. 제1모델의 경우, 중앙계획국(Central Planning Board)이 경제에 대한 전체적인 투자계획을 결정하며 생산자원을 공유기업에 배분한다. 그리고 수요와 공급 예측을 바탕으로 물가를 정하고 항상 재조정한다. 아울러 기업인은 상품을 효율적으로 생산해야 한다. 제2모델의 경우, 정부가 전체적인 투자계획을 설정하며 협동기업(coorperative firms)은 공공은행들에서 자본융자를 받기 위하여 경쟁하며 소비시장에 다른 기업과 경쟁한다. 이에 기업 구성원은 제품과 생산 공정, 이윤 분배를 결정한다. 아울러 전체 노동자가 투표권을 가지지만 권한은 선출된 경영자에게 위임된다.

사회주의 경제를 통해 자원 배분을 합리적으로 배분하는 것이 이론적으로는 가능할지 몰라도, 실제로는 교환되는 정보 모두를 조정하기 위해서는 어마어마한 계산을 순간적으로 해야 하므로 그런 조정을 효율적으로 할 수 있는 것은 자유시장의 가격조정 기구가 더 우월하다는 것이 시장주의자들의 견해이다. 그렇지만 시장에서의 수요 및 공급 변화와 가격 조정 메커니즘을 가상적으로 계산하는 것은 가능하므로 물적 및 인적 자원의 낭비 없이 시장을 통한 자원 배분의 효율성을 유지할 수 있다고 사회주의자들은 주장한다. 제1모델에 비하여 중앙에서 이루어지는 계획이 보다 유보적으로 되는 것이 제2모델이다. 실질적인 경쟁과 시장이 채택되고 노동자의 협동조합이 보다 큰 역할을 하게 되지만 그와 평행하게 민간기업도 유지된다. 이 모델에서는 중앙계획국이 자본을 융자해 주는 공공은행으로 치환되어 있다. 공공은행들은 상호 경쟁하고 민간은행과도 경쟁한다. 이와 같은 서로의 차이에도 불구하고 그 배경에 있는 이론적 근거는 시장경제의 부담을 최소화하면서 그 장점은 유지하려는 데에 있으므로 제1모델과 비슷한 측면이 있다.

그런데 시장과 사회주의를 단순한 형태로 혼합하는 것이 쉽지 않을 것이다. 만일 사회주의가 경제를 집합적이며 민주적으로 통제하는 것을 의미한다면, 시장의 다양한 요구에 따라 경쟁적으로 조정되는 시스템과 사회주의는 양립할 수 없을 것이다. 욕망을 통제하는 협동적인 이타주의와 관계되는 사회주의와 경쟁적이고 탐욕스런 이기심이 작동하는 시장이 어떻게 양립할 수 있을까? 또 사회주의가 사회적 공정과 평등을 강조하는 관계라면, 소득 불평등이나 시장에서 발생하는 실업과 어떻게 조화를 이룰 수 있을까? 자유주의 관점에서는 모든 노동자가 협동경제를 원하지 않는다고 본다. 만일 바라고 있었다면, 훨씬 오래전에 협동경제가 만들어졌을 것이다. 시장사회주의는 매우 불안정하다. 예를 들어, 공공투자은행은 시장사회주의 경제를 국가의 중앙집권 시스템으로 통합시키는 계기가 되지만, 공공투자은행이 자율적이고 경쟁적인 형태로 변하게 되면 마지막에는 민간기관으로 되어 시장자본주의에 역행하게 된다.

현실적으로 시장사회주의의 가장 적절한 형태는 스페인 몬드라곤 협동조합(1956년 설립)이라 할 수 있다. 수만 명의 노동자가 여기에 관여하고 있으며, 산업협동조합은 냉장고에서 자전거까지 모든 것을 제조하며 은행과 기술협동조합, 사회보장협동조합, 연구개발협동조합과 같은 다양한 이차적 협동조합이 지원하고 있다. 몬드라곤 시스템은 스페인 유수의 민간기업과 비교해도 노동자 일인당 생산성과 매출이 높은 수준을 달성하고 있다. 사실 협동조합은 스페인 경제의 성장률보다도 빠른 속도로 성장하고 있으며, 최근 금융위기로 흔들리는 경제 불안에도 큰 영향을 받지 않고 있다. 그런 안정적 성장의 기반에는 이차적 협동조합으로부터 재정적·기술적·전문적 지원을 받고 있는 데에 있다. 또한 실업을 방지하기 위한 목적으로 노동자를 해고하지 않고 기업 규모를 확장함으로써 임금비용의 저하를 추구하는 기업으로 동기화되어 있는 것도 이유이다. 따라서 시장사회주의라는 대안이 대규모로 진행될 수 있다고 주장하는 사람들은 오랫동안 몬드라곤 협동조합을 언급해 왔다.

이런 논쟁의 옳고 그름을 떠나, 시장사회주의 경제에서 사회배당은 어떤 특징을 가지고 있으며 기본소득과 어떤 관계가 있는지 살펴보자. 사회배당은 시장사회주의 경제에서 다음과 같은 특징을 가진다. ① 시장실패를 바로잡도록 지원하는 점에서 기능적인 역할을 할 수 있다. 이는 소득이전 시스템을 유효 수요 관리를 위한 수단이라 인식하는 케인즈주의 복지국가와 유사하다. ② 재분배 역할을 수행한다. 시장사회주의는 성공한 기업과 종사자와 그렇지 못한 기업과 종사자의 불평등을 유지한다는 비판이 있는데, 사회배당은 성공과 실패의 격차를 좁혀 기업의 이윤을 재분배하는 방법이 될 수 있다. 이와 같은 역할들은 기본소득이 자본주의 경제에서 할 수 있는 역할과 실질적으로는 거의 차이가 없다. 하지만 시장사회주의 경제에서는 공공은행이 자본을 융자하고 이 자본으로부터의 수익을 전원에게 평등하게 분배할 수 있다. 이는 기본소득이 할 수 없는 역할이다. 따라서 기업 이윤이 사회의 극히 일부에게 분배되는 것이 아니라 과세 후에 분할되어 모든 가정에 분배된다. 국민소득의 일부로서 임금이나 이자의 형태가 아니라 생산수단의 소유자인 국민 모두에게 귀속하는 것이다 (Roemer, 1992). 기본소득은 생존수단으로서 개인과 연결되므로 전통적인 소득이전 방식과 다르지 않다. 반면 사회배당의 목적은 사회적 부의 공유를 통해 생산수단으로서 연결되는 것이다. 따라서 사람들은 사회적 자본의 공동주주로서 배당을 받게 되는 셈이다. 경쟁의 장에서 발생한 이윤을 공유하는 수단이므로 임금계약을 통한 분배보다 더욱 공평할 수 있다. 시장에서의 이윤이 노동자에게 환원되면 그 이윤의 일부는 기업 구성원으로서의 개인에게도 환원된다. 당연히 다른 조직보다 업적이 양호한 기업은 소득격차가 생길 가능성이 있다는 것을 의미한다. 물론 환원되는 이윤의 일부를 소득보장으로 돌려 전원에게 최저한 소득을 제공한다.

제임스 미드(James Meade)는 정부가 주식을 취득하여 이를 특별기금으로 운용하는 구조를 제창하였다. 그는 사회배당이 국민소득 중 소비에 충당되는 액수와 자본발전을 위하여 배분되는 액수를 통제하기 위한 수단, 즉 정부가 수요를 관리하고 실업을 억제하는 장치가 될 것이라 믿었다. 그러나 실업자 증가와 인플레이션의 진행, 조합주의의 쇠퇴와 국가 역할의 쇠퇴 등 경제상황의 변화에 따라 사회배당을 지지하는 이유가 변화되었다. 1970년대 이전까지는 사회배당이 재산을 사회화하는 역할을 할 것이라 믿었다(Meade, 1993). 그러나 그는 만년이 되면서 사회·경제적 개혁을 위한 수단이라 생각하였다. 완전고용을 지향하고 인플레이션을 해결하기 위해서는 노동시장 참여자가 비참여자를 희생시켜 이익을 추구하는 상황을 개선해야 한다고 보았다(Meade, 1984). 그러나 임금체계를 단순히 이윤의 공유체계로 전환하는 것만으로는 실업을 해결할 수 없다고 보았다. 따라서 보다 많은 일자리를 만들어 내기 위해서는 임금비율을 낮추어야 하는데, 커지는 소득격차를 줄이기 위하여 그와 동시에 사회배당을 도입하는 급진적 제도 개혁을 주장하였던 것이다. 그는 국민부채(National Debt)를 국민자산(National Asset)으로 순차적으로 전환할 것을 주문하였다. 중요한 것은 일반과세에 의해 투자를 하고 기업의 이윤 배당을 공적으로 이용할 수 있게 하지만, 경영은 민간의 손에 남겨 둬야 하는 것이다. 복지국가에 의한 소유나 통제에 있어서 국가는 소득 증대에 의한 편익을 향수하지 못하는 소유자였으나, 사회배당을 통해서 국가는 관련 기업에 대한 경영 책임 없이 일정한 자본을 소유함으로써 소득을 얻을 수 있다. 사회배당은 그것이 도입될 때는 기본소득처럼 세금에서 재원을 조달하는 기본소득의 일종이라 생각할 수 있다. 국가는 국부의 상당한 비율을 향유하는 간접적 소유자이면서, 국부로부터 나오는 배당은 해당 국가의 모든 시민에 대하여 사회배당으로서 분배할 수 있다(Meade, 1990).

한편 뢰머(Roemer)는 시장사회주의 모델을 구상하면서 두 가지 형태의 화폐 사용을 제안한다(Roemer, 1996). 하나는 상품화폐로서 소비하는 상품 구입에 사용할 수 있는 현금이다. 다른 하나는 주식화폐이다. 이는 투자신탁을 통하여 기업의 소유권을 구입하는 데 사용되는 쿠폰이라 생각하면 된다. 어떤 형태의 화폐든 한쪽으로 태환할 수 없고 현금으로 쿠폰을 구입할 수 없으며 쿠폰의 환금도 불가능하다. 금융거래는 시민, 공기업, 투자신탁, 국고와 같은 네 개의 집합적 행위자 사이에서 이루어진다.

뢰머의 이 모델에 따르면, 모든 시민은 성인이 되면 국고로부터 정액 쿠폰을 받는다. 이 쿠폰은 투자신탁 구입에만 사용할 수 있다. 마찬가지로 공기업 주식을 취득할 수 있는 것은 투자신탁뿐이며 취득 시에 성인시민에 의해 투자된 쿠폰을 사용한다. 기업은 주식으로 대신 바꾸어 입수한 쿠폰을 국고에서 투자자금으로 교환할 수 있다. 또한 국고로부터 현금으로 쿠폰을 구입할 수도 있다. 투자신탁은 기업주식을 보유함으로써 기업이윤을 나눌 권리를 가진다. 성인 시민은 투자신탁을 통하여 그 수익을 받을 수 있다. 시민이 사망했을 때에는 투자신탁이 매각되고 쿠폰은 국고로 환원된다. 그리고 그 쿠폰은 성인이 된 시민에게 다시 발행된다. 따라서 쿠폰은 각 시민에게 평생 동안 현금수입을 제공하지만 태환이 불가능하므로 가난한 시민도 기업의 소유권을 매각할 수 없다.

이 모델은 시장사회주의의 한 형태라 할 수 있다. 뢰머는 시장사회주의를 배분 메커니즘을 사회화하는 형태라 생각하여 노동자가 경영하는 협동조합을 피하고 있다. 이런 시스템에서는 모든 개인의 수입원은 노동의 대가로 받는 임금, 저축 이자, 쿠폰으로부터 생기는 소득, 사회배당 등 네 개 항목이라 할 수 있다. 시장사회주의 경제에서는 기업은 비교적 소수의 은행 주변에 조직될 것이다. 예를 들어, 특정 은행이 여러 회사와 연결되어 있는 것이다. 이때 각 회사는 타 회사의 주식을 소유하고, 은행은 모든 회사의 주식을 보유할 것이다. 이들 계열조직의 목적은 은행이 주도적인 역할을 하면서 상호 감시 제도를 통하여 경쟁력을 보증하고 이윤을 극대화하려는 데에 있다. 따라서 개인들이 받는 사회배당의 원천은 주로 국가로부터 집권적으로 분배되는 것과 계열로부터 분권적으로 분배되는 두 가지 통로가 될 것이다. 사회배당은 모든 사람에 대하여 평등하게 지불되지는 않지만, 국가로부터의 사회배당만이 조건 없이 제공될 것이다.

우리는 과연 기본소득을 사회배당의 원형이라 볼 수 있을까? 피츠패트릭은 양자를 구별하였다(Fitzpatrick, 1999). 즉 기본소득은 자본주의 경제에 있어서의 조건 없는 소득이며 생존수단과 관련된 시민 개개인의 소득 이전이다. 그런데 사회배당은 사회주의 경제에서의 조건 없는 소득이며 시민을 생산수단에 관계하게 만드는 이전소득이다. 기본소득 재원을 국민자산이나 조세 형태로 조달하여 어느 정도 관대한 수준의 급여로 제공하는 것은 가능할 것이다. 국민자산의 형태는 알래스카영구기금(Alaska Permanent Fund, APF)과 같은 형태이다. 현 시점에서 이 기금은 사회배당의 맹아라 평가된다(Fitzpatrick, 1999). APF는 알래스카 주민 개개인에게 시민권을 기초로 현금을 배분하는 것이다(Brown and Thomas, 1994). 1997년부터 알래스카주는 인근 연안에서 생산되는 원유 수입의 로열티를 바탕으로 그 수입의 약 20%를 신탁 재원 기금으로 저축하였다. 1982년 이후부터 투자에 합당한 이익을 주민들에게 연 1회 배당해 왔다. 물론 경기변동에 따라 그 가치는 달라진다. 1982년에 배당가치가 1인당 1,000달러였으나 이후 서서히 하락하다가 1985년 이후 1,500달러를 상회하였고 최근에는 금융위기 영향으로 하락하고 있다. 이 기금은 경기순환의 조절 수단이라는 경제적 논리도 있으며, 미래 세대를 포함한 전 주민이 공유하는 자산을 바탕으로 한 배당이라는 도덕적 근거도 있다. 이 기금의 효과는 물론 주민 개인의 소득을 향상시키는 것으로, 평균 2~3% 정도 인상시키는 효과가 보고되었다. 또한 이 기금은 고용을 평균 3% 창출하였으며 경기후퇴를 방지하는 효과를 내었다(Brown and Thomas, 1994). 물론 알래스카는 사회주의 국가가 아니며, 이 제도는 사회주의 제도도 아니다. 그렇다고 해도 사회주의적 희망이 녹아들어 있는 공동소유와 공동분배의 원형이라 이해할 수 있다고 생각한다.

　기본소득과 관련된 사회배당의 장점은 노동자의 권력을 확대하고 모든 사람이 평등하고 자율성을 가질 수 있다는 것을 보여 주고 급진적인 개혁을 가능하게 한다는 것이다. 고용에 끼치는 영향은 사회배당이 도입되는 사회·경제적 맥락에 좌우될 것이다. 경제 개혁이 고용 친화적인 효과를 낳을지 여부를 선험적으로 판단하기는 곤란하다. 그렇지만 사회배당은 학술적인 논쟁 그 이상을 뛰어넘을 가능성을 보여 주고 있지 못하다. 시장사회주의가 실현된다면 사회배당도 실현될 것이라 생각되지만, 구체적인 전망이 보이지는 않는다. 기본소득은 사회배당보다도 더욱 이데올로기 중립적이므로 상대적인 실현 가능성은 더 높다고 생각된다. 사회배당은 기본소득에 대해 가해졌던 비판과 마찬가지로 화폐경제에 얽매여 있는 것이 아닌가? 우리가 자본주의 이후 사회를 어떻게 상정할 것인가에 따라 그 가능성은 달라질 것이다. 포스트 자본주의 사회가 화폐가 필요 없는 풍요한 사회가 될 것이라고 생각하는 사람들에게는 효율적인 분배란 개념은 존재하지 않으므로 시장사회주의나 사회배당이 유토피아적인 허황된 공상은 아닐 것이다.

　지금까지 논의를 정리해 보면, 기본소득 지지자들이 기본소득을 지지하는 이유 중의 하나는 자본주의 사회를 기본소득을 통해 개혁할 수 있다고 생각하기 때문이다. 또한 기본소득이 포스트 자본주의 사회로 전환하는 계기를 제공하므로 이를 지지하는 경우도 있을 것이다. 기본소득은 사회배당의 선구적인 형태이며 사회배당은 생산수단의 소유를 사회화하는 역할을 할 수 있다. 그러나 사회주의 사상에 기여하는 부분이 전혀 없기 때문에 기본소득 도입으로 사회주의로의 이행이 오히려 방해받을 것이라는 비판도 있다. 즉 기본소득은 권력은 가지지 못하고 착취당하기만 하는 노동자로 이루어진 경제에 대한 규제를 완화해 버리는 결과를 초래한다는 것이다. 우리들은 찬반 논쟁에 대한 결정적인 답을 도출할 수는 없다. 사회주의와 관련하여 기본소득이 과연 어떤 역할을 할 수 있을까? 기본소득이나 사회배당이 사회주의에 필수적이라고는 생각되지 않는다. 그렇지만 완전히 배격해 버리는 것은 너무 성급하다. 기본소득이 어느 정도 중요성을 가질지는 그것이 제도화되는 사회·경제적 환경에 의해 변용될 것이다.

4) 여성에게 이익이 되도록 지급하라

여성주의 관점에서는 기본소득이 여성의 이익을 촉진시킬 것이라 기대한다. 기본소득은 여성의 자립능력을 자극한다는 것이다. 왜냐하면 기본소득이 여성 개인에게도 지급되며 고용상의 지위가 아니라 시민권에 근거하여 제공되기 때문이다. 여성은 남성에 비하여 경제적으로 자립하기 어려운 현실이므로 개인 단위의 소득이전은 여성의 자유를 확대한다. 그만큼 남성의 그것은 축소될 것이다. 급여 수급권이 노동시장 참가와 임금노동 수행에 의해 발생하는 생산주의 복지국가는 대부분의 전업주부 여성을 배제한 상태로 방치해 왔다. 가정폭력으로 고통당하는 여성들은 기본소득이 주어진다면 경제적으로 여유가 생기므로 더 이상 가족 울타리에 갇혀서 당하지 않아도 된다. 만일 개인이 어떤 상황에 놓이더라도 기본소득을 보장해 준다면, 모든 여성들, 특히 가장 약한 처지에 있는 여성이 억압적인 관계로부터 벗어날 능력을 높이게 될 것이다. 나아가 소득이 제공됨으로써 여성은 어느 정도의 경제적 보장을 얻을 수 있으므로 결혼을 최우선적인 생계 해결 수단으로 받아들일 필요도 없다. 또한 소득이 세대 내에서 과거보다 더 공평하게 분배되도록 촉진한다. 여성 배우자가 가계 지출을 매일 구체적으로 관리하는 가정이라도 다수의 자원을 지배하고 있는 것은 남성이다. 기본소득을 남성과 여성에게 평등하게 지급하고 아동의 기본소득까지 엄마에게 지급한다면 남성이 주된 소득원이라 해도 가족 수입에 있어서 여성의 영향력이나 발언권은 훨씬 강해질 것이다.

기본소득은 가정이나 돌봄 책임에 대하여 여성 노동의 지위를 향상시킨다. 또한 생활하기에 충분한 수입을 얻기 위하여 임금노동에 강제적으로 종사하지 않아도 되게 하므로 성별 분업을 약화시킨다. 기존의 소득보장 시스템은 고용형태에 근거하여 편성되어 왔다. 무조건 기본소득이 실시되면 소득이전 시스템의 적용 대상이 확대된다. 기본소득은 돌봄이나 가사 노동을 통해 재생산을 행한 대가로 주어지는 것이 아니다. 현재 복지제도는 노동하지 않는 사람들을 대체적으로 배제하지만, 기본소득은 그렇지 않다. 이 때문에 기본소득은 가족의 가치를 높이고 친족 네트워크를 적극적으로 확장할 수도 있다. 또한 지급되면 세대 구성원이 지금처럼 임금노동활동에 의존하지 않아도 되므로 유상노동에 대한 의존도는 크게 낮아질 것이다. 이에 따라 남성의 노동시간 단축이 장려되며, 그들이 가정에서 가사 활동에 노력할 책임을 다할 기회가 주어질 것이다. 그렇지만 기본소득 지지자들은 통상적으로 성 역할 분업이 약화될 수는 있지만 완전히 해소될 수는 없다고 생각한다. 관련 분야 전체의 개혁이 수반되지 않는다면 사회적 성 역할을 고착시킬 뿐이다.

기본소득이 성 역할 분업을 해소하려면 여성의 고용기회 문제를 해결해야 한다. 여성의 노동 여부는 배우자의 고용상태가 영향을 미칠 것이다. 배우자가 실업하고 있을 때 당사자의 수급자격은 여성 배우자가 가계에 보태는 수입에 영향을 받는다. 때문에 여성이 일을 계속하더라도 가계 전체 수입의 수지가 맞지 않다. 이런 상황에 처하는 여성 대다수는 그때까지 가계에 보태 왔던 수입을 단절하고 복지 제도로부터의 자립을 회피하게 된다. 이는 맞벌이 가족과 주된 부양자가 없는 가족 사이의 분단을 심각하게 하는 원인이 되고 있다.

기본소득 구상하에서는 이와는 반대로 남성의 수급자격은 여성 파트너가 가정에 보태는 금액의 영향을 받지 않는다. 따라서 남성 배우자가 실업 상태에 있어도 여성에게 있어서 노동을 계속할 가치는 줄어들지 않는다. 파트타임 노동에 참가하는 여성이 금전적으로 유리하며 파트타임 노동과 풀타임 노동 사이의 분단 해소에 일익을 담당하고 있다. 시민연금과 같은 기본소득 형태의 이전소득은 남성 주소득자 모델을 초월하므로 양성을 대등하게 취급한다. 따라서 여성 연금 수급자의 실질적인 노후소득을 인상시킬 것이다. 또한 역으로 기본소득에 의해 남성으로부터 여성으로의 소득 재분배를 기대할 수 있다.

복지국가를 관료주의적인 급여 행정 방식에서 벗어나게 하는 효과도 있다. 여성 수급자는 이성과의 동거 여부를 확인하는 과정에서 사생활이나 성적 행위에 관련된 질문을 받을 가능성이 남성에 비하여 높을 수 있다. 그것은 여전히 남아 있는 남성 의존적 규범 때문이라 생각된다. 따라서 사회복지 제도에 수반되는 사회통제나 행정 감시는 젠더 관계에 심각한 영향을 미친다. 여성 의존에 관한 성차별적인 선입견이 남아 있으므로 여성 수급자는 남성 수급자에 비하여 국가 개입을 받기 쉽다. 하지만 기본소득은 미혼과 기혼, 동거와 관계없이 개별적으로 지급되므로 국가가 사람들을 방해하지 않게 한다. 개혁은 결국 여성에게 보다 많은 이익을 제공하게 될 것이다.

그렇지만 기본소득을 옹호하는 사람들은 탈상품화와 핵가족화를 동일 선상에 두고 혼동하기도 한다. 시장으로부터의 자유 또는 상대적 자유를 의미하는 탈상품화는 의미가 다르다. 여성 대다수는 이미 탈상품화되어 시장 탈퇴의 자유를 어느 정도 확보하고 있으므로 여성 지위 향상을 평가하는 개념으로는 적당하지 않다. 여성의 사회적 지위를 표현하는 데에는 오히려 탈가족화 개념이 적절할 것이다. 경제활동 중심의 시장에 의존하고 있는 것이 아니라 비임금노동 중심의 가정에 의존하고 있는 정도를 평가해야 할 것 같다. 따라서 여성주의 사회정책은 탈상품화의 젠더적 형태, 즉 탈가족화가 목표여야 한다.

물론 기본소득이 성별 분업을 해결하기 위해 노력하기보다는 사실상 그것을 고착시키는 효과도 있다. 기본소득이 시장으로부터의 자유를 남성과 여성이 동등하게 나누는 효과를 가질 경우, 예를 들어 기본소득 지급이 화요일에 실시되었다면 남성과 여성은 수요일에 스스로의 생활에 대하여 자율적인 결정을 내리게 될 것이다. 분명히 기본소득을 받으면서 더 적게 일할 수 있게 되었으므로, 남성은 임금노동에서 해방되는 시간을 늘릴 것이다. 하지만 늘어난 여가시간만큼 남편이 가사 노동에 종사할까? 남성은 여전히 여성의 가사 노동에 무임승차하면서 시장에 있어서의 자유는 확대할 가능성이 있는 것이다. 여성은 여전히 사적 영역에서 활동하지만 공적 영역에서는 충분한 활동 기회나 발언을 얻지 못할 것이다. 여기서 중요한 것은 기본소득이 무상노동의 가치를 인정할 가능성을 지니고 있지만, 누가 실제로 그것을 담당할 것인지에 관해서는 분명하게 말할 수 없다는 것이다. 그렇다면 노동시장의 성 차별을 제거하는 데 아무런 도움이 되지 않는 불확실한 상상으로 전락할 것이다.

기본소득이 가진 많은 장점들, 즉 유상 및 무상 노동의 선택을 인정하거나, 어떤 사람이 노동시장으로부터 벗어나도록 지원하는 것, 그 자리에 현재의 비자발적 실업자가 들어가도록 지원하는 것 등에도 불구하고 노동시장에서 퇴출하는 주된 인력인 기혼 여성이 다시 노동시장에 참가할 것이라는 보장도 없다. 여성 노동자의 빈 자리를 남성 노동자가 주로 차지할 수도 있다. 즉 고용 친화적이지만 역으로 그것을 상쇄하는 효과를 동시에 제공할 수도 있는 것이다.

다른 한편으로 여성 노동자와 무직 여성의 소득격차를 축소하는 결과를 초래하여 여성들이 자발적으로 무직 상태로 남아 있도록 자극할 수 있다. 무조건적으로 지급되고 비교적 낮은 소득이더라도 세금을 납부해야 되는 상황이 결합되면 저임금 노동자 대다수가 노동시장에서 퇴장하게 될지 모른다. 그때 저임금 노동자 대부분은 여성으로 구성되어 있으므로 노동시장에 대한 젠더 불평등을 다시 깨닫게 될 것이다. 나아가 기본소득의 목적이 노동시장의 규제 완화와 유연화에 기여하고 시장 및 고용 실패에 대한 충격 완화에 지나지 않는다면 단순히 질 낮은 저임금 일자리를 만들어 낼 뿐이다. 그렇게 되면 기본소득은 성별 분업과 노동시장 분리를 더욱 강화하게 될 것이다. 여성주의 입장에서 최악의 시나리오는 남성에게는 최저소득이지만 여성에게는 최대소득으로 작동하는 기본소득이다.

기본소득 지지자는 그와 같은 역효과 가능성을 거의 고려하지 않는 것 같다. 비관적인 시나리오는 가능하지만, 완충 수단을 선택하면 방지할 수 있다는 것이다. 성별분업과 노동시장 분리에 대항하는 정책을 패키지로 채택하면 효과적이다. 예를 들어, 최저임금의 현실화와 폭넓은 육아 지원을 하고, 여성의 노동시간을 단축시키며, 정치나 사회정책에 폭넓게 연계되는 일과 가정 양립지원 정책과 같은 다양한 수단을 동원할 수 있다. 그런데 저소득 여성과 성공한 여성 경영인 등 골드미스에 대하여 모두 동일한 액수의 기본소득을 지급하면 오히려 여성 내부의 계급 격차가 고정되지 않을까? 여성들 사이의 개별적인 차이를 무시하는 보편주의적 정책이 비현실적이 아닐까? 실제로 기본소득 자체는 젠더 차이에 대해 언급하지는 않는다. 여성을 경제적으로 자립시킴으로써 사회권을 실현할 수 있지만, 남녀 사이의 가사나 돌봄 책임을 나누도록 유도하지도 않는다. 따라서 오히려 성별 분업을 쉽게 고착시켜 버릴 가능성이 있다.

만일 여성주의와의 정책 패키지를 설계한다면, 그 속에서 기본소득은 어떤 역할을 할 수 있을까? 이에 참고할 수 있는 모델이 널리 활용되는 프레이저(Fraser, 1997)의 여성주의 복지모델이다. 구체적으로는 여성의 고용을 촉진하고 젠더 평등을 촉진하려는 보편적 주소득자 모델, 비공식적 돌봄 노동을 지원하고 젠더 평등을 촉진하려는 돌봄 제공자 등가 모델, 돌봄 책임이 남녀 사이에 공평하게 분배되는 보편적 돌봄 제공자 모델 등이다. 이들 모델의 내용을 보다 구체적으로 살펴보자.

첫째, 보편적 주소득자 모델은 그 목적이 여성을 남성과 대등한 시민, 즉 주소득자로 하는 것이다. 여성이 그 목적을 달성하기 위해서는 임금이 지불되지 않는 노동을 담당하는 책임에서 스스로를 해방시키고 취업을 가능하게 하는 서비스, 평등한 기회를 촉진하기 위한 직장 개혁, 여성의 직장 근무를 이해시키기 위한 문화적 개혁, 매력적인 일을 대량으로 창출하기 위한 경제정책, 남성과 대등한 수급자격을 보장하기 위한 사회보험 개혁이 필요하다. 돌봄 노동은 가족으로부터 시장과 국가로 이관될 필요가 있다. 단, 돌봄 노동의 지위도 높아져야 한다. 급여는 고용상의 지위나 기록과 강하게 연관되므로 잔여적인 자산조사와 조건부 안전망은 여전히 필요하다. 이 모델은 여성의 근로활동을 남성에 근접시키려는 시도이다. 즉 주소득자 개념을 탈젠더화하여 여성이 남성과 대등한 조건에서 경쟁할 수 있게 하려는 것이다. 이 모델이 실현되어도 거기에서 기본소득이 큰 역할을 할 수는 없을 것이다. 기본소득이 노동시장의 규제를 완화하거나 규모를 축소하는 일 없이 고용 친화적인 효과를 가진다면 어떤 유용한 역할을 할 수도 있다. 그렇지만 임금노동과 무관하게 지급되고 가정 내에서 이루어지는 무상의 돌봄 노동의 가치를 인정한다는 사실은 이러한 정책 내용의 일부가 될 전망이 없다는 것을 뜻한다.

둘째, 돌봄 제공자 등가 모델은 그 목적이 젠더 평등을 촉진하는 수단으로서 비공식적 돌봄 노동을 지원하는 것이다. 이 모델은 사람들을 노동시장으로 모으는 것이 아니라 돌봄 책임을 가지는 여성이 돌봄 노동을 하거나 파트타임 노동과 잘 조합하여 스스로 가족을 지탱해 나가도록 해야 한다고 주장한다. 이는 여성을 남성에 가깝게 만드는 것이 아니라 대다수 여성이 행하는 돌봄 노동의 지위를 대다수 남성이 행하는 임금노동의 지위와 동등한 수준으로 끌어올리는 것을 뜻한다. 따라서 여성은 풀타임 고용과 노동, 파트타임 노동과 고용 사이를 왕복하게 될 것이다. 이런 목적을 이루기 위하여 여성에게는 주소득자의 임금에 부응하는 수준으로 설정된 돌봄 수당, 직장 개혁, 구직 정보와 재교육, 노동시간 유연화, 광범위한 사회복지 프로그램 등이 필요하다. 이런 모델하에서 돌봄 노동의 대부분은 가정 내에서 이루어지게 되지만 공적인 기금을 통해 대규모 지원이 이루어져야 한다. 파트타임 고용이나 돌봄 노동에 종사하였을 때의 보험 급여 수급권은 정규직에 종사하였을 때와 동일하게 되어야 하는데, 잔여적인 공공부조도 그대로 유지되어야 할 것이다. 이 모델에 있어서 기본소득이 유효한 부분은 지급됨으로써 파트타임 노동에 의한 소득이 낮더라도 전체적인 소득은 증가될 수 있으므로 전체 수입을 높일 수 있다는 것이다. 그렇지만 만일 수입 금액과 돌봄 제공 유무와 관계없이 기본소득을 전원에게 정액으로 지급한다면, 이 모델이 목표로 하는 '임금노동과의 등가'는 실현되지 못할 것이다. 그렇지만 참가소득이라면 돌봄 활동의 가치를 상당 부분 강조할 수 있으므로 충분히 고려할 만하다. 또한 자산조사 없는 추가적인 급여이므로 파트타임에 의한 수입이 매력적이 될 수 있다. 상대적으로 참가소득이 등가적 접근에는 타당하다고 생각된다.

셋째, 보편적 돌봄 제공자 모델은 기본적인 돌봄 노동을 남성이 여성과 공평하게 수행하면서 남성이 여성의 생활양식을 받아들이는 것이다. 이는 기본적으로 소득활동과 돌봄 활동을 교대로 행하는 것을 의미한다. 현재는 이런 역할을 결합하여 일과 가정의 양립을 도모하는 여성에게는 부담이 가해지는 실정이므로 양자의 역할의 가치를 인정하면 여성의 부담은 공평히 나눌 수 있을 것이다. 이 모델은 실현 가능성이 어느 정도일까? 실현하려면 모든 직업을 파트타임 돌봄 제공자들을 위하여 설계해야 할 것이다. 즉 낮 동안의 노동시간을 풀타임 일자리보다 짧게 하고 취업할 수 있도록 일-가정 양립 지원 서비스를 제공해야 할 것이다. 또한 다양한 돌봄 노동활동을 국가와 가족, 시민사회 사이에서 분배하도록 촉구하는 문화적 변혁 운동이 필요할 것이다. 기본소득이 여기에서 할 수 있는 역할이 있을까? 시민권에 근거한 수급권이라면 기본소득이 여기에서 중요한 역할을 하는 것은 분명하다. 왜냐하면 탈공업사회에서는 보다 포섭적이고 보편적인 시민권에 근거하여 복지 제공을 조정하는 것이 중요해지고 있기 때문이다. 기본소득은 개인에게 유상노동을 강제하지 않는 것처럼 무상노동도 강제하지 않는다. 여성의 돌봄 노동에 남성이 단지 무임승차하는 것을 싫어하는 사람 입장에서는 실제로는 돌봄 노동에 유리하게만 작용하지 않을 것이다. 나아가 실현 가능성의 문제로 돌아가서, 탈공업화된 노동시장은 기본소득에만 재정을 부담할 수 없을 것이다. 따라서 이 모델을 추구하는 여성주의자들은 보편적·무조건 급여가 아니라 참가소득을 최선의 선택지로 선호할 것이다. 무엇보다도 고용에 근거하지 않는 노동을 허용하기 위해서도 참가소득은 매우 유력한 대안이 될 것이다. 기본소득은 보편적 돌봄 제공자 접근의 형성에 공헌할 가능성이 있지만, 그것이 어느 정도인지는 확실하지 않다. 기타 다양한 돌봄을 제공하는 제도나 정책이 만들어진 후에 기본소득이 도입될지 모르지만, 참가소득이 선구적 역할을 할 수 있을 것이라 믿는 것 같다.

이런 세 가지 모델들이 효과를 내기 위해서는 공통적으로 사회정책의 개혁이 수반되어야 한다. 예를 들어, 기본소득이 악랄한 고용주를 지원할 가능성을 막기 위한 최저임금의 현실화, 다양한 복지 섹터를 초월하여 분배되는 광범위한 육아 관련 급여, 남성이 가정에서의 책임을 충실히 할 수 있도록 하고 여성이 공적연금 등의 수급권을 상실하지 않도록 보장하기 위한 남성과 여성의 노동시간의 재편, 동일 임금과 기회균등과 같이 동등한 처우를 보장하기 위한 법률 강화도 필요하다.

5) 생태적 변혁에 맞게 지급하라

생태적 관점에서 기본소득의 장점은 무엇보다도 경제성장을 둔화시킬 수 있는 잠재능력이다. 과거 높은 수준의 경제성장은 자본 축적의 필요와 개인의 물질적 욕망, 생산주의에 근거한 재분배 등 여러 가지 요인이 가속시켜 왔다. 어떠한 계기로든 과거 500조 원이던 한국의 GDP가 현재 1,000조 원으로 되었다면, 우리나라가 2배 정도 부유해졌다고 일반인들은 생각할 것이다. 재원이 많아질수록 욕구 충족도가 높아질 것이라 생각하기 때문이다. 그러나 물질적 재화의 효용은 공급량에 반비례하여 감소하며, 경제성장이 재화의 플러스 효과를 상쇄시킬 수 있다. 사람들은 소비재를 획득하려는 욕망이 있다. 성장을 위해서는 이런 자극이 필요하지만, 성장이 또한 그것을 증폭한다. 성장에 대한 이러한 욕망은 주변적 노동시장에 존재하는 저임금에 허덕이는 사람들의 비소비적 생활수준과 묘하게 대조된다. 주변적 노동시장도 성장을 위하여 필요하며 성장의 결과로서 확대된다(Beck, 1992). 소비와 비소비 사이의 모순에 의해 범죄와 갈등, 의존과 같은 다수의 사회적 불안이 발생할 수 있다. 그럼에도 불구하고 사람들은 복지는 지속적인 생산 확대에 의해서만 가능하다고 믿고 있다.

생태주의자들은 복지와 성장의 관계를 단절하고 성장 속도를 늦추기 위하여 특별한 방법이 필요하다고 주장한다. GDP와 같은 지표는 폐기하고 사회적 손실과 환경 파괴를 모두 고려한 환경 친화적 지표를 도입할 것을 제안한다. 새로운 지표에 따라 회계나 평가 절차가 변경되면 사회복지의 진정한 모습을 찾아내기 위한 기준을 수립할 수 있다고 한다. 그렇지만 기본소득을 도입하면 더 간단히 복지와 성장의 결합을 단절할 수 있을 것이다(Offe, 1996). 많은 사람들에게 분배되는 대부분의 급여는 사람들이 GDP 성장에 기여하는 공헌의 정도와 가능성에 근거를 두고 있다. 보험 및 부조 모델은 이와 같은 생산 대비 공헌 모델에 직결되어 있다. 사람들이 조건부 수급을 지지하는 이유도 개인의 생활에 대해서 세상 그 누구도 그 책임을 대신할 수 없다고 생각하기 때문이다.

하지만 기본소득은 기여와 급여의 연결을 무조건 단절하며 성장에서 근거를 찾지 않는다. 지위나 직업경력도 묻지 않으므로 생산주의를 지지하는 입장에서 제기되는 기본소득 비판은 생태주의 지지자들에게는 미담이 될 것이다. 예를 들어, 복지집합주의는 노동시장에서의 완전한 이탈을 막기 위하여 참가소득을 지지하지만, 생태주의 관점은 노동시장에서의 완전한 이탈이 승인되는 사회를 지지한다. GDP 성장에 실제로 공헌하고 있는 사람들의 규모가 줄어들수록 성장을 저지하는 데 더욱 큰 박차를 가할 수 있다. 임금노동을 그만두게 할 인센티브를 사람들에게 제공하기 위해서는 완전 기본소득이 더 낫다. 이론적으로는 기본소득 액수가 높을수록 GDP 성장률이 낮아질 것이라 생각되지만, 완전 기본소득의 즉각적 실현 가능성에 대해서는 회의적이다. 그것이 노동시장으로부터의 대량 이탈을 촉진하면 역설적으로 기본소득이 지속적으로 작동하기 위한 사회적 차원의 공급능력은 약해질 수 있기 때문이다. 따라서 경제를 축소하지 아니하면서 지속가능한 환경이 유지될 수 있는 범위로 성장을 서서히 둔화시키는 기본소득이 필요하다. 그런데 생태주의 입장에서 최적의 기본소득은 어느 정도 수준일까? 만일 기본소득이 약간 부족한 수준에 머문다면 노동시장으로부터의 이탈은 그다지 크지 않을 것이므로 GDP 성장도 크게 둔화되지는 않을 것이다. 실제 도입하지 않은 상황에서 그 영향을 충분히 평가할 수는 없지만, 분명히 바람직한 수준은 존재할 것이다. 오히려 생태주의에 있어서 기본소득은 경제적인 측면보다 공유의 가치를 구현할 수 있다는 점이 더욱 매력적이다. 자본주의 경제시스템은 공유하던 모든 것을 사유화하므로 그에 대하여 어떠한 형태로든 대가를 치를 필요가 있다.

현재의 사회적 부란 자연자원과 경제적·기술적 유산, 현재의 노동 및 기여자의 상호노력이라 할 수 있다. 사회적 부에 대한 기여와는 관계없이 지급되는 기본소득의 근거는 노동의 기여와 관계없이 지구 자원의 공동소유물로부터 나온 것이므로 정당화될 수 있다. 우리들은 지구 공동체의 시민으로서 자연자원의 공동 관리인이며 다음 세대의 공동 소유자로서 지구를 물려주어야 한다. 이는 재생 가능한 자원의 이용 노력 등을 의미하며 지구를 원시 상태로 돌린다는 의미가 아니다. 그렇지만 공유를 통해 얻을 수 있는 부의 일정 부분을 아무런 조건 없이 모두에게 분배할 수 있다는 것을 의미한다. 공유란 기본적으로 소유의 평등을 의미하는데, 현재의 소득이

전 시스템은 환경 파괴적인 성장에 가장 기여한 자에게 가장 많은 소유물을 안겨 준다. 반면 기본소득은 보험/부조 모델을 통해서는 얻을 수 없다. 생산주의를 초월한 공유의 윤리와 공동의 이익을 추구함으로써 현행 소득보장제도를 보다 평등하게 대체할 수 있는 현실적인 대안이 될 수 있다.

그러나 미래의 생태주의 사회를 위한 기본소득의 역할은 그 가능성이 무궁무진하지만, 실제로 그러한 사회로 이끌 힘은 약하거나 불확실하다. 원리적으로는 매력적인 논리로 보이지만 생태주의는 반물질적인 삶을 지향한다. 하지만 기본소득은 재원 조달을 위해서는 물질적인 풍요가 지속되어야 한다. 성장 대 반성장의 모순이 내포되어 있는 것이다. 물론 기본소득은 경제효율을 높이는 효과가 있으므로 생태주의자가 성장담론을 일정 부분 수용하고 기본소득을 지지한다면 환경 친화적인 성장을 강조하게 될 것이다.

기본소득은 경쟁이나 소유 이념을 수반하는 노동사회에서 벗어나서 다른 활동을 추구할 수 있게 한다. 하지만 그 활동이 생태 친화적이라는 보장은 없다. 오히려 또 다른 차원의 생산주의나 물질주의에 의존하게 될지도 모른다. 만일 개인에게 제공되는 기본소득을 받기 위해서는 일생동안 최저한의 노동은 해야 한다(Gorz, 1992)는 지적도 생산주의에 근거한다. 아무것도 하지 않고 생활비를 받는 자들이 존재하는 상태가 지속되면, 일하는 사람들을 자극할 뿐만 아니라 다른 프로그램 이용자에게도 심리적으로 나쁜 영향을 끼치게 될 것이다. 이와 같은 비판을 의식한다면, 충분한 기본소득이 지급되어도 생태적인 사회에서 유익한 활동이나 생활양식이 촉진될 것이라 확신할 수 없다. 오히려 적은 액수라도 참가소득과 조합하여 사회적으로 유익하고 생태 친화적으로 연결되는 활동에 지급하는 것이 더 현실적일 수 있다. 예를 들어, 기본소득을 사회적 기업과 같은 준시장적 경제 활동과 결합하여 녹색활동을 지원하는 것이다.

이와 같이 기본소득 구상은 탈생산주의와 생태적 환경에 어울려 보인다. 하지만 인간 이외의 다른 생명이나 미래 세대에 대한 의무에 대해서는 거의 언급하지 않는다. 분명히 경제성장이 환경에 대하여 끼치는 영향을 고려하지만, 기본소득이 도입되었을 때에 GDP 성장을 둔화시키는 영향이 어느 정도인지도 확실하지 않다. 전원에게 최저소득을 보장하며 고용윤리에 도전하지만 소득을 지급하기 위해서 필요한 생태주의적 생산이 가능한지에 대해서도 언급하지 않는다. 따라서 생태주의적 관점에서 제기되는 비판에 대응할 수 있는 기본소득을 그려낼 수 있을지 큰 과제를 던지고 있다.

우리들이 이와 같이 상상 가능한 정책 패키지를 도출할 수 있을까? 가령 기본소득을 자녀 2명까지만 지급하고 그 이후 자녀에게는 지급하지 않는다면 인구 증가에 불리하게 작용할 것이므로 인구 감소를 지지하는 생태주의자들에게는 정당화될 수 있다. 하지만 보편적 급여가 출산을 증가시킬 것이라는 명확한 증거가 없고 저출산 고령화로 인구 감소가 예상되는 이상, 이런 계획에 대해 적극적으로 찬성하기 어려울 것이다. 조세제도를 개혁하거나 노동시간을 단축하거나, 비공식 경제와 기본소득을 조합하는 대안도 생각할 수 있다. 조세제도 개혁에 관심이 있는 생태주의 이론가와 경제학자들은 1970년대 중반부터 과세는 오염과 같이 불필요한 것에 적용되어야 하며 근로에 대해서는 부과하지 않도록 주장하였다(Robertson, 1974). 그 이유는 사회로부터 감소된 가치에 대하여 과세하는 것이 아니라, 더해진 가치에 대하여 과세하는 것은 불합리하기 때문이다. 따라서 소득세는 재산세와 소비세로 전환되고 기존 소득이전 시스템은 보편적인 정액 급부로 전환되어야 한다. 왜냐하면 보험료 부담은 노동에 대한 과세이기 때문이다.

특히 로버트슨(Robertson)은 건전하며 인간적인 생태주의적 사회를 옹호하였다. 그 사회에서는 성장의 한계가 지켜지고 소유하기보다 현재 존재하는 그대로가 인간다운 것으로 존중받는다. 거기에서 가장 중요한 것은 무상 여부와 관련 없는 자기 자신의 일, 자주적으로 관리할 수 있는 의미 있는 활동이다(Robertson, 1985). 중요한 것은 스스로의 일에 있어서 돈이 가장 중요한 동기는 아니므로 유상노동에 종사하는 것이 중요한 규범은 아니라는 것이다. 기본소득은 임금 획득에 의해 결정되는 것이 아니다. 지속가능한 토지 이용을 장려하고 부당이득을 처벌하기 위하여 부동산세를 강화하는 것도 마찬가지로 중요하다. 지방 분권적으로 급여제도가 운영되고 국가의 압력은 감소되고 세계 경제가 개혁되면서 현재의 투기나 오염, 수입에 대하여 지구적 차원에서 과세가 실시되기 시작하면 기본소득으로의 이행이 가능하다고 한다(Robertson, 1989). 만일 기본소득이 도입되면 자원의 공동소유권이 확보되면서 제3섹터인 국가와 시장 이외의 주체에 의한 사회적 경제가 촉진될 것이다. 기본소득 도입의 이행 과정으로는 이윤에 대한 과세, 보험료를 포함한 소득세와 부가가치세의 단계적 폐지, 부의 자연적 및 사회적인 원천의 이용에 대한 과세, 토지 임대료의 징수, 공유자원의 이용에 대한 과세의 단계적 도입, 기본소득의 단계적 도입 등이 제안되었다(Robertson, 1989).

녹색운동은 오랫동안 생태적인 조세 개혁을 주장해 왔다. 제기된 개혁 방안 중 비교적 소극적인 것은 자본주의 조세제도 속에서 적어도 환경적 관점의 세제를 정비하는 것이다. 예를 들어, 오염자가 부담하는 환경세를 도입하여 청정 에너지 사용에 대해서는 대폭 감세해 주는 방법이다. 그러나 급진적인 생태주의자는 여기에 반대한다. 그 이유는 재산 소유 시스템이 개혁되면 이런 종류의 세금은 부자들의 오염 활동을 정당화하고 극빈층의 소득에 악영향을 끼칠 뿐이며, 사실상 효과가 없기 때문이다. 토지나 자원 채굴 단계에 대한 과세를 생태주의자들이 가장 선호하는 이유가 여기에 있다. 그들은 사회의 지속가능성을 위한 세제 개혁이 초래하는 역진성을 재분배적 방법에 의해 약화시킬 필요가 있다고 인식한다. 환경세가 기본소득과 패키지로 도입될 때만이 공유경제와 제3섹터의 확대·재분배가 달성된다는 것이다.

한편, 노동시간 단축을 주장하는 견해도 중요하다. 고르(Gorz)는 오랫동안 사회주의와 생태주의 전통을 독특하고 참신한 방법으로 연결하려 했으므로, 생태사회주의를 선도하는 이론가로 간주되었다. 그는 사회개혁의 출발점으로서 가장 필요한 것이 임금노동으로부터의 해방이라고 주장하였다(Gorz, 1985). 자본주의적 임금노동시장에 대한 저항을 시도하면서 타율적 활동과 자율적 활동의 영역을 구분한다. 전자는 필연성의 영역이며, 고용노동이나 가족의 재생산과 같이 본질적으로 만족할 수는 없지만 피할 수 없는 활동이 이에 포함된다. 후자는 자유의 영역이며, 강제되지 않고 자주적으로 관리하는 창조적 활동이 이에 포함된다. 공정한 사회란 필연성 영역에서 소비되어야 하는 시간은 점차 짧아지고 자유의 영역에서 소비될 수 있는 시간이 가장 길어지는 사회이다. 하지만 자본주의 사회는 현재 그 역방향으로 가고 있다는 것이다. 자율적 활동 영역을 확장하기 위해서는 먼저 노동시간을 단축하고 기본소득을 도입해야 한다. 현재 사람들은 과잉 노동과 불완전 고용에 시달리고 있으며 어떤 경우는 불충분한 노동에 종사한다. 이런 불균형을 시정하기 위하여 노동시간을 재분배할 뿐만 아니라 취업 가능한 사람들은 모두 최저의 노동시간만 일해야 한다.

자율성 영역은 타율성 영역이 축소될 때만이 확대되므로 모든 사회적 필연노동은 공평하게 분담되어야 하지만, 취업 가능한 사람들 모두가 최저 노동시간만 일할 때 비로소 실현될 것이라 보았다. 그는 일인당 최저 노동시간을 일생 동안 약 20,000시간으로 추산하고 있다. 그 시간은 정규직 노동으로 약 20년, 비정규직 노동으로는 약 40년에 해당할 것으로 보았다. 따라서 그가 상정하는 기본소득은 두 가지 기능을 하게 된다. 즉 고용노동이 소득의 주요한 원천에서 제외되므로 차액을 보전하는 수단이 될 것이다. 다음으로 사회적 최저한의 실행을 조건으로 지급되므로, 최저 노동시간의 노동을 하지 않거나 거부하는 자에게는 기본소득 수급권은 박탈

될 것이다(Gorz, 1992). 기본소득을 무조건 지급하는 데 대해서는 비판적이었다. 조건 없는 수당은 시장경제에서의 노동 면제를 의미하므로 사회적 분열을 초래할 수 있다고 보았기 때문이다. 그렇지만 만일 국가가 노동시간 단축 계획을 체계적으로 수행하려 한다면 매우 기계적이고 엄격한 중앙집권적인 강제와 명령이 수반될 수 있다.

과연 노동시간 단축을 자발적으로 이루어 낼 수 있을까? 임금 삭감 없이 현재 수준과 마찬가지의 동일한 임금이 지불된다면, 다수가 노동시간을 단축하려 할 것이다. 그러나 그를 위해서는 추가적인 비용이 필요하다. 노동자는 현재의 실업자에게 노동 기회를 제공하기 위하여 자신의 노동시간을 단축하며 임금을 삭감하는 편이 바람직하지만, 과연 그것이 가능할까? 재분배할 수 있는 노동시간이 점차 줄어들고 있으므로 성공할 수 없는 전략이란 비판이 있지만, 좋은 노동현장에서 선호하는 시간에 개인이 일할 자유를 기본소득을 활용하여 높이는 편이 상대적으로 실현 가능성이 높을 것이다. 그런 주장이 수용된다면 조건부 기본소득이 준비되어야 할 것이다.

그런데 고르는 이후에 조건부 기본소득의 실행 가능성에 대한 의견을 바꾸었다. 자유 영역을 확대하려는 희망은 변하지 않았고 생활을 유지하기 어려운 수준의 기본소득에 대해서는 여전히 비판적이었다. 그렇지만 최저소득을 무조건 지급하는 데에 찬성하게 되었다. 왜냐하면 필연성에 따라 노동가치를 측정하여 임금을 산정하기가 곤란해졌고 기본소득이 자원봉사 활동이나 개인의 소질과 능력 확대를 촉진할 수 있다고 보았기 때문이다. 또한 부에는 사회적 성질이 있는데 모두의 자유 시간을 만들어 내기 위하여 그 부를 사용하는 것이 바람직하다는 이유 때문이었다.

한편, 오페는 비공식 경제를 옹호하며 기본소득을 지지한다. 자본주의와 복지국가의 갈등은 자본주의 하부시스템에 내재하는 모순 때문에 생기는 것이다. 사회정책은 자본주의의 조직적인 자기조정 메커니즘의 한 요소이며, 일련의 경제적·정치적·사회적 위기가 발생할 가능성은 항상 존재한다. 그는 자본주의는 복지국가와 공존할 수 없지만, 복지국가가 없다면 자본주의는 지속될 수 없는 모순을 안고 있다고 주장한다(Offe, 1984). 이후 그는 새로운 사회적 권력과 경제적 조직 형태의 출현 등으로 자본주의가 조직화되지 않는 단계로 이행하고 있다고 주장하는데, 이는 복지국가에 대한 지지가 글로벌한 자본패권의 강화에 의해 서서히 약화되는 것을 의미한다. 소비자로서의 시민이 등장하여 스스로의 복지에 대해 보다 많은 책임을 다하도록 노력하며 복지제도는 권위적이며 잔여적인 것으로 왜곡되었다. 이러한 경향을 고려하여 그는 전통적 좌파와 새로운 사회운동과의 연합을 고민하였다(Offe, 1996). 그 연장선에서 다소 신중하게 기본소득을 지지하고 있다. 기본소득이 현재의 사회 환경보다 사회적 공정을 옹호할 수 있는데, 정책 패키지의 일부로 고려할 때 비로소 큰 힘을 발휘할 것이라고 보고 있다. 즉 집합적 복지 공급이 공동체적 또는 행정적 방법으로 조직되는 것이 아니라 시장 형태로 조직될 것을 제안한다.

구체적으로 서비스 교환은 화폐를 매개로 이루어지는 것이 아니라 바우처에 의해 이루어져야 한다. 멤버십을 공유하는 사이에서만 서비스를 쓸 수 있고 일정 지역 내에서 세대 간 서비스 교류를 목적으로 할 수 있다. 소규모 집단으로 독자적인 통화 또는 교환 단위를 지닌 조합을 결성하여 거기에서 재화나 서비스를 교환하는 제도를 고안할 수도 있다. 각 멤버는 스스로 제공할 수 있는 재화나 서비스의 리스트를 만들어 가격을 정하고 자신이 구입하려는 물건의 리스트를 작성한다. 멤버가 제공할 수 있는 것과 원하는 것을 보여 주는 일람표가 개인에게 배포되고 거래가 시작된다. 그 일람표는 정기적으로 갱신되며 개인은 자신의 구좌를 가지고 있고 조합은 지역화폐를 이용하여 이루어진 모든 거래 기록을 보관하고 있다(Fitzpatrick, 1999). 이 지역화폐는 중앙은행이 발행한 화폐 대신에 사용할 수 있으며, 함께 조합하여 사용할 수도 있다. 따라서 직접적인 물물교

환보다도 훨씬 뛰어나다. 빈곤자나 실업자에게 이득을 가져다줄 뿐만 아니라 대안적인 녹색 삶을 희망하는 사람들에게 유익한 시사를 줄 수 있다. 여기서 중요한 것은 정책 패키지는 기본소득과 제3섹터의 비공식적인 협동조직 모두를 포함해야 한다는 것이다. 기본소득과 비화폐적 교환이 연계된 제도가 상호 보완되어 임금노동을 원하지 않는 사람도 타인과 재화나 서비스를 교환할 기회를 제공받는다면 기본소득에만 의존할 필요는 없다. 또한 일상적으로 화폐를 사용하지 않으므로 교환을 하고 있는 사람도 상황이 변할 경우에는 기본소득을 최후의 안전지대로 삼을 수 있다.

결론적으로 기본소득은 생태주의적 삶을 위한 정책 패키지의 필수적인 공통분모로 인식되는 것 같다. 왜냐하면 환경세와 노동시간 단축, 비공식 경제 등 생태주의 전략을 상호 연결하는 수단이 되기 때문이다. 물론 시장경제를 부정하지 않는 기본소득의 보수적 관점과 집권주의적 관리 방식 등이 생태주의와 결합되는 데 방해가 될 수 있다. 하지만 녹색 정책 패키지와 연계되어 그 장점이 상대적으로 더 크게 발휘될 수 있다면 생태주의 사회정책으로서의 기본소득의 역할을 기대할 수 있을 것이다.

제6장
가능성과 전략

1. 기본소득의 가능성

제5장에서는 기본소득 논쟁을 다루어, 그 내용을 분석하였다. 이를 토대로 크게 두 가지로 정리할 수 있다. 첫 번째는 시장 기능과 근로 동기를 저해하지 않는 복지국가를 촉진하는 도구로서 기본소득의 가능성이다. 기본소득은 부의 소득세처럼 복잡한 제도적 개입을 가급적 하지 않고 근로를 자극하면서 생산성을 향상시키는 데에 목적을 둔 것으로 보수적·안정적 이데올로기에 그 기반이 있다. 두 번째는 자본주의 시장 기제를 초월하는 다양한 노동을 통해 개인의 자유를 실현하는 탈노동 복지국가에 부응하는 기본소득이다. 이는 복지와 노동, 시장과 노동의 관계를 해체하여 새로운 공동체를 건설하려는 데에 목적을 둔 급진적·진보적 관점이라 생각된다.

여기에서는 기본소득이 제도화되었을 때 예상되는 변화와 그렇게 되기 위해 필요한 조건들, 구체적인 실현 가능성과 관련된 논의들을 살펴보려고 한다. 앞서 살펴본 논쟁 관련 내용을 바탕으로 규범적인 차원의 가능성뿐만 아니라 제도·기술적 가능성에 대한 논의까지 살펴볼 것이다. 이후 실현 가능한 방향에 대해서 수급자격과 지급 수준, 재정적 가능성을 중심으로 논의들을 분석해 보자.

1) 분배하는 최소복지국가의 가능성

우리는 유럽에서 시작된 기본소득 운동이 폭넓은 이데올로기적 스펙트럼을 가지고 있다는 것을 확인할 수 있었다. 기본소득을 지속가능한 대안사회의 원리로 적극적으로 수용하는 진보적 개혁주의자들과 달리, 시장을 우위에 두는 이들은 자본주의 내에서 작동하는 현실적으로 수용 가능한 기본소득을 주장한다. 기본소득이 생산성 향상, 실업률 감소, 시민의 자유 확대에 기존 복지국가보다 유리하다는 입장이므로 현행 소득보장제도의 재구축보다 자본주의 장점을 최대한 살리는 형태로 도입하는 데에 관심이 있다고 할 수 있다. 특히 자본주의 기본소득의 실현 가능성에 대해서는 2006년에 독일 기업가 베르너(Werner)가 인상적인 논의를 전개하였다.

베르너는 독일의 경우, 기존 연금·실업연금·사회보조금·자녀양육보조금·주택보조금 등을 통합하면 모든 시민들이 연령별로 균등하게 일인당 매달 800유로(당시 환율로 원화 약 100만 원)의 기본소득을 받을 수 있다고 주장하였다(곽노완, 2007:200). 이는 추가적인 재원 조달 없이 가능한 금액이며, 지금의 다양한 현금 급여형 사회복지제도가 기본소득으로 통합되면 연간 1,000억 유로(당시 환율로 원화 약 125조 원)를 절약할 수 있게 되니, 재원이 더 늘어난다. 기존 연금과 실업연금 등은 심사과정과 공무원들의 인건비와 사무실 유지비 등에 연간 125조 원가량이나 소요되었다. 하지만, 매월 일정 금액이 통장으로 자동 입금되는 형태로 기본소득을 지불하면 관료제도 운영을 위한 행정관리 비용은 거의 들지 않는다. 시민들 역시 각종 심사서류와 신청서를 준비하느라 시간을 낭비할 필요가 없다.

요컨대 기본소득을 세율 인상 없이 당장 실행할 수 있다는 것이다. 물론 서유럽 대부분의 국가들도 현재의 사회복지비를 합리화하면 독일과 유사한 금액의 기본소득을 모든 시민에게 당장 지급할 수 있으며 기본소득을 자본주의 안에서도 철저히 실현할 수 있다고 주장한다(곽노완, 2007:201 재인용).

베르너는 모든 직접세를 폐지하고 모든 세금은 부가가치세로 단일화해야 한다고 주장한다. 그 긍정적 효과로 상품 생산가격은 40% 가까이 감소한다는 것이다. 왜냐하면 이미 생산과 연루된 임금소득세, 연금 부담, 법인세 등 직접세가 매출액의 40% 정도를 차지하기 때문이다. 이렇게 되면 수출 가격은 부가가치세를 제외한 생산가격에 따라 정해지므로 가격이 인하되면서 생산은 급격히 늘어날 것이라고 한다. 그러면 당시 독일에서 500만 명에 이르는 실업자는 크게 감소시킬 수 있다고 한다. 반면 생산가격 대비 16%에 달하는 부가가치세를 매출액 대비 50% 수준까지 단계적으로 인상한다. 세금이 소비세로 집중되면 생산가격 하락과 지하경제 축소로 생산을 증가시키면서도 상품 가격에는 이미 직접세 부담이 전가되어 사실상 50% 이상의 세금이 포함되므로 물가 상승은 초래되지 않는다고 주장한다. 임금노동자는 기본소득을 추가로 받으므로 소득과 구매력은 오히려 증가한다. 반면 자본가와 고소득 자영업자는 절대적으로 규모가 큰 소비세로 납세 부담이 크게 증가하므로 부의 재분배 효과는 오히려 커진다고 주장한다. 경쟁력 강화와 생산력 회복을 통해 실업률은 낮아지고 사회보장의 기반은 튼튼해져 결과적으로 시민들의 복지는 더욱 향상될 것이다.

이 같은 베르너의 담론에서는 노동의 목적을 이윤 창출의 전제조건으로 하므로 탈노동-복지는 궁극적 관심이 아니다. 하지만 기본소득으로 수출 경쟁력 극대화와 함께 재분배를 더욱 강화하려는 이러한 관점은 복지국가와 같은 거대 관료체제 없이 분배와 생산성을 강화하여 시민복지를 향상시킬 수 있다. 따라서 베르너의 주장은 시민생활에 가능한 적게 개입하는 복지국가, 즉 '분배하는 최소복지국가'의 가능성을 믿는 담론이라 할 수 있다. 성장 전망이 불확실하고 지난 10여 년간 고용의 질이 악화되고 있는 우리나라 현실[20]에서 베르너의 기본소득 모델은 생산 확대를 통해 복지문제와 일자리를 해결하려는 사람들에게는 실현 가능성 높은 대안이 될 것이다.

2) 탈노동 복지국가의 가능성

기본소득은 복지국가의 여타 소득보장제도와는 달리 노동의무로부터 완전히 벗어나 있다. 그것을 가장 급진적으로 해석할 경우, 탈노동 유토피아가 가능하며 자본주의를 통해 코뮌주의까지 이르는 길(A Capitalist Road to Communism)이 될 가능성이 있다. 빠레이스는 자본주의하에서도 노동·자본·자연(토지)을 제공하지 않는 사람들도 다른 소득과 상관없이 조건 없는 사회소득(social income)을 지급받을 권리를 가진다고 주장한다. 기존에 많은 소득을 올리는 사람들도 추가적으로 받을 수 있으며 급여수준은 나이와 핸디캡 수준에만 좌우된다(Van der Veen & Van Parijs, 2006). 근로소득세를 납부하는 사람이 늘어날 것이므로 노동자들 각자의 조세 부담도 줄어들 것이다. 제대로 보상받지 못하던 노동에 내몰리는 절대적 빈곤층이 사라질 것이므로 해당 노동자의 임금은 인상될 것이다. 반면 추가적으로 보편급여를 받을 수 있으므로 매력적인 노동은 지속적으로 수용될 수 있다(곽노완, 2009:191). 정규직과 비정규직의 연대가 강화되고 사회적 참가와 민주주의가 촉진되는 기본소득이라면, 우리들은 지금까지 고달픈 노동에 시달리던 것과 달리 각자 원하는 노동을 하게 되고 노동이 자유시간과 구분되지 않는 사회에서 해방될 것이다. 즉 강요된 노동-복지

---

20 2012년 전체 취업자 대비 임금 노동자의 비율은 71.8%, 10년 전(65.1%)보다 6.7% 상승해 OECD 평균 83.8%에 근접해졌다. 그러나 비정규직 노동자의 비율은 2003년 32.6%에서 2012년 33.3%로 상승한 반면, 정규직 노동자의 비율은 67.4%에서 66.7%로 하락했다. 비정규직이면서 중위소득 50% 미만의 일자리 종사자는 2003년 8.3%에서 지난해 11.1%로 2.8% 상승했다. 비정규직이지만 소득 수준이 높은 일자리 종사자는 3.9%에서 3.0%로 0.9% 하락했다(전해영·조규림·오준범, 2013).

패러다임에서 벗어나 자유롭게 일을 선택하고 공동체 구성원 서로가 복지를 향유하는 사회로 전환될 것이다.

우리나라에서도 실현 및 지속가능성을 고려한 자본주의 대안모델이 제시되었다. 그것은 필요에 따른 분배와 성과에 따른 분배 모델이다. 즉 자본 및 지대를 폐기하여 부가가치의 일정 비율(예: 기존의 이자·배당·지대 및 연금 등)에 해당하는 부분을 사회 구성원 전체에게 연령별로 균등분배하고 나머지 일정 비율은 기업별·개인별 사업성과에 따라 분배하자는 제안이다(곽노완, 2007; 심광현, 2011). 모든 생산수단의 전 사회적 소유와 모든 사회 구성원의 직간접적인 생산기여에 기초하여 기업별 사업성과의 일정 비율을 사회적으로 자동 귀속시킨 몫이다. 직접세든 간접세든 사후적인 세금을 재원으로 하지 않으므로 거대한 관료기구가 필요하지 않다. 노동유인은 더욱 커지게 되며, 궁극적으로는 50%의 노동성과 소득과 50%의 기본소득[21]을 지향한다. 노동유인과 사업성과가 극대화되면 사회 구성원 전체에게 연령별로 균등분배되는 기본소득도 더불어 증가할 것이다. 이른바 노동의무 없이 경제와 기본소득의 선순환이 이루어지는 것이다. 2012년 기준으로 계상된 한국형 기본소득모델은 '지급액은 오로지 연령에 의해서만 차이가 나며, 젊을 때는 연간 400만 원을 받다가 55세 이상이 되면 연간 800만 원을 받으며, 65세 이상이 되면 연간 900만 원을 받는다. 기본소득 도입과 더불어 비정규직을 제한하고 최저임금제도를 개선한다. 그리고 매년 명목 GDP 증가율만큼 최저임금과 기본소득을 인상'할 것을 제안한다. 또한 무상교육과 무상의료를 전제로 19세 미만의 청소년은 부모에게 지급하고 5년 이상 장기 거주 외국인에게도 지급한다(강남훈, 2010). 하지만 기본소득 이후에도 장애인에 대한 현금 보조나 현물 보조, 이동권

---

21 곽노완은 이를 '사회연대소득'이라 칭하고 있다. 그가 2005년 GDI(국내총소득)와 2006년 사회복지예산에 기초하여 계산한 '사회연대소득'은 1인당 매월 49만 4천 원에 이른다(심광현, 2011:150).

등은 지금 수준보다 훨씬 강화되어야 하며 교육, 의료, 생태환경, 통신, 교통, 맑은 물과 공기까지 보편적으로 향유할 수 있는 현물 복지로 전환함으로써 사회정책적 기능 조정 효과까지도 기대할 수 있다(곽노완, 2010).

그러나 탈노동 수위를 낮추어 기본소득 실현 가능성을 높이기 위해서 참가소득과 시간제한형 기본소득을 도입할 수도 있다. 참가소득은 기여와 공헌을 임금노동뿐만 아니라 교육, 훈련, 돌봄 노동, 자원봉사 등으로 확장하여 구분해야 하므로, 사회복지사의 케이스워커 역할을 강화하고 개개인에 대한 급여정보 번호를 부여한다면 충분히 가능할 것이다. 현재와 같은 사회복지사 인재양성 동향과 정보체계 시스템의 정비 수준을 생각한다면 결코 어려운 일은 아닐 것 같다. 무엇보다도 노동에 대한 다양한 해석을 통해 소득보장에서 탈노동-복지 패러다임의 폭을 오히려 더 넓힐 수 있는 장점이 있으므로 완전 기본소득보다 실현 가능성이 높다고 생각된다. 다음으로 시간 제한형 기본소득은 안식년(sabbatical years) 제도와 같이 일정 기간 동안 계좌(time account)를 예치하여 필요할 때 인출하여 사용하게 한다. 시간계좌를 남용하지 못하도록 할인(discount)이나 이자(interest) 방식을 조건으로 할 수 있으며 노인이 될 때까지 사용하지 않거나 잔고가 남을 경우 노령연금에 추가하는 형태로 프리미엄을 제공할 수도 있다. 따라서 참가소득보다 오히려 더 기술적·관리적 측면에서도 실현 가능성이 높다고 할 수 있다.[22]

우리나라의 경우에 그동안에 계속 주류적 관점으로 승인되어 온 노동-복지 패러다임이 소득보장의 사각지대를 지속적으로 축소하면서 생존의 자유를 확대해 왔는지에 대해서는 의문스런 생각이 든다.[23] 오히려 '보편

---

22 고용정책의 성격이지만 이와 유사하게 일정 기간 급부를 제공하는 형태로 스웨덴의 근로안식년(프레야, friär) 제도를 들 수 있다. 2002년부터 2006년 9월까지 운용된 이 제도는 노동자에게 장기휴가(3개월~1년)를 부여하여 인격 발전이나 능력 개발의 기회를 제공하고, 대체요원을 고용하여 실업자에게 재취업 기회도 제공하였다. 2006년 행해진 총선에서 우파연합 정부가 탄생하면서 이 제도는 중단되었다(이명현, 2007:158).
23 예를 들어, 2006년 76.1%의 정규직 근로자(직장)의 국민연금 가입률은 2011년 79.1%로 소

주의'의 보편화를 위해서는 기본소득과 같이 급진적으로 패러다임을 전환하는 소득보장이 더 효과적일 수 있다.

3) 사회적 합의 가능성

기본소득 원리는 매우 단순하지만 실현 가능성은 소득보장 수준을 어느 정도로 결정하고 어떻게 재원을 조달할 것인가에 달려 있다. 무조건 기본소득은 사회보험을 폐지하므로 지금까지 보험료로 충당되어 온 재원 부분은 모두 국민의 조세 부담에서 조달하게 된다. 최적의 세금 종류와 세율 문제가 대두되는데, 개인소득세와 소비세, 사회복지세 도입 등 조세 개혁과 증세 논의가 주를 이루고, 부분적으로 토지세, 고용세, 지방소비세와 사회복지세, 특별회계 설치 등이 제기되기도 한다. 각각의 조세에 대해서는 효율과 공평의 비교, 사회·경제적 효과를 둘러싼 비교와 평가가 과제로 제기되지만, 과세 기술에 관한 구체적인 논의까지는 진행하지 않는다.

그러나 사회적 합의라는 점에서 재원 문제 이상으로 큰 장벽은 사회보장을 대신하여 기본소득을 도입하는 적극적 또는 절실한 필요성이 이해될 것인가 하는 것이다. 오늘날 국민들이 기본소득에 기대를 거는 정도는 계층별로 다양하다. 우리나라에서 격차 및 빈곤 상황에 처해 있는 비정규직 노동자들, 장애인, 돌봄 노동 종사자들, 여성, 저소득층은 기본소득에 대한 관심이 높을 것이다.

또한 경영자 단체와 노동단체의 장벽도 넘어야 한다. 우리나라 대기업

폭 상승하였는데, 비정규직 근로자의 경우 2006년 이후 정규직의 거의 절반 수준인 38.2%에 고정되어 있다(김교성, 2013). 또한 18~59세 51.4%(1685만 6000명)가 국민연금 사각지대라는 추계도 제시되었다(김원섭, 2013). 기초보장제도는 2014년부터 '맞춤형 개별급여'로 시행될 예정인데, 중위소득 30% 이하 수급자는 140만 명에서 220만 명으로 증가한다. 중위소득 50% 이하의 차상위계층도 438만 명(현 340만 명)으로 늘어나게 되지만, 40% 이하 대상자에게만 생계 및 의료비가 지급되므로 760만 명으로 추정되는 빈곤층(최병호, 2013)에 대해 단시간에 사각지대를 없애기는 어려워 보인다.

경영자들은 아직 기본소득에 관심이 없다. 노동단체들은 부분적인 관심을 보이고 있지만, 그 관심이 확산되고 있지는 못하다. 양 단체들이 사회보험 제도의 장점에 특별히 집착하고 있기 때문이다. 이들에게 사회보험은 소위 사회임금으로 받아들여지고 있다. 시민공동체의 감각이나 책임을 공유하는 것이 아니라 기업공동체의 이해관계자로서 연대감을 가지고 직역이 바탕이 된 사회보험은 그런 연대를 유지하게 한다. 부담과 급여에서 대등한 입장을 담아 엄밀한 이해 조정을 꾀하기 쉽다.

단, 기본소득 도입은 기업 경영자에게는 재원 조달 형태에 따라 큰 장점이 발생할 수 있다. 개인 소득세나 소비세 강화를 위주로 지금까지 사회보험에 대한 법인 부담이 모두 폐지된다면 기업에게 비용부담이 줄어드는 편익이 매우 크다. 그런 점을 감안하면 경영자 중에서도 탈사회보험과 기본소득을 지향하는 분위기가 확대될 가능성이 있다. 한편 노동자에게는 지금까지 사회보험제도하에서 확보되어 온 기득권을 상실할 불안이 생기고, 나아가 해고 규제의 완화나 최저임금제도 폐지와 같은 상황이 벌어지기 쉬우므로 기본소득 도입에 의한 득실 판단이 어려워 신중한 태도를 보일 것이다. 그러나 사회보험의 제도적 존속이 앞으로 점차 불안정하게 되면 언제까지 지금과 같은 태도가 계속될지 확신할 수 없다. 노동조합이 기본소득에 전향적으로 돌아선다면 노동자의 기득권뿐만이 아니라 국민적 시점 또는 공동체 시민의 관점에 선 생활보장을 추구하는 발상이 바람직할 것이다.

2. 개혁의 방향과 전략

1) 개혁의 방향

복지국가가 신봉하는 주소득자 모델은 안정적 고용을 통한 가족 부양 시스템을 기본으로 하므로 임금노동이 열차의 엔진과 같은 기능을 한다.

공공부조나 구제형 복지서비스는 사회보험을 보완하는 형태일 뿐이다. 글로벌한 시장경쟁 확대와 서비스 경제로의 전환으로 남성 주소득자의 고용 유동성이 크게 늘어나고 가족형태의 변용이 시작되면서 사회적으로 안정된 토대를 가질 수 없는 사람들이 급증하고 있다.

개혁이 요구되는 상황을 몇 가지로 정리해 보자.

첫째, 사회보장의 대상 설정이라는 점에서 보면, 리스크의 보편화가 진행되었다. 20세기형 복지국가와 같이 고용과 가족이라는 사회적 기반이 있는 사람들과 그렇지 못한 사람들을 구분하여 전자를 사회보험을 통하여 후자를 공공부조나 복지 서비스를 통하여 지원하는 방식이 한계를 맞이하였다. 고용과 가족의 붕괴 속에서 모든 사람들이 새로운 사회적 리스크에 노출되어 있다(Taylor-Gooby, 1981). 따라서 우리는 지금까지는 약자를 주된 표적으로 운용되어 왔던 지원형 정책을 보편적으로 제공해야 한다.

둘째, 복지국가의 기능이 고용을 여건으로 하는 사회보장에서 고용을 촉진하고 지원하는 사회보장으로 전환하였다. 즉 고용정책과 사회보장의 연계가 강화되었다. 케인즈-베버리지형 복지국가에 있어서는 케인즈주의 수요 조절형 경제정책에 의해 경기순환에 수동적으로 대응하면서 남성 주소득자의 고용을 계속시키는 것이 목적이었다. 따라서 고용은 별개의 경제정책에 의해 확보되어야 할 여건이었던 것이다. 그렇지만 국경을 초월한 자본이동의 증대나 경제의 서비스화의 진전에 의해 수요 조절형 경제정책은 점차 효과를 상실하였다(武川正吾·宮本太郎, 2012:206). 이 과정에서 복지국가는 보다 탄력적으로 고용과 연계하는 데에 개혁의 비중을 두게 되었다. 즉 산업구조의 전환에 따라 노동력의 고용 가능성을 높이고 노동력의 이동을 지원하거나 취업이 어려운 사람들에 대해서는 장애를 제거하여 취업을 지원하는 것을 목표로 하였다. 좁은 의미의 취업 지원이나 여성의 취업과 관련된 보육서비스는 물론, 연금과 실업보험, 의료, 다양한 정책영역에서 취업과의 연계가 제도 재편의 중심적 과제로 된다. 즉 다양한 활동 방식을 가능하게 하며 여성의 취업을 확대하고 나아가 취업 인센 티브를 높이는 방향의 개혁이 진행되었다.

셋째, 복지국가의 급여형태로 볼 때, 현금 급여를 위주로 대체형 소득보 장을 중요시하는 형태에서 서비스와 보완형 소득보장을 강화하는 전략으 로 변하고 있다. 사회정책은 취업 연계를 강화하면서 우선 사람들을 사회 에 참가시키는 기능을 직접 담당하는 서비스 급부의 중요성이 높아진다. 구체적으로는 공공직업훈련, 보육 서비스, 취업이나 심리적 문제에 대한 상담 등이다. 각국의 사회복지 지출의 동향을 살펴보더라도, 현금 급여는 현상 유지나 하강 경향을 보이지만 서비스 급여를 증가시키는 경향을 보 이고 있다(武川正吾·宮本太郎, 2012:207).

대체형 소득보장이란 베버리지가 구상한 사회보험제도와 같이 남성 주 소득자가 생활을 유지하기에 충분한 근로소득을 얻고 있다는 것을 전제로 그 소득이 중단됐을 때에 노동이 정지된 기간 동안의 소득 일부를 대체하 는 것이다. 반면 보완형 소득보장은 노동시장 내부와 외부에서의 계속적 인 활동을 지원하며 보완하는 형태를 말한다(Marx, 2007). 임금수준이 낮 고 불안정한 고용이 늘어나는 현실에서 노동시장에 참가하고 있는 사람들 에 대해서도 생활을 유지할 수 있도록 소득을 보완할 필요성이 증가하고 있다. 그 때문에 부의 소득세, 급여 조건부 세액공제 또는 아동수당 등, 기 본소득처럼 조건이 없거나 최소화된 보편수당의 역할에 대한 논쟁이 전개 되고 있다. 또한 노동시장 외부에서 교육이나 훈련, 가족 돌봄 등 다양한 활동에 관여하는 기간 동안의 소득보장을 지원하는 형태도 지속적으로 제 기된다. 예를 들어, 장학금이나 졸업 후의 취업준비를 지원하는 급여, 육 아와 휴식 등을 위한 안식년 급여 등과 같은 소득보장을 확충해야 한다는 것이다.

그런데 리스크의 보편화, 고용정책과 사회보장의 연계 강화, 보완형 소 득보장 확대 등의 상호 연관된 제도를 운용하기 위해서는 다음과 같이 전략적으로 대응하는 것이 필요하다. 앵글로색슨 국가를 중심으로 확대된 신자유주의적 복지국가 개혁 노선이다. 이 정책체계는 리스크의 보편화에 대해서는 의료나 연금 등의 보장 영역에서 시장화를 진행하면서 공공 사회보장의 급여 대상을 엄격히 축소하고 급여 기간에 제한을 두는 전략을 추진하였다. 즉 리스크의 보편화가 복지국가의 급여 확대로 연결되지 않도록 방지하는 전략이다. 이 때문에 고용지향형 복지국가의 주된 정책 내용은 취업을 의무화하는 워크페어가 되었던 것이다. 취업을 회피하는 경우에는 공공부조나 실업수당 급여를 정지하는 등 징벌적 대책을 취하였고, 급여 확대의 요구에 대응하기 위해 규제 완화와 민간기업의 참여를 넓히고 비영리조직을 활용하면서 서비스 공급 비용을 줄이려 하였다. 이리하여 낮은 비용으로 노동력 공급의 확대를 통해 사회경제의 지속가능성을 유지하려는 신자유주의 정책에 있어서도 보완형 소득보장이 중요하게 되었던 것이다. 여기에서 주의할 점은 보장의 수준에 따라 그 역할이 크게 달라진다는 것이다. 저소득층 주민에게 소득세를 부과하는 대신에 현금 급여를 제공하는 부의 소득세는 보완형 소득보장의 예가 될 수 있다. 이는 기본적인 생활수준 유지를 위한 소득을 제공하려는 점에서 기본소득과 유사한 측면이 있지만, 저임금을 보조하려는 목적이므로 차이가 있다.

1990년대 초반에는 신자유주와는 다른 형태로 포섭의 장을 노동시장으로의 환원에 두지 않고 보다 넓은 사회공간으로 지향하는 소득보장 개혁의 흐름이 등장하였다. 그 원류를 거슬러 올라가면 다음과 같이 그 기원을 확인해 볼 수 있다. 첫째, 앵글로색슨 국가 중에서 신자유주의적 정책의 대안을 모색하는 이른바 '제3의 길' 조류이다. 영국 노동당 정권에서 추구하는 포섭 정책이라 할 수 있다. 둘째, 1930년대에 스웨덴에서 구축되어 북유럽 국가에서 공유되어 온 정책의 재발견이다. 스웨덴에서는 베버리지형 복지국가의 형성 시기와 거의 유사한 때에 인구 감소에 대응하기 위하여 남성 주소득자가 아니라 양성의 취업 지원에 초점을 둔 예방형 사회정책을 도입하였다. 그리고 1960년대부터는 적극적 노동시장 정책이나 평생교육 정책 등도 포함하여 사회적 투자로서의 사회보장을 표방해 왔다. 이런 흐름이 포스트 복지국가의 사회정책 형태로 재발견되었다(宮本太郎, 1999).

이런 동향이 통합되면서 이른바 신사회민주주의적인 포섭 정책 체계가 나타났다. 그에 따라 복지국가 개혁은 다음과 같은 방향으로 전개되었다. 리스크의 보편화에 대해서는 신자유주의적인 정책과 대조적으로 취업 및 육아 지원과 같은 영역에 대해 공적 지원을 강화하면서 사회보장의 대상을 확대하였다. 고용과 사회보장을 연계시키는 방식은 사회서비스를 통해 취업을 지원하는 활성화 정책을 의미한다. 고용지향 정책을 실현하기 위하여 임금이나 처우에 있어서 안정적인 고용의 장을 확보해 가는 것도 정책의 목표가 된다. 나아가 서비스 공급에 대해서는 사회투자 관점에서 질적인 측면이 강조되고 비용 삭감을 위한 민영화 정책은 배제된다. 예를 들어, 보육서비스를 공급하는 데에 있어 취학 전 교육으로는 아동의 기본적인 인지능력 육성이 목표가 된다. 따라서 보육교사의 전문성이나 취학 전 교육에 맞는 시설 환경 정비 등에 대해서 높은 목표가 설정되고 고용의 질을 높이는 것이 중요한 과제가 된다. 소득보장에 있어서는 저임금 고용을 유지하는 것보다 사회적 일자리 등과 연동하여 질 높은 고용으로 연결하고자 한다. 또한 직업훈련이나 가족돌봄을 위하여 고용에서 벗어날 때는 소득보장을 강화하는 정책이 추진된다.

이처럼 복지국가가 기능 저하에 빠지게 된 이후에 등장한 개혁적 복지 정책들은 고용과 가족의 변용에 따라 사회와의 연결을 어떻게든 계속 유지하기 위한 지원 체계라 할 수 있다. 즉 신자유주의 관점의 전면적인 근로지향 모델과 같은 시장 위주의 포섭 전략과 시장 외부의 사회적 포섭을 중심으로 사회적 지원을 강화하려는 재분배 전략으로 구분되는 체계라 할 수 있다. 물론 이 두 전략의 경계선을 명확히 구분하기는 어렵다. 즉 앵글로색슨 국가 가운데에도 제3의 길과 같은 신사회민주주의 전략을 옹호하는 담론이 존재하며, 동시에 스웨덴과 같은 사회민주주의를 대표하는 국가에서도 중도우파 정권이 집권하면 온건한 수준에서 신자유주의적 조정이 이루어지는 현상이 나타난다. 각 나라의 복지국가 개혁은 두 가지 정책 체계가 씨줄과 날줄을 이루며 진행되고 있다고 생각된다. 따라서 두 가지 개혁 동향과 중도적으로 조합할 수 있는 기본소득의 개혁 방향을 설정하는 것이 현실적 실현 가능성을 높게 할 것이다.

2) 실현을 위한 전략

(1) 노동에 대한 평가와 학습 전략

기본소득은 사회주의 분배론 중심의 구상이라고도 볼 수 있지만, 자본주의에서 실현할 수 있는 아이디어다. 그 중심에는 노동이 있다. 노동의 변용을 이야기하지만, 어떤 형태의 노동이든 사회적 부의 원천이며 인간 생존의 필수조건이다. 따라서 고용을 매개로 기본소득의 재정 원천을 만들고 학습을 통해 점진적으로 이행해 가는 통로를 만들자는 주장은 매우 현실적이다. 그렇다면 재정 측면에서는 고용세를 재원으로 하는 기본소득을 고려할 수 있다. 무라오카(村岡)는 헌법상의 생존권 조항을 근거로 기본소득을 '생존권 소득'이라 명명하고 재원을 고용에 대한 과세로 충당할 것을 제안한다(村岡, 2010:31-32). 그의 논지는 이미 빠레이스가 주장한 고용 렌트에 대한 과세 부과를 통해 기본소득 재원으로 사용하자는 개념과 상당히 유사하다.

초보적 단계에서는 현재의 조세 구조를 바꾸지 않고도 실현할 수 있지만, 고용세와 같은 새로운 조세 도입은 구조 개혁 없이는 불가능할 것이다. 기본소득의 재원을 고용세로 한다면, 그 성격은 어떻게 될까? 고용세를 국가에 납부한다는 것은 타인을 임금노동자로 고용한다는 의미이다. 자본가나 국가, 자치단체도 마찬가지이다. 고용세의 총액은 기본소득 금액에 고용한 노동자의 총수를 곱한 금액이 될 것이다. 물론 도입 목적은 기본소득 재원을 확보하기 위한 것이지만, 도입 후에 노동자는 고용주로부터는 종전의 임금에서 기본소득을 차감한 몫을 받을 것이다. 왜 이런 과정이 필요한가? 자본주의 경제에서 기본소득을 전 국민에게 실현하기 위한 고육지책이라 생각하면 된다. 이런 방법은 대체적 소득보장 방식이 아닌 노동소득과 일정 부분 연계된 보완적 소득보장 방식이라 할 수 있다. 이를 통하여 임금노동-자본 관계의 맥락은 계속 유지될 것이다.

이런 방식의 기본소득이 성공하기 위해서는 노동 평가 시스템 도입이 고려되어야 한다. 기본소득에서 상정하는 노동은 임금 유무를 물을 필요가 없지만, 노동 참가의 정도에 따라 기본소득을 차등적으로 제공하고 노동 동기뿐만 아니라 적극적 사회참가도 자극할 수 있기 때문이다. 이는 가사와 육아, 돌봄, 사회 활동 등에 대해 참가소득처럼 지급하기 위해 노동 평가 점수를 부과하는 것이다. 무라오카는 15세부터 50세까지 평가 점수를 부여하여 50세 이후의 기본소득 수급을 위한 점수의 증감을 산정할 수 있다고 주장한다(村岡, 2010:32-35). 이렇게 되면 일정한 노동 평가 점수를 얻지 못한 사람은 수급 점수를 감액하는 등, 점수에 따라 삭감 비율을 조정할 수 있을 것이다. 물론 점수를 초과한 사람은 더 많은 금액을 인센티브로 지급해야 한다. 임금노동자의 경우에도 고용 직종과 시간에 따라 평가 점수를 기록할 수 있을 것이다. 이리하여 종전의 사고방식과 관습에 갇혀 있는 사람들에게도 노동 의욕을 보장할 수 있을 것이다. 물론 기본소득 제도에 사회참가를 촉진하는 구체적 장치가 없다고 비판하는 목소리도 있을 수 있지만, 아직까지 미완의 제도이며 보편적이고 공통적인 개념이 형성되어 가는 과정이라 생각되므로, 근로유인 장치의 미흡이 근본적인 결함이라 볼 수는 없다. 따라서 미리 부정적으로 평가할 필요는 없으며 부족한 부분을 어떻게 추가로 제도화할 것인가에 관해서, 노동 평가 아이디어는 참가소득과도 일정 부분 관련되므로 어느 정도 고민을 해결해 줄 수 있을 것이다. 물론 노동 평가와 관련하여 구체적인 아이디어는 없으며 방법과 관련된 많은 논란이 제기될 것이다. 가사와 육아, 돌봄, 사회활동 등을 어떻게 평가할 것인가? 이는 심각한 고민거리가 아닐 수 없다. 50세까지의 일정한 평가 점수를 어떤 단위로 설정할 것인가? 노동시간과 함께 노동 내용에 대한 평가도 추가해야 할 것인가? 육아 등은 아동을 14세까지 양육하면 일괄적으로 산정해야 하는가? 사회활동의 평가 범위를 어떻게 규정할까? 재해복구 활동, 자치회 활동, 환경미화 활동, 도시농업협력, 농어촌 지원, 모금 활동 등도 포함될 수 있다. 가정교사 등 아동을 교육하거나 타인을 위하여 재능을 기부하는 활동 모두 포괄할 수 있다.

구체적인 수치를 어떻게 산정할 것인가는 여기에서 한마디로 규정하기 어려운 난해한 과제임에 틀림없다. 노동의 장은 국가나 지방자치단체 등이 보장하게 될 것이다. 물론 개인이 가능한 노동이라면 그럴 필요는 없다. 이처럼 사회가 필요로 하는 다양한 분야의 활동이 노동 평가 제도에 의해 커버된다면 이런 모든 활동들은 개인별로 기록되고 그에 대해 임금을 지불할 필요가 없으므로 최근 심각한 문제로 부각되고 있는 돌봄과 같은 문제를 해결하는 데도 도움이 될 것이다. 노동 평가 제도는 역사적 난제라 할 수 있는 노동 동기 문제를 어느 정도 해결하는 지름길을 제공할 수도 있을 것이라 생각된다. 하지만 인간의 다양한 노동을 관리적으로 평가하고 점수를 부과하는 것에 대해 어떻게 지혜롭게 사회적 합의를 만들어 낼 수 있을까? 기술적 과제뿐만 아니라 윤리적·정치적 부담 또한 큰 것이 사실이다.

보편적 아동수당이나 노령연금과 같이 부분 기본소득을 넘어서 완전 기본소득을 도입하기 위해서는 한 국가의 기간적 경제시스템을 변혁하는 조치가 있어야 할 것이다. 따라서 지방자치단체 수준으로 실현할 수 있는 차원이 아니다. 국회에서 논의하여 급진적으로 실현하는 방향이 더 현실성이 있을 수 있다. 그럴 경우, 국회 속에 기본소득 구상이나 제도를 침투시켜 국민들의 이해를 넓히는 방식이 되어야 할 것이다. 그런데 기본적으로 의원은 국민의 손으로 선출하므로 국민의식이 관건이 될 것이다. 가깝게는 진보정당이 기본소득 공약으로 약진하여 의원을 배출해야 하는데, 지난 국회의원 선거나 대통령 선거에서 그럴 가능성을 보여 주지는 못했다. 일부 지역에서 시범적으로 도입하는 것이 중요한 것이 아니라 기본소득 구상을 이론적·사상적으로 학습하고 생활 속의 경험을 통해 이해하도록 하는 것이 더욱 중요하다.

이런 전략을 실현하기 위해서는 추진 주체의 자질에 대해서 고려해야 한다. 기본소득만이 절대적이라는 배타적 자세는 바람직하지 않다. 일상 생활 속에서의 과제에 대해 연대해 나가는 일상성 전략이 중요하다. 따라서 주민이 함께 참가하여 삶의 양식에 맞게 설계 하는 기본소득 학습 활동이 필요할 것이다. 그런 점에서 일상 생활의 민주주의가 충실히 실현되도록 지켜 나가는 것이 중요하다.

그리고 지금까지 우리가 익숙하던 경제적인 삶의 방식에서 벗어나는 것도 중요하다. 경제성장을 뒤에서 따라가는 생산주의 방식은 더 이상 지속 가능한 삶을 위한 문제 해결에 적합하지 않다. 지구 전체는 생산 과잉에 빠져 있으며 인류의 부는 편재되어 있다. 세계 부의 80%는 경제적으로 부유한 국가의 15% 인구가 차지하고 있는 데 불과하다. 세계 인구 60억 명 중 약 8억 3,000만 명 정도가 영양부족으로 신음하고 있으며 세계인 중 7명당 1명은 기아상태에 있다. 자원 낭비를 경계하고 저성장을 당연하게 생각하는 세계가 도래하고 있다. 경제성장 신화로부터의 대전환이 필요한 시기가 이미 곁에 와 있다. 자본주의 경제의 한계는 공통적으로 인식되고 있으며 자본주의 경제를 초월하는 사회적인 협동경제로의 전환이야말로 인간다운 자기실현이 가능한 자유로운 사회를 전망할 수 있다. 기본소득은 생존의 자유가 보장되는 새로운 사회·경제의 기본토대와 기점이 될 수 있다는 인식을 학습하고 확산해 나가야 한다고 생각한다.

(2) 사회운동 전략: 역사적 경험을 통한 교훈

모든 개인이 생활하기에 충분한 소득보장의 권리를 가진다는 사고는, 최저수준의 생활비 지급을 주장하는 목소리보다 더욱 급진적인 기본소득 구상이다. 이는 유토피아적인 구상인 것으로만 생각할 수도 있겠지만, 여기에는 엄연히 역사적 경험이 있다. 복지가 권리인 이상, 그것은 하늘에서 내려진 것이 아니라 현실의 경험을 통해 쟁취되는 운동적 성격을 띠고 있다. 오페가 지적한 것처럼 서서히, 학습하는 경험적 맥락이 운동을 통해 실현 가능성을 높일 수 있다면, 역사적 경험을 충분히 찾아볼 수 있다. 그럼, 기본소득의 실현 전략을 가늠해 보기 위해 미국, 이탈리아, 영국과 일본의 경험을 차례로 살펴보자.

첫째, 미국의 역사적 경험은 복지권 운동이다. 1966년 6월, 완전한 복지를 요구하며 오하이오주를 10일 동안 도보 행진했던 여성과 아동을 포함한 35명의 사람들은 수백 명의 사람들에게 열렬히 환영받았다 (Nadasen, 2005). 복지권 운동은 1960년대 후반에 크게 확대된다. 각지에서 당시의 공공부조제도인 AFDC 수급자를 중심으로 하면서 사회복지사의 자의적인 심사와 경멸 등에 항의함과 동시에 올바른 제도를 요구하였다. 오하이오 행진과 마찬가지로 1966년에는 전국복지권단체(The National Welfare Right Organization, NWRO)도 출범하였다. AFDC 수급자의 대다수도, NWRO에 결집한 사람들 대다수도 흑인 여성들이었다. 이들은 적절한 보증소득(Guaranteed Adequate Income, GAI)을 요구하였는데, 아무런 구분 없이 지급받고 어떠한 성차별도 제거할 수 있다고 인식하였다. 따라서 이는 기본소득의 미국형 버전이라 할 수 있다. 특히 여성에게 자녀 양육이나 가사 노동에 대해서도 지급하는 생존임금을 요구하였다. 이들 대부분은 한 부모 가정으로 자녀를 양육하고 있었다. 그런데 주목해야 할 것은 결코 이들은 자녀 양육이나 가사 노동을 조건으로 지급을 요구하지는 않았던 것이다. 이들은 그러한 심사와 사회복지사의 개입을 단연코 거부하였던 것이다. NWRO에 결집한 각지의 복지권 단체는 이미 복지혜택을 받고 있는 사람들에 대한 자의적이고 부당한 대우에 항의할 뿐만 아니라 적격자임에도 불구하고 지금까지 수급 신청을 하지 않았던 사람들을 신청하도록 유도하였다. 실제로는 다수의 사람들이 빈곤에 처해 있음에도 불구하고 복지제도는 소수의 사람들만 대상자로 상정하고 있다는 제도의 모순에 행정당국의 관심을 돌리게 하며 사람들의 주의를 환기하고자 하였다. 그에 앞서 어떤 대안을 구상할 것인가에 대하여 다양한 의견이 제시되었으나 1969년 무렵까지 기본소득과 유사한 방향성이 우세하였다. 미국에서는 1970년을 전후하여 부의 소득세나 기본소득 등 과거와는 다른 복지제도 도입을 향한 논의가 경제학자, 정치가, 관료 사이에서 좌우를 묻지 않고 논의되어 왔다. 물론 워크페어의 기원을 둘러싼 논의에서도 자주 등장하지만, 풀뿌리 움직임은 기본소득과 관련된다고 생각된다. 공민권 운동으로 유명한 마틴 루터 킹(Martin Luther King) 목사도 "빈곤 해결은 널리 논의되고 있는 방법, 즉 보증소득 방법으로 직접 그것을 폐지하는 것이다. … 보증소득은 최저 수준이 아니라 사회의 중간 수준에 맞추어 정해져야 한다. … 보증소득은 … 사회의 총수입이 증대되면 자동적으로 증가하는 것이어야 한다."라고 밝히고 있다(King, 1999). 그는 실제 모든 인종을 포괄하는 빈민의 행진을 워싱턴에서 결행하려고 하였다. 기본소득 요구를 계기로 흑인과 다른 소수인종, 그리고 백인 빈곤층이 손을 잡는 것은 체제에 대한 엄청난 위협이 될 수 있다. 이런 탓이었는지 1968년 4월 행진 준비 중에 킹 목사는 흉탄에 쓰러지고 2개월 후 유지를 잇는 사람들의 요구에 응한 10만 명의 워싱턴 결집은 비상사태 선언에 의해 진압되었다.

둘째, 이탈리아의 역사적 경험은 마리아로사 델라 코스타(Mariarosa Dalla Costa)가 펼친 페미니즘 운동(Lotta Feminista)이다. 그녀는 페미니즘 운동을 전개하면서 기본소득을 부각시켰다. 이탈리아의 1969년은 뜨

거운 가을로 기억될 것이다. 당시 550만 명의 노동자가 파업에 돌입하여 13,000명이 체포되고 35,000명이 해고되었다. 그해의 파업에 의한 손실 노동시간은 1968년 프랑스 제네스트, 1926년 영국의 제네스트에 이어 사상 세 번째 규모이다. 그 계기는 1968년 봄에 발생한 연금 문제에 대한 데모였다. 그 후 수년간 1969년 가을을 기점으로 공장이나 가두에서 다양한 투쟁이 전개되었다. 그중에서도 유명한 것이 토리노의 피아트 자동차 공장 점거 농성이다. 다수의 노동자는 남부에서 온 이민이었으며 그들의 운동에 학생이나 시민이 공장 외부에서 참가하였다. 피아트의 토리노뿐만 아니라 밀라노, 베네치아 근교의 공업지대에서 데모, 파업, 태업, 점거 등 다양한 형태의 투쟁이 기존 조합에 의존하지 않고 민주적인 열린 논의의 장을 거쳐 만들어졌다. 직접적인 요구는 임금 인상과 같은 기존 요구라 할지라도, 평등한 임금 인상, 실적별 임금 반대, 경영진에 의한 자의적 보너스 거부 등 과거와는 다르게 평등 지향이 강조되었으며, 또한 경영진 거부 등, 지금까지 그다지 요구하지 않았던 급진적 주장을 제기하게 된다. 공장 내의 노사관계에 머무르지 않는 다양한 사항까지 논의된다. 예를 들어, 밀라노의 지멘스에서 일하는 여성들은 그녀들이 1964년 4월에 작성한 리플렛에서 다음과 같은 목소리를 내고 있었다. "8시간 공장 노동 후 여성들은 집에서 일한다. 남편과 아동을 위한 세탁, 다리미질, 바느질. 따라서 그들은 주부나 어머니로서 더욱 착취당하고 있다. 가사 노동도 실질적 노동이라고 인지되는 경우도 없이." 파업이 일어났을 때 사무직 90%가 참가하여 임금노동 폐지를 요구하였다. 공장 정문에는 "여기에서 자유가 끝난다."라고 적혀 있었다고 한다. 이탈리아의 뜨거운 여름을 파리의 5월이나 다른 봉기와 구별하는 것은 운동의 대중적 규모에서의 지속성이다. 공장에서의 운동은 비교적 조기에 진압되어 정상화되었지만 공장 외부에서 확산된 운동은 1970년대 후반까지 계속된다. 인플레이션에 대항하여 대중적으로 실시된 것이 자발적인 값 인하였다. 예를 들어, 토리노 등에서는 15만 세대가 전기세를 스스로 할인하여 지불하였다. 이 운동이 공장 투쟁 전술의 하나인 감산투쟁(autoriduzione)과 같은 이름으로 호명된 것은 매우 흥미롭다. 이탈리아 남부에서 북부로 이민한 노동자들의 빈집 점거 운동도 진행되었다(山森亮, 2011:230).

이탈리아의 여성 노동자들은 가사 노동에 대한 임금을 요구하기 시작하였다. 그녀들이 1971년 7월에 출간한『지역의 주부 투쟁을 위한 강령 선언』에는 다음과 같은 내용이 기술되어 있다. "가사 노동은 자본주의사회 내부에 아직 존재하는 유일한 노예 노동이다. … 소위 가정 내 노동이 여성에게 자연적으로 귀속되는 속성이라는 사고방식을 우리들 여성은 거부한다. 그러므로 주부에 대한 임금 지불과 같은 목표를 거부한다. 반대로 분명히 말하자. 집 청소, 세탁, 다림질, 재봉, 요리, 아동 돌봄이나 노인 간병, 이들 여성에 의해 지금까지 행해져 온 모든 노동은 다른 것과 같은 노동이라는 것. 남성과 여성이 동등하게 담당할 수 있으며, 가정에 묶일 필연성은 없다. 당면한 목표는 다음과 같다. ① 집안 청소는 하고 싶다고 생각하는 남녀에 의해 수행되어야 한다. 그것은 지방자치단체 또는 국가에 의해 지불되어야 한다. … ② 남녀 모두 세탁과 다림질을 할 수 있는 완전 무료 서비스가 제공되는 사회센터를 모든 지역에 만들 것, ③ 거기에서 일하는 남녀가 국가 내지 자치단체로부터 임금을 받고, 먹고자 하는 사람 누구나가 무료로 먹을 수 있는 지역 식당을 만들 것.… 여성의 명확한 목표를 구체적으로 열거한 후에 주부로서 또는 임금노동자로서 우리들은 노동자 계급과 프롤레타리아 전체 이하의 사안을 요구하는 투쟁의 일익을 담당한다. 생산성이나 노동시간과는 단절된 보증임금 …"(山森亮, 2011:231-232)

직장 내에서의 노동을 거부하고 소득보장을 요구하는 것은 가정 및 지역사회에서 미지급된 재생산 노동을 거부한 결과로서 가사 노동에 대한 임금 요구와 연결되어 있다. 그녀들이 처음부터 가사 노동에 대한 대가의 지불을 강조한 것은 아니었다. 그러나 유감스럽게도 오해가 생겨 오히려 여성을 가사 노동에 속박시킨다는 여성주의 내부 논쟁이 벌어졌고, 이에 대부분의 노력을 할애하게 된다. 또한 노동자 계급에 분열을 가져오는 이적행위라는 비방도 있었다. 이러한 과정 속에서 재생산에 드는 비용은 지불되거나 이를 무료로 해야 한다는 기본소득과 관련된 욕구, 돌봄 노동이 가정이나 시설로만 제한될 것이 아니라 지역에 개방되어야 한다는 주장이 폭넓게 수용되고 있다고 보기 어렵다. 그러나 적어도 지금까지 노동이라 인지되지 않았던 가사 노동을 노동으로서 인식해 가는 계기가 되었던 것은 분명하다.

이처럼 공장 내외에서 전개된 운동이 서로 연계되는 과정에서 정치임금 또는 사회임금에 대한 요구가 나오게 된다. 당초 그 의미는 직장에서 받는 임금 이상으로 특별한 것이 있었던 것은 아니다. 공장 내외의 연쇄적인 운동 속에서 오늘날 기본소득 획득운동의 과정으로서 부각되고 있는 것이다. 즉 이 운동은 노동의 거부를 주창하면서 사회 그 자체가 공장화되어 가는 가운데 임금 노동 여부에 관계없이 사회임금을 지불해야 한다는 이론을 만들어 갔던 것이다.

셋째, 영국의 역사적 경험은 요구자 조합(claimants union) 운동이다. 이 운동은 1968년부터 이듬해까지 버밍햄에서 처음으로 형성되었다고 한다. 요구자(claimants)란 다양한 사회정책이나 복지서비스의 수급자와 신청자이다. 노령연금 수급자, 장애인, 환자, 공공부조 수급자, 한 부모, 실업자 등도 포함된다. 이들은 그때까지 공통의 이해를 공유하지 않았지만 국가의 사회정책, 복지서비스와 관련하여 유사한 요구를 안고 있었던 점을 계기로 결성된 조합이었다. 요구자란 집합적 개념이 반드시 분명한 것은 아니었으며, 그것을 만들어 냈던 것은 당시의 출판물 등을 통해 파악할 수 있다. 예를 들어, 노령연금 수급자를 위한 팸플릿 모두에는 당신이나 그가 아니라 '우리들'이란 표현이 사용되고 있는데, 노령연금 수급자들뿐만 아니라 다양한 집단으로 이루어지는 요구자라는 것이 기록되어 있다. 그리고 이런 표현법이 정부당국과 같은 공동의 상대와 맞서야 하는 모든 요구자의 연대와 단결정신을 전달하도록 강조하고 있다. 팸플릿에는 성별 역할분업에 있어서 여성의 무급노동 등을 다루면서 임금노동과 연결된 노동윤리를 문제로 보고 있다. 이 윤리는 정부나 사회에 의해 강요될 뿐만 아니라 당사자에 의해서도 내면화되고 있다. 그리고 행정당국의 관료적 태도나 자선단체나 자원봉사 등의 빈곤 산업에 대해서도 비판하며 요구자 헌장으로서 다음과 같은 사항을 주장하고 있다. ① 모든 사람에게 자산조사 없는 적절한 소득의 권리, ② 모든 필수품이 무료로 제공되고 사람들에 의해 직접적으로 관리되는 사회주의 사회, ③ 완전한 정보 접근권, ④ 구제할 가치 있는 자와 가치 없는 자의 구분 폐지 등이다. 이 중 ①의 요구가 기본소득이라 할 수 있다. 이 요구는 팸플릿의 노령연금 수급자의 요구로서 제기되는 것들 중 가장 먼저 거론되고 있다. 즉 권리로서 개인에게 적절한 소득을 보장하는 자유로운 복지사회를 지향하고 있는 것이다(山森亮, 2011:233). 이런 전제로 볼 때, 현재의 복지국가는 국가가 시민의 자유를 제한하면서 관리하는 체제에 불과한 것이다.

이런 요구를 제시하는 요구자 조합은 정체가 무엇이었을까? 모든 요구자가 참가하는 회의를 매주 개최하고 전문가에 의한 케이스워크는 존재하지 않는다. 과거의 운동이 고용을 목표로 하고 있었던 데 반하여, 요구자 조합의 운동은 인간으로서 존엄한 생활을 해 나가는 것이 주된 목표이다. 조합은 자연발생적으로 각 지역에서 생겨나 최전성기에는 약 120개에 이르렀다고 한다. 그들은 '요구자 조합 전국연합(the national federation of claimants union)'이라는 전국적 조직을 결성하였다. 1972년 무렵의 조합 문서에서 기본소득에 대한 기술을 발견할 수 있지만, 언제부터 최초로 기록되었는지는 알 수 없다(山森亮, 2011:233).

요구자 조합이 기본소득을 주장할 수 있었던 가장 큰 이유는 노동으로부터의 배제라는 공통적 상황을 구성원이 겪고 있으면서 노동에 종사할 가능성은 개인마다 달랐기 때문일 것이다. 때문에 한편으로는 과거의 노동조합의 반실업운동과 같이 고용상태를 회복하는 것이 목표가 아니며, 또한 개별적인 사회정책 프로그램의 급여 개선을 최종적 목표로도 하지 않았다. 단지 보편적 기본소득만을 요구하였던 것이다. 그들을 가로막고 있는 사회적 장벽은 자본가와 노동자 사이에 있는 것이 아니라 자본가·노동자와 요구자 사이에 존재하였던 것이다.

넷째, 일본의 역사적 경험은 장애인 운동이다. 일본의 '푸른 잔디회(青い芝の會)'는 "현재 살아 있는 것 자체가 노동이다."라는 네그리(Negri)의 선언을 충실히 실현하려는 운동조직이다. 이 단체는 1957년에 만들어진 뇌성마비 단체로서, 1970년 무렵부터 운동단체로서의 성격이 강화되면서 비장애인 중심의 사회에 대하여 다양한 문제를 제기하기 시작하였다(立岩, 1998). 이들의 주장은 임금노동 중심의 생산주의 사회를 탈피한 당사자가 주체가 되어 활동하는 사회를 지향한다. "복지국가 일본은 … 양호학교, 시설, 콜로니 증설 등을 선악의 이름으로 장식하여 부모의 괴로움과 열망을 이용하여 실제로는 장애인 스스로의 생각을, 생명을 암흑으로 인도하려 한다. 우리들은 … 장애인에게 노동은 살아가는 것 자체이며 사회성이고 자립이다."라고 주장한다. 이들은 직접적으로 기본소득을 주장하지는 않았지만, 기본적으로 깔려 있는 사상은 영국과 이탈리아 등의 기본소득 요구와 유사하다.

이상 네 국가의 역사적 경험에서 다룬 운동조직들은 모두 현대에서 차지하는 임금노동의 위치에 대하여 공통적인 인식을 가지고 있다. 사회운동 속에서, 노동중심주의적 세계관에서 주체로부터 배제되기 쉬웠던 일할 수 없는 자들을 다시 주체로서 자리 잡게 하는 것이 기본소득이라 할 수 있다. 특히 이탈리아와 일본의 역사적 경험이 유사하다. 이탈리아의 페미니스트들이 가정과 국가의 가부장적 보호를 거부한 것은 일본 '푸른 잔디회'의 강령 중 한 구절인 "사랑과 정의를 부정한다."와 호응된다. 또한 돌봄 관계를 이유로 보살핌을 받는 사람들의 생활이 가정이나 시설에 속박되어서는 안 된다는 이탈리아 페미니스트들의 발상은 일본 장애인 운동의 이념과도 유사한 호응 관계를 보여 준다.

지금까지 살펴본 역사적 운동 경험을 바탕으로 기본소득의 실현 전략을 생각해 보자. 살아 있다는 것만으로, 살아가는 데 필요한 비용을 사람에 따라 다르게 지불해야 하지 않을까? 성과를 개인에게 귀속시킬 수 있고 노동량을 시간 척도로 평가하는 방식뿐만 아니라, 다양한 노동 평가 형태가 필요할 것이다. 그들에게 기본소득이 필요하다면 기본소득과 임금을 이중으로 받을 수 있어야 한다.

만일 장애인에게 공적인 급여 이외의 소득을 올릴 수단이 거의 차단되어 있다고 가정해 보자. 그런 사회에서 임금 수입이 전혀 없는 장애인 A와 근로를 통해 20만 원 소득을 올리는 B가 있다면 자유주의 관점에서는 기본소득 지급액을 10만 원으로 할 경우, 실제 A의 소득은 10만 원, B는 30만 원이 될 것이다. 대다수 정책 관계자들은 이런 관점을 지지할 것이다. 이탈리아의 여성 노동자 투쟁의 관점에서는 임금 수입이 없더라도 A는 생활하는 데 30만 원이 들고 B는 20만 원이 든다면, 각자에게 그 금액을 지급해야 한다. 자유주의 이데올로기는 임금소득에 의해 최종소득에 차이가 생기지만, 후자의 경우에서는 각자의 필요에 따라 금액 차이가 생긴다.

미국의 경우라면 장애인들은 구제할 가치가 있는 자로서 복지권 운동에 결집한 사람들보다 상위에 있다고 생각한다. 영국의 요구자 조합은 장애인 동료도 있었지만 그들이 운동의 중심은 아니었다. 가장 필요한 욕구를 충족하기 위해서는 돈이 필요한 사람의 액수에 맞춰 기본소득 금액을 결정해야 한다. 그런데 필요에 따라 기본소득 액수를 다르게 설정하기 위해 타인이 권위적으로 개입하여 필요를 결정한다면, 진정한 자유의 의미를 실현하기가 어렵다. 기본소득에서도 사례관리의 관점이 필요한 것이다.

따라서 각자의 특이성과 개성을 나타내는 주장들을 서로 나눌 수 있는 사례관리와 운동이 결합된 기본소득 전략을 설정해야 할 것이다.

(3) 제도적·정치적 차원의 전략

기본소득이 도입되면 자신이 원하지 않으면 일을 하지 않아도 살 수 있고, 원하면 스스로 선택하여 일을 할 수 있는 '실질적 자유(real freedom)'를 획득할 가능성은 높아진다(Van Parijs, 1995).[24] 그를 위해서 기본소득의 무조건성은 필수적인 원리이다. 그 제도화 단계를 '사회보장의 수정 → 사회보험+과도적 기본소득 → 참가소득 → 부분 기본소득 → 완전 기본소득'(Fitzpatrick, 1999:43)으로 상정할 수 있다. 제도적 차원의 전략은 시민의 지위에 따라 달라지고, 가시적인 기술적 요인과 비가시적인 정치적 요인에 의해서도 영향을 받는다(Bentham, 2006). 그럼, 제도적 차원과 정치적 차원의 전략을 각각 모색해 보자.

첫째, 시민 지위에 따른 제도화 전략을 활용하여 일급 시민 위주의 재분배 정책에 초점을 두는 폐쇄적 시민권에 대비하여, 배제된 시민까지 포섭하는 통합적 제도를 고려해야 한다(福原宏幸, 2007:90-93). 기본소득은 사각지대나 자격에서 벗어난 시민까지 모두에게 지급할 수 있으므로 시민을 넓게 포섭하는 관점을 적극적으로 반영한다. 즉 제도적 복지의 주류에서 배제된 장애인과 아동, 노인뿐만 아니라 실업 위기에 몰린 청년층까지 포섭하려는 입장에서 복지국가의 자유화 전략과 맥락을 같이한다. 따라서 아동·노인·장애인·청년 중심의 부분적 기본소득으로 제도화하는 방향을 전략으로 도출할 수 있다.

---

24 '실질적 자유' 사회는 법과 제도를 통해 개인의 안전이 확보되고 사회 속에서 자기를 소유할 수 있는 실질적 기회를 보장하는 사회이다. 굶어 죽거나 아니면 비참한 일이라도 할 수밖에 없다면 거부의 자유는 없다. 자신이 원할 수도 있는 것 선택하기 위한 충분한 수단으로서 무조건 급부가 필요하다(Van Parijs, 1995:93).

현재 우리나라는 다문화가 공존하는 사회이며 세계경제에서는 국적을 초월하여 생산 활동이 진행된다. 따라서 난민이나 이주민을 포함한 모든 개인까지 차별 없는 재분배와 시장 접근을 승인하는 트랜스내셔널(transnational) 통합 전략까지 고려해야 한다. 이행 경로로서는 베르너나 빠레이스, 곽노완 등의 완전 기본소득 모델까지 연결될 가능성까지 열어 놓아야 한다. 시민의 권리로서 완전한 무조건성을 강조하면, 그 종착지는 트랜스내셔널한 통합을 지향하는 기본소득이 될 것이다. 부분적이든 전면적이든 기존 제도보다 시민의 의무와 공헌 범위는 더욱 다양하게 확장할 수 있다.

〈표 5〉 시민의 지위와 사회통합 전략에 따른 기본소득 전략

전략 방향	시민 지위	대상	기본소득 전략
복지국가의 자유화	이급 시민 (미숙련 청년, 여성, 고령자, 장애인 등)	비정규직 실직자	부분 기본소득
트랜스내셔널 통합	비시민 (외국인 노동자, 이주민, 난민)	비정규직 실직자, 소수자, 불법체류자	완전 기본소득

출처: 福原宏幸(2007:90)를 참조하여 재구성함.

둘째, 제도·기술적 내용과 관련하여 '누구를 대상으로 어느 정도 지급을 선호하는지'에 관한 전략이다. 완전 기본소득 구상은 모든 개인에게 충분한 액수를 지급하는 것이 원칙이다. 우리나라의 경우, 기본소득 도입을 위한 전문가 평가 조사의 결과에서 〈표 6〉과 같이 급여수준은 '일인당 최저 생계비 수준'으로, 수급자격은 '등록 장애인'을 대상으로 하는 것이 상대적으로 가장 중요한 대안으로 나타났다(이명현·강대선, 2011). 또한 기본소득을 표준형·노인 중심형·부분 기본소득 I, II로 구분하여 시장소득, 세금 납부 후, 공적이전 후에 나타나는 빈곤 완화 및 소득 재분배 효과와 비교한 연구 결과에서 〈표 7〉과 같이 그 효과가 상대적으로 가장 높은 수치를 나

타낸 것은 '노인 중심형 기본소득'이었다(김교성, 2009).[25] 이에 근거를 두고 생각해 보면, '최저생계비 수준에 해당하는 기본소득을 특정 인구학적 계층의 시민 개인에게 조건 없이 지급'하는 방향의 전략이 될 것이다. 최근 우리나라에서 쟁점이 되고 있는 기초연금이나 양육수당도 자산조사/노동 여부와 관계없이 노후빈곤이나 보육과 같은 특정한 욕구를 표적으로 지급하는 아이디어라는 측면에서, 앞으로 유사한 보편수당 프로그램이 대상별 맞춤형으로 확대해 가면, 그것이 부분적 제도화로서 의의를 가질 것이다.

셋째, 정치적 차원의 전략이다. 기본소득이 도입되면 확장된 호혜성이 제도화되었다고 할 수 있지만, 내용 구성은 사실상 정치적 이데올로기 환경에 따라 달라질 것이다. 즉 선택은 집합적인 의사결정에 의존하므로 현재 사회보장과 유사한 정책 제안·현상과의 경쟁 속에서 승리하여 지지를 얻어야 한다. 당위성만으로는 보증할 수 없다. 정책 선택은 규범과 신념에 관련된 '사실'뿐만 아니라 '인기'도 중요한 결정요인이다. '인기'는 '사실'과 전혀 별개의 것이지만, 정책에 대한 관심과 동의, 지지와 수용을 이끌어낼 수 있으므로 '위선의 균형'을 초래하는 해석이 우월해진다.[26] 정치 부문(actor)은 그것에 대응하기 위하여 다양한 평가 기준을 활용하여 정책 활동을 수행한다(Offe, 2005:70). '인지적 차원'의 다양한 정보들을 활용하여 기본소득의 우수성에 관해 평가하고 문제를 얼마나 효과적으로 해결할 수 있는지 사실적 차원에서 설득할 수 있어야 할 것이다. 뿐만 아니라 기본소득을 선호하고 인기 있는 제도로 받아들이는 '규범적 차원'의 정통성 획득

---

25 월별 지급액은 표준형(아동 30만 원, 어른 40만 원, 노인 40만 원), 노인중심형(아동 30만 원, 어른 40만 원, 노인 50만 원), 부분 기본소득 I (아동 30만 원, 어른 30만 원, 노인 30만 원), 부분 기본소득 II (아동 20만 원, 어른 20만 원, 노인 20만 원). (김교성, 2009:45).

26 위선의 균형이란 '자신의 본래 신념과 부합하지 않는 정책을 실제로는 어쩔 수 없이 긍정하게 되는 틀'을 의미한다(Offe, 2005:75). 애초부터 사용되는 빈곤의 덫, 의존문화, 국가실패 등과 같은 키워드는 위선의 균형에 일조한다. 예를 들면, '빈곤의 덫'은 적극적인 복지정책에 의해 빈곤이 오히려 증가하므로 국가가 개입해서는 안 된다는 해석을 제공한다.

〈표 6〉 기본소득 도입에 상대적으로 중요한 대안

구분	도입을 위한 대안	상대적 중요도 순위
급여수준	1인당 최저생계비 수준	1
	최저임금 수준	2
	전체 가구 중위소득의 60% 수준	3
	1인당 연간 가처분 소득의 50% 수준	4
수급자격	등록 장애인	1
	국내 거주 모든 개인	2
	65세 이상 노인	3
	18세 미만 아동	4
	15세 이상 29세 이하 청년	5

출처: 이명현(2010:433-457)에서 재구성함.

〈표 7〉 기본소득의 빈곤 완화 및 소득 재분배 효과 (단위: %)

빈곤 완화 효과	전체	노인	여성	아동
시장소득	15.0	38.1	30.7	7.71
공적이전 소득 후	6.9(54.00)	17.2(54.86)	13.3(56.68)	3.73(51.62)
세금 납부 후	7.7(48.67)	18.1(52.49)	14.1(54.07)	4.40(42.93)
표준형 기본소득 이전 후	1.4(90.67)	2.6(93.18)	3.4(88.93)	0.76(90.14)
노인 중심형 기본소득 이전 후	0.8(94.67)	0.1(99.18)	1.0(96.74)	0.77(90.01)
부분 기본소득 I 이전 후	4.1(72.67)	10.7(71.92)	9.5(69.06)	1.35(82.49)
부분 기본소득 II 이전 후	7.5(50.00)	19.4(49.08)	16.3(46.91)	2.99(61.22)

소득 재분배 효과	1분위	2분위	3분위	4분위	5분위
시장소득	1.5	8.9	16.1	24.9	48.3
공적이전 소득 이전 후	2.5	8.3	13.5	20.1	55.3
세금 납부 후	2.3	8.5	13.6	19.9	55.3
표준형 기본소득 이전 후	4.1	11.3	18.0	24.8	41.5
노인 중심형 기본소득 이전 후	4.5	11.5	17.9	24.7	41.1
부분 기본소득 I 이전 후	3.6	10.9	17.8	24.9	42.5
부분 기본소득 II 이전 후	3.0	10.5	17.4	25.0	43.8

주: 수치는 빈곤율이고, ( ) 안의 수치는 빈곤 완화 효과임.
출처: 김교성(2009:33-58)을 참조하여 재구성함.

도 중요하다(Schmidt, 2002:230). 양 차원에서 인기 있고 올바른 정책담론이 정치 엘리트와 시민 사이의 커뮤니케이션과 조정 과정을 거쳐 높은 지지를 얻어 유통된다면 기본소득의 제도화 가능성은 더욱 높아질 것이다.[27] 이를 위해서는 복지동맹을 통해 사회적 승인을 획득하기 위한 평등과 재분배의 정치가 필요하다. 또 자본주의가 낳은 구조적 불평등에 대항하는 급진적 정치가 실현되어야 한다.

〈그림 4〉 기본소득의 정치적 실현 과정

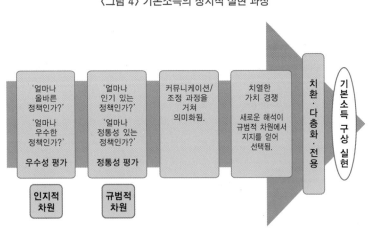

3. 멀지만 가까운 미래

복지국가가 개인의 자유에 대한 잠재적인 위협으로 받아들여지고 혁신과 독립에 대한 장애물로 간주되는 사회에서는 기본적인 사회서비스 이외에는 가능한 스스로를 부양하는 방법이 선호될 것이다. 이와 같이 제한된

---

27 스트리크(Streek)가 제시한 제도적 이행 방향으로서 치환(substitution), 다층화(multilayer), 전용(conversion)이 활용될 수 있다.

최소국가에서의 기본소득은 개인의 노동 동기와 생산성을 저해하지 않는 형태가 될 가능성이 높다. 그렇지만 국가는 위험한 체제가 아니며 오히려 개인의 자유가 국가를 통해 증진될 수 있는 부분도 있다. 따라서 사회의 다른 집단들 간의 요구를 중재하고 동등한 기회와 연대를 증진시키는 역할이 강화되어도 시장의 효율적 작동을 방해하지 않는다면 자유주의 복지국가와 기본소득의 양립은 불가능한 것이 아니다. 이때의 기본소득은 급여수준도 최소한이며 노동조건이나 소득 및 재산조건이 수반될 것이므로 자본주의에 포섭되어 최적화된 '제한된 기본소득'이라 생각된다.

사회를 개혁하고 보다 평등주의적 삶을 창조하기 위하여 국가에 의존하려는 사람들은 극단적인 불평등을 단순히 완화하기보다는 코뮌적 사회를 평화롭고 점진적으로 도입하기 위하여 복지국가를 활용할 것이다. 평등주의적 복지국가를 형성하는 것이 중요한 과정이지만 현실에서 그것이 더 이상 불가능하고 동력을 상실했을 때 활력을 주는 제도적 수단으로서 기본소득을 요구할 것이다. 즉 복지국가가 시민들의 평등한 자유를 위하여 사회구조를 전환하는 데 효과적인 기제로는 자본주의를 순화시키는 '평등주의적 기본소득'이 제격이다. 여기서 평등하다는 것은 누진세를 통해 고소득자에게 무거운 세금을 매겨 기본소득 재원으로 하여 모두에게 평등하게 나눠 주는 보편수당 성격이 반영되어야 함을 의미한다.

그렇지만 복지국가가 나쁜 경제와 사회체제를 보호한다는 매우 급진적인 사고를 가진 사람들 입장에서는 불평등과 착취를 구조화하는 자본주의, 가부장적인 국가, 자본주의와 산업주의의 파괴적 본성 때문에 복지국가는 더 이상 매력적이 아니다. 임금노동 계층이나 소수 부자들의 이익을 대변하는 제한적인 가치만 반영하는 국가체제이다. 이런 정책들은 단기적으로는 사람들을 이롭게 할지 모르지만, 보다 평등한 세상을 만들기 위해서는 근본적인 변화가 필요하다. 가장 이상적인 형태의 완전 기본소득을 도입한다면 대안적 경제와 이상사회를 만들 수 있다. 이들에게 복지국가는 단지 기득권을 보호하고 생태적이고 대안적인 코뮌사회에 대한 요구를 둔감하게 만드는 환영(illusion)에 불과하다.

그런데 많은 논란이 있음에도 불구하고 기본소득 구상은 지구적 규모에서 전진하고 있다. 특히 진보적 기본소득의 개념이 자본주의 최전선을 주도하는 미국에서 창안되었다는 것은 우리들을 매우 당혹스럽게 한다. 1968년에 폴 새뮤얼슨, 갤브레이스 등 경제학자 1,200명과 함께 기본소득 도입을 촉구한 토빈은 1972년에 조지 맥거번 민주당 대통령 후보의 자문으로서 대선강령에 보편적 기본소득 계획을 포함시켰다. 하지만 그 계획은 당시 닉슨 공화당 후보의 승리로 빛을 보지 못하였다. 유럽의 경우에는 1980년대 네덜란드에서 기본소득 논의가 부상하였고, 1984년 빠레이스의 주도로 그와 뜻을 같이하는 연구자와 노동조합 활동가들이 단체를 만들었다. 이후 1986년 루뱅대학에서 열린 학회에서 기본소득유럽네트워크(BIEN)가 결성되었고, 2004년에는 전 세계로 대상을 확대하여 기본소득지구네트워크(Basic Income Earth Network, BIEN)로 결성되었다. 이 네트워크를 창설한 경제학자 가이 스탠딩은 2012년 초에 인도에서 시작한 기본소득 실험에 참여하고 있다. 독일에서 기본소득 논쟁은 가장 활발하게 전개되는데, 12년 동안 트레일러에서 생활하다 독일 북부에 정착한 수잔 비스트의 영향이 컸다. 독일에서 가족수당을 과세소득에 포함시키는 세제 개혁안이 발표되었을 때 분노가 폭발했다고 한다. 그녀는 스위스 독일어 지역에서 기본소득을 위한 운동조직을 창립한 해니와 슈미트와의 만남을 계기로 기본소득 개념에 눈뜨게 되었다고 한다. 이후 도입 서명운동을 전개하여 큰 성공을 거두었고, 2010년에는 독일 하원에서 관련 토론까지 벌어지게 된다. 프랑스의 경우, 법제화 과정에서 상당 부분 축소되긴 했지만, 1988년 최저통합수당(RMI) 도입 당시에 사회가 구성원에게 기본적인 생존수단을 제공해야 한다는 논의가 의회 내 토론의 주된 주제였다. 생산 과잉 사회에서 모든 개인은 인간다운 삶을 누릴 권리가 있으며 그것을 획득하기 위해 굳이 스티그마를 견뎌 내야 할 필요는 없다(『르몽드 디플로마티크』 2013년 5월호, 16면).

이와 같이 기본소득에 대한 좌·우파로부터의 비판은 그것이 등장하는 미래를 매우 멀게 느끼게 한다. 또한 현실에서의 기본소득 동향도 사회·경제적 상황에 영향을 받아 변동 폭이 커지는 등 매우 혼란스러운 상황을 연출하고 있다. 예를 들어, 기본소득 뉴스레터(www.basicincome.org)에서 알리는 소식에 의하면 알래스카의 사회배당(Permanent Fund Dividend, PFD)은 2012년 지급된 양이 전년도 1,174달러에 비해 실망스러운 878달러로, 2005년 이후 가장 적은 배당금을 기록했다고 한다. 지난 5년간 국제 주식과 채권시장의 불황 때문에 배당금이 하락한 것이다. 네덜란드에서는 2012년 선거에서 무조건적 기본소득을 공약으로 내건 정당들이 의회에서 단 한 석도 건지지 못하였다. 선거 보도의 쟁점으로서 혁신정당이 주장하는 완전 기본소득은 아무런 관심을 끌지 못하였으며, 주요 정당과 몇몇 소수 정당의 지도자에게만 뉴스와 인터뷰가 집중되었다. 브라질의 시민 기본소득제는 2002년 상원에서, 2003년에는 하원의 '헌법과 정의 위원회'에서 만장일치로 통과되어, 세계 최초로 2004년에 '시민 기본소득법률'로 도입되었다. 브라질도 모든 국민과 최소한 5년 동안 브라질에 거주한 외국인 모두에게 기본소득을 지급하고자 하였지만, 연방정부에 의해 재원을 조달하면서 '가능한 예산의 범위 안에서' 2005년부터 단계적으로 실행한다는 단서 조항으로 지금까지 완전히 실행되지 못하고 있다. 재정적 문제도 큰 원인이지만, 구체적인 해결책을 제시하지 못하는 새로운 제안들이 정치적 인센티브 효과를 촉발시키지 못한 것이 중요한 원인이라 할 수 있다.

하지만 지구 한편에서는 여전히 기본소득에 대한 정반대의 희망적인 도전들이 동시에 전개되고 있다(www.basicincome.org). 우리는 전혀 황당무계한 실현 가능성 제로의 구상들을 주장하는 것이 아니라는 것을 확인할 수 있다. 인도에서는 기본소득 실험 프로젝트가 긍정적 결과를 낳고 있다.

1년 이상 국제연합 아동기금(UNICEF)의 지원을 받은 인도의 자영여성연합(Self Employed Women's Association)은 농촌에서 현금 지원 프로젝트를 실행하였다. 8개 지역의 성인 거주민이 매월 200루피(3.75달러), 아이들은 100루피의 현금을 조건 없이 지원받았다. 이들은 원하는 것은 무엇이든 돈으로 할 수 있었다. 그 결과 영양·건강·교육·주거·기반 산업과 같은 경제활동이 활발해지고 소비가 촉진되었다. 또한 교육과 관련된 지출이 증가되어 학교 출석이 실험군 지역보다 세 배까지 향상되었다고 한다. 핀란드에서는 2013년 2월 1일, 무조건적 기본소득 캠페인이 시작되었다. 시민발의(citizen's initiatives)를 목표로 역사적인 운동이 시작된 것이다. 시민발의에는 약 550만 인구 중 5만 명의 서명이 요구되는데, 첫날의 결과는 3,100명 이상의 전자서명과 약 100명의 종이서명이 이루어졌다. 발의에서 기본소득을 강조하는 이유는 노동시장의 구조적 불확실성 때문이다. 기본소득을 통해 보다 평등하고 정의로운 복지국가를 만들기 위해 핀란드 시민들은 의회 구성원들이 법안 도입을 준비하라고 요구하는 것이다. 나미비아에서 2년간 진행된 기본소득 급여 실험 프로젝트는 더 이상 기금 지원이 이루어지지 않으면 지속될 수 없을 것이다. 나미비아 정부가 인수하여 제도화할 가능성은 없어 보이지만, 기본소득 실시에 대한 전망은 다음 선거 이후에는 더욱 높아질 것이라고 한다. 국제연합의 특별보고자인 세풀베다(Magdalena Sepulveda)도 나미비아를 방문하여 가능한 한, 빨리 기본소득보장을 이행할 것을 요구하였다. 남미의 경우, 라틴아메리카 의회(Parlamento Latino Americano)가 2012년 11월 30일 파나마시티에서 열린 회합에서 '기본소득 법체계 초안(Draft Basic Income Framework Law)'을 승인하였다. 라틴아메리카 의회는 유럽 의회와 유사한 초국가적 당(transnational party)이다. 법 초안은 라틴 아메리카와 캐리비언 연안국을 포함한 23개국의 모든 의회를 망라한 모형으로 제시되었다(www.basicincome.org). 북미에서도 캐나다 매니토바(Manitoba)주에 있는 인구

10만 명의 도시 도핀(Dauphin)에서 1975~1979년 소득보장 정책이 시범적으로 실시됐다. 결과 분석을 담당한 연구원 에블린 포겟은 입원 환자 수가 크게 줄고 고등학교 졸업 뒤 대학에 입학하는 학생 수가 늘어난 것에 주목했다(『르몽드 디플로마티크』 2013년 5월호, 15면).

이와 같이 지구적인 규모에서 본다면 기본소득의 제도화는 진행되고 있는 미래이다. 기본소득 구상에는 이미지를 환기시키는 독특한 매력이 숨어 있다. 그 이유는 일체의 사회보장제도를 폐지하고 소득에 관계없이 시민에게 동일한 현금을 지급하는 공정한 작은 정부를 지향하는 데 있다고 생각된다. 따라서 사회의 형태를 근본적으로 재검토하여 새로운 것을 찾아내야 한다. 사실 20세기 이데올로기 대결의 양축을 이루었던 자본주의와 사회주의는 노동중심주의를 공유하면서 재분배를 해 왔지만, 기본소득 구상은 이에 대해 문제를 제기하고 있는 것이다. 노동 없는 현금 급여라는 단순명쾌한 논리는 흡인력을 가진다. 그러나 지금까지 논쟁 검토를 통해서도 드러나듯이 최저보장을 초월하는 충분한 기본소득으로 소득보장제도를 대체하려는 원리주의적 기본소득은 실현 가능성과 지속가능성에 의문이 제기되는 것도 사실이다.

사실상 기본소득 주장자들이 스테이크홀더 급여(stakeholder grant)나 시간 제한형 기본소득 등 근로와 교육 등 생산적 활동과 연계시키는 수정형 기본소득을 제시하고 있는 것도 실현 가능성을 높이기 위한 타협책을 제시하는 것이다. 한편 기본소득의 극단에 있는 워크페어형 정책 중에도 근로의무보다도 그 지원에 역점을 둔 활성화 제도가 북유럽을 중심으로 전개되고 있으며 미국에서도 이를 시도한 적이 있다. 이렇게 보면, 이미 앞서 지적한 바와 같이, 노동시장과의 연결을 고려한 기본소득과 강제력을 배격하고 지원을 강화한 활성화론을 연결하는 것이 실현 가능성을 높이는 방향이라 생각된다.

기본소득의 형태를 유연하게 생각하고 부의 소득세까지 넓혀서 받아들이면 기본소득과 워크페어의 범위는 상당 부분 중복될지도 모른다. 이와 관련하여 이미 역사적 경험은 존재한다. 워크페어란 용어는 닉슨 대통령의 연설문 작성자가 이를 사용하면서부터 확산되었다는 것은 잘 알려져 있다. 이때 동시에 부의 소득세 도입도 추진되었다. 민주당의 존슨 정부에서도 경제기회국(OEO)에서 부의 소득세가 제기되어 1968년에 설치된 대통령 특별위원회에서 검토되었다. 그리고 존슨 정부를 이은 닉슨 정부에서 보고서가 제출되었다. 닉슨이 아이디어를 AFDC 수급자에게 근로를 의무화하는 워크페어 제도와 함께 의회에 제안하여 최종적으로는 부결되었지만, 그 후에도 다양한 제안이 계속되어 1975년에 급여 조건부 세액공제(EITC)가 도입되었다. EITC와 기본소득의 거리는 매우 크지만, 적어도 계보상으로는 워크페어와 토빈의 구상 등에 연원을 둔 최저소득보장 구상과 기본소득이 동반자 관계에 있다고 할 수 있다. 우리나라에는 EITC가 2008년에 도입되었고 영국과 프랑스, 벨기에 등에서도 이미 유사한 제도가 도입되었다. 이런 흐름은 무엇을 의미할까?

다시 말하지만, 20세기형 복지국가의 기본적인 구도는 대체형 소득보장이었다. 즉, 정규직에 고용된 시민이 가족을 부양할 수 있는 임금을 벌어들여 생활을 유지하는 것이 전제되었던 것이다. 생활양식에 예상되는 전형적인 리스크, 즉 실업이나 산재 등으로 소득이 중단되었을 때 그 소득을 전체적으로 보장하는 '대체형 소득보장'이라 할 수 있다(Marx, 2007). 하지만 오늘날 노동력의 재생산 자체가 지속될 수 없는 상황에서 대체형 소득보장은 일부 중심적인 노동시장 이외에는 기능할 수 없다. 대체하는 임금수준 자체가 생활 유지에 부족할 경우, 실업이나 산재와 같은 리스크의 출현 이전에 생활유지는 항상 어려울 것이다. 무리하게 오래된 제도를 적용하면 공공부조의 부담만 높아져 사람들을 노동시장으로부터 배제하는 결과를 초래하기 쉽다. 따라서 보통 시민들의 낮은 임금을 공적으로 보완하는 소득보장의 기능이 중요하게 된다.

발상을 전환하여 노동 중심의 워크페어를 배격할 것이 아니라 그것을 안정시키기 위한 기본소득적인 보완형 소득보장과 상승관계를 조성하면서 제도 개혁을 최대한으로 추구하는 것도 현실적인 전망이라 할 수 있다. 물론 모든 조건형 소득보장을 완전히 대체하려는 아이디어 그 자체는 기본소득형 자본주의의 급진적 형태라 할 수 있다. 하지만 서비스를 강화하고 강제의 정도는 약화시키는 활성화와 수정형 기본소득을 조합시키는 방향은 노동 동기를 보강하기보다 노동시장 외부에서 교육이나 돌봄에 관한 시간을 넓히면서 패러다임을 바꾸는 것이 목표이다. 이런 방향은 일과 생활의 양립을 지향하는 소득보장을 통해 노동생산성 확보나 고진로(high-road) 산업으로의 이행에도 유리할 것이다. 임금노동 중심주의와 생산주의를 개혁할 수 있다는 의미에서 '노동 친화적·활성화형 기본소득'으로 되어야 하며 가장 유력한 형태는 시간 제한형 기본소득이라 생각된다. 이 유형은 생산주의를 극복하기 위한 생태 친화적 성격을 띠며 자본주의 시장을 부정하지 않으면서도 탈노동을 지향하므로 어떤 이데올로기적 관점에서도 받아들여질 수 있을 것이다. 이미 우리는 앞선 내용에서 스웨덴의 근로안식년에서 그 싹을 엿볼 수 있었다. 화이트의 호혜성 주장과 관련해서도 소득보장의 이층구성 제안에서 1층은 노동의무를 부과하는 워크페어형 소득보장, 2층은 시간 제한형 기본소득으로 이층형 소득보장(Two-Tired Income Support) 구축을 통해 대안적 제도를 구축해 나갈 것을 제안하고 있다(White, 2003:203). 그는 복지를 계약으로 생각하는 공리주의적 입장을 견지하는 사람들과 실질적 자유주의를 지지하는 사람들 사이에서 복지 개혁에 대한 관점은 양극화되고 있다고 보았다(White, 2003:174). 이에 덧붙여 현실 노동시장의 변용 속에서 기존의 소득대체형 복지정책이 약화되고 있다는 사실에 주목해야 한다. 따라서 보수적 입장에서는 기존 복지국가의 기반에 노동 인센티브를 유지하면서 부의 소득세나 EITC와 같은 제도를 추가적으로 확대하도록 요구할 가능성이 높다. 하지만 기본소득은 보다 더 기존의 노동을 초월하는 탈노동의 포섭 범위로 나아가야 할 것이다. 수정형 기본소득에 의해 기본소득의 실행 가능성을 높이려는 시도를 기본적으로 지지한다. 그러나 그러한 개량화가 급여수준을 철저히 낮게 하는 방향으로 간다면 기본소득은 낮은 보장을 정당화시키고 기존 급여체계의 한계를 덮고 가는 안전한 개혁에 머무르는 도구가 되고 말 것이다. 출발선으로서는 동의할 수 있지만, 이를 종착역으로 받아들여서는 안 된다.

복지국가 건설이 처음에 인간생활과 자본주의 생활원리의 모순 확대로 인해 야기된 노동과 가족을 재생하려는 대책이었다면, 현재는 그다음의 단계로 이행하는 과정을 밟아야 한다고 생각한다. 기본소득은 사회주의뿐만 아니라 자본주의와도 친화적으로 기능한다. 기본소득은 우리의 종착역이 될 수 없다. 오히려 이데올로기 기반이 다양한 정책 제안들과의 조합이 필요하다. 완벽한 만능 처방전으로 교조적이 될 필요도 없지만 실현 가능성 없는 허황된 공상으로 무시해서도 안 된다. 기본소득 도입이 가까운 미래에 다가올 보편주의적 복지국가의 첫 출발이 되어야 할 것이라 믿기 때문이다.

맺음말

어떤 약속을 할 수 있을까?

우리는 기본소득에 대해 어떤 약속을 할 수 있을까? 복지국가의 개혁원리로 주된 노선은 신자유주의적 전략이었다는 것은 널리 알려진 사실이다. 그를 추진한 이들이 하고자 했던 약속은 노동-복지 연계를 통해 시민복지를 시장 질서에 따라 자연스럽게 해결하겠다는 것이 아니었을까? 그약속을 지키기 위해서는 복지국가의 주된 역할 중에 하나였던 의료나 연금보장 등 사회보장 영역에서 시장화·영리화를 추진하고 급여 대상은 엄격히 축소하면서 급여 기간을 제한해야 한다. 사회보장 급여의 확대를 막기 위해 고용 지향형 사회보장을 장려하고 근로를 의무화하는 정책을 전면에 내세워야 한다. 근로를 회피하는 경향에 대해서는 급여 단절이나 축소와 같은 징벌적인 대응이 가해진다. 이 과정에서 급여 제공을 통해 자기실현을 지원하기 위해 활용하는 복지 관련 전문지식과 기술이 개입될 여지는 적어 보인다. 하지만 서비스 공급을 단절할 수는 없으므로 규제 완화로 영리부문을 내세워 공급 비용을 삭감하는 시도를 해야 한다. 이처럼 낮은 비용의 노동 공급을 양적으로 확대하려는 정책은 사회경제의 지속가능성을 유지하기 위해서 사후적 소득보장을 약속할 수밖에 없다. 가난한 사람들에게만 현금 급여를 실시하는 제도는 단지 저임금을 지탱하는 제도로, 완전 기본소득과는 목표 자체가 다르다. 하지만 기본소득으로 모든 것을 대체하기가 어렵다면 미래를 보완형 기본소득으로 약속하는 편이 현실적이지 않을까?

우리가 눈을 노동시장에서 벗어나 보다 넓은 사회공간으로 돌릴 경우, 고용이나 사회참가를 지원하는 서비스 공급에 관해서는 유럽대륙 국가들, 특히 이탈리아, 프랑스, 독일 등의 협동조합과 사회적 기업의 경험이 대안 마련에 큰 영감을 줄 수 있다. 사회적 시장과 자율적 노동이 결합된 그러한 형태는 기본소득이 지급되면 사회참가와 소득 증대의 양 측면을 모두 활성화시킬 것이다.

그런데 기본소득 도입이 오히려 소득격차를 크게 한다면, 대안적 복지 국가의 미래에 대한 약속은 신뢰성을 상실하게 될 것이다. 동일한 가치의 업무에는 동일하게 임금이 지불되며 주택과 교육, 의료 등은 무상으로 공급하고 공정하게 임금을 지불하는 것이 패키지로 구성된다면 기본소득 지급으로 사람들의 실질적 자유가 훨씬 더 크게 신장될 것이다. 물론 모두에게 지급되는 기본소득은 노동자들이 낮은 임금의 직업을 선택해도 살아갈 수 있도록 만들지만, 낮은 임금을 받고 일하지 않아도 될 자유를 약속한다. '고용주에 의한 낮은 임금＋낮은 기본소득(콤비임금)'으로 제도가 악용된다면, 기본소득을 보편적으로 적용하는 것은 착취를 정당화하는 계략이 될 수 있다. 우리가 대중에게 기본소득이 생존의 자유를 실현할 것이라 약속하면, 결국 그 수준은 욕망의 기대에 따라 매년 인상되어야 할 것이다. 혹자는 낮은 보편적·무조건적 기본소득일지라도 삶의 선택을 확장하고 든든한 안전판이 될 수 있다고 주장할지도 모른다. 기본소득이 있으면 사람들은 기꺼이 위험을 감수하면서 자영업이나 협동조합 기업을 시도하기도 하고 원하는 분야의 시간적 직업을 선택할 수도 있을 것이다. 불쾌한 정규직에 종사하도록 선택을 강요받지 않아도 살 수 있는 여유가 생길 것이다. 기본소득이 노동의 변용과 여가에 어떻게 대응하도록 약속해야 할까? 이는 해묵은 문제이지만 여전히 깔끔하게 해결하지 못하는 과제이다.

기본소득이 지향하는 사회는 책임과 자율 같은 사회적 기반을 중요시하며 건강하고 문화적인 생활을 유지할 수 있는 대안적 사회이다. 사람들의 생산적 노동뿐만 아니라 사회적 활동을 지원하며 그것들을 정직하게 평가하고 언제라도 인간의 존재를 지켜 나갈 수 있는 미래 사회의 청사진을 약속할 수 있어야 한다.

하지만 자본주의 임금노동을 무시해서는 안 된다. 기본적으로 인간은 노동을 통해 자기실현을 하고 일차적인 복지 욕구를 충족할 수 있다고 생각한다. 그렇다면 사회는 모든 인간이 노동을 향유할 수 있도록 환경적 조건을 충분히 정비할 의무가 있다. 노동환경이 충분히 정비되고 기본소득이 제공된다면 노동은 보다 인간의 이익에 적합하고 원하는 방식으로 되므로 사람은 자발적으로 일하려 할 것이다. 여기에는 이데올로기적 관점에 따라 제도 형태에 대한 논쟁은 있을 수 있지만, 근본적인 반대는 제기될 수 없을 것이다. 하지만 인간의 본질은 노동으로만 환원될 수 있는 것이 아니다. 여가도 또한 노동 이상으로 인간의 본질을 구성하므로 사회는 모든 인간이 여가를 향수할 수 있도록 기본소득을 지급하여 과잉 노동을 줄이고 여가를 자신의 생활에 맞게 선택할 수 있다. 이처럼 충분한 노동과 여가환경이 정비된다면 노동과 여가는 개인에게 있어서 순수하게 선택의 문제로 될 것이다. 실제로는 이와 같이 노동과 여가를 순수히 개인의 선택문제로 하려는 것이 이데올로기를 초월한 기본소득의 발상이라 할 수 있다. 이런 발상이 재정적으로 실현 가능해지기 위해서는 사람들이 선택한 노동과 여가가 사회 전체적으로 균형을 이룰 필요가 있다. 즉 총생산량이 기본소득 총량보다 낮아서는 곤란하다는 것이다. 따라서 사람들이 자발적으로 선택하는 노동에 따라 최대 기본소득의 수준이 변동하는 모델을 약속해야 한다. 하지만 총생산량이 낮아지고 기본소득이 형편없는 수준에만 머문다면 모든 사람에 대한 실질적 자유 보장은 무색해지고 만다. 이런 문제를 회피하기 위해서는 충분한 노동과 여가 환경하에서 개인들의 자발적인 노동-여가 선호를 존중하는 한편, 사람들 자신이 노동을 윤리적으로 받아들이는 일, 총생산량이 모든 사람의 실질적 자유를 충분히 보장하도록 실현되기 위하여 스스로 할 수 있는 만큼만 일하고, 나머지는 사회를 위해 제공하는 윤리를 수용할 필요가 있다. 이런 윤리는 자신의 만족이나 이익에 대한 배려를 넘어서 노동의 확장, 그 공적인 의미에 눈을 돌리게 하면서 동시에 이익으로도 연결될 가능성이 있다. 실제로 자신만을 위해서 일하려는 동기를 계속 유지하기는 매우 어려울 것이다. 단, 도저히 일할 의욕이 솟아나지 않을 경우도 있다. 노동시장의 임금 차별이 철폐되고 노동환경이 충분히 정비되고 윤리적 의무가 사람들에게 수용되었다고 해도 다양한 이유에서 개인이 진정으로 선택할 수 있는 노동은 한계가 있을 수밖에 없다. 그런 사람들에게도 독립과 책임, 자존 개념 등을 향수하면서 건강하고 문화적인 생활을 유지하기 위한 희망을 약속하는 것이 기본소득의 본질이다.

인간에게는 경제적 급여가 필요한 경우가 생긴다. 게다가 개인적 지원이나 주위의 도움에 의지할 수 없을 경우에는 공공의 지원이 필요하게 된다. 공적 지원의 특징은 많은 사람들로부터 자원을 제공받아 그것을 사회 속에서 필요로 하는 사람에게 이전하는 데에 있다. 이 경우의 사회는 국가의 범위를 넘어서는 것도 가능하다. 자원이전의 원리는 매우 단순하여, 여유 있는 데에서 필요로 하는 쪽으로 하는 것이다. 그 목적은 모든 인간에게 기본적 복지를 보장하는 데에 있다. 여기에서는 시장 메커니즘을 관철하는 공정기준, 즉 개인별 편익 총비용 대응관계를 상정한 후에 목적에 비추어 효과적으로 자원을 배분하는 것이 경제정책의 과제가 된다. 사람들은 총편익을 웃도는 총비용을 충당하기 위하여 일할 수 있을 때에는 일하는 윤리를 수용하여 공공적 총편익을 효과적으로 배분할 방법을 함께 고민해야 한다. 사회에서 배제되고 불이익을 당하는 사람들을 위해 기본소득은 배분 논리에 충실한 어떤 약속을 할 수 있을까?

오늘날 한국 사회에는 적어도 다음과 같은 종류의 불이익이 사람들을 공격하는 것 같다. 첫째, 특정 시점에서의 특정 개인의 결과적 상태를 가지고 포착하는 것이 반드시 적절하지 않은 경우이다. 예를 들어, 역사적인 부정의, 자연적·사회적 재해, 범죄에 노출된 사람들이 당하는 불이익은 애초부터 사회적 상황이 크게 다른 사람들에게 덧씌워진 것이다. 이 경우에는 결과에 주목하기보다도 불이익을 초래한 원인에 직접 초점을 두면서 당한 피해와 그에 대항하여 온 과정을 분석하는 편이 적절할 것이다. 둘째, 불이익을 초래하는 특정 원인이나 발생하기 쉬운 추가적인 필요를 특정화함으로써 얻는 불이익이다. 예를 들어 성, 연령, 장애, 국적, 취업상태, 가족구성, 한 부모, 불황기의 청년층 등 특정한 자연적 및 사회적 속성을 이유로 하는 불이익이 여기에 해당할 것이다. 이 경우에는 시장 외부에서 가격정보를 실마리로 하면서 그들의 속성으로 인하여 추가적으로 필요로 하는 재화나 서비스를 평가함으로써 불이익을 완화하기 위한 정책을 입안할 수 있다. 셋째, 특정 원인이나 속성 등으로 범주화하는 것이 곤란한 사람들이 받는 불이익이다. 어떤 개인이 지금 현재 당하고 있는 불이익이 될 것이다. 이 경우에는 특정 사회에서 생활하는 데에 있어서 결정적으로 중요한 제반 기능 — 쾌적한 의식주, 사회 활동과 미래 계획 설계 등 — 을 실현할 가능성, 즉 기본적인 잠재 능력을 특정화하면서 그것이 부족한 개인들의 능력을 보충하는 정책이 부각될 것이다. 기본적 잠재 능력의 부족은 소득이나 자산, 인적자원의 보유 상태나 본인의 자원 이용 능력 등에 관한 개인 정보를 기초로 측정할 수 있어야 한다(岡澤憲芙 外, 2007)

그동안 사회복지정책은 이러한 종류의 불이익을 상호 구별되지 않은 채, 특정 시점에서 어느 개인이 안고 있는 곤궁이나 부족과 같은 결과의 상태만을 강조해 왔다. 이와 같은 불리함을 안고 있는 사람들의 결과적 상태를 비교 평가하기란 기술적으로 곤란할 뿐만 아니라 규범적으로도 부적절하다. 왜냐하면 위의 세 가지 불이익들은 질적 차이가 있으며 이에 대응하는 경제적 급여는 형평성이나 평등성을 요구하는 까다로운 조건이 수반되므로 실제적으로 평가가 어렵기 때문이다. 따라서 조건을 가능한 한 최소화하여 지급하는 것이 효과적인 측면에서 더 뛰어나다고 생각된다.

결론적으로 기본소득의 실현 가능성과 관련해서도 다양한 불이익을 받고 있는 사람들에게 자원을 배분하기 위해서는 노동환경을 정비하고 근로가 가능한 경우에는 근로하는 윤리를 거부할 필요는 없다. 경제적 급여를 필요로 하는 사람들에게 자원을 배분하는 구조는 반드시 임금노동의 탈피가 필수적인 것은 아니라고 생각한다.

마지막으로 국민국가의 경계와 관련하여 기본소득에 대한 연구가 필요하다는 것을 지적하고 싶다. 누구나 대상으로 한다는 개념의 취약함을 지적하면서 실제로는 기본소득에 대하여 누가 기본소득을 수급할 권리를 가질 것인가에 대하여 명확하지 않다. 만일 주권 국가를 전제로 한다면 수익자는 국민, 즉 시민(＋장기체류자)가 될 것이다. 기본소득이 생존권으로서 고려된다면 시민 전원에 동등하게 분배되어야 할 것이다. 단지 부모나 다른 성인에게 부양받고 있는 미성년자의 경우, 강제노동으로부터의 자유는 확보되어 있으므로 급여액을 삭감하는 합리적 근거가 있다. 기본소득 수급자가 국내에 장기체재가 인정된 자를 포함한 모든 시민이라면 기본소득의 도입은 '모두에게'로 범위를 한정하기 위하여 국경의 벽을 높게 하는 흐름을 낳게 될 것이다. 즉 기본소득을 국내에 체재하는 자들에게 무조건적으로 지급한다면 가난한 국가로부터 이민이 쇄도하게 되므로 그것을 막기 위하여 이민정책이 엄격해질 가능성이 있다고 생각된다. 이런 우려를 불식시킬 수는 없다. 그러나 사람이 익숙하게 살아 왔던 땅을 떠나는 것은, 게다가 국경을 초월하여 말이나 문화도 다른 국가에 이주한다는 것은 지금까지 자신이 구축한 모든 것을 버리는 것이다. 특히 오랫동안 쌓아온 사회자본은 대체할 수 없다. 그러한 희생을 감수하면서까지 타국으로 이주하려는 동기를 제공하기에 기본소득이 충분한 급부가 될 것인가. 이민의 대부분은 자신의 국가에서 어떤 곤란에 빠져 있거나 가족이 이민국에 가 있는 등 개별적인 사정들을 모두 가지고 있다. 기본소득의 제공 여부와는 관계없이 그들이 모국을 떠나는 결정에 큰 영향을 주지 않을 것이다. 그러나 기본소득이 그들의 이민국을 선택하는 계기 중의 하나가 될 것이다. 그리고 그런 유인을 억제하기 위하여 입국심사를 엄격하게 하는 것은 확실한 방법이 될 수 있다.

단지 이 경우, 이민이 초래하는 경제적 혜택도 받을 수 없게 된다. 이민이 경제의 짐이 되지는 않는다는 것은 이미 증명된 사실이다. 라벤토스의 연구에 의하면, EU 15개 국가의 1994년부터 2004년 동안의 경제성장률은 만일 이민이 없었다면 평균 0.23% 내려간다. 그 하락률이 독일은 1.52%, 이탈리아는 1.17%로 평균보다도 더 저하된다(Raventós, 2007:195).

만일 이민을 받아들인다고 한다면 국적 취득 전의 이민에 대하여 기본소득을 지급하지 않기로 한다면, 기본소득의 무조건성은 어디까지나 국적을 가진 자로 한정될 것이다. 또한 이런 조건을 부과하면 이민은 기본소득을 취득한 자들이 거부할 수 있는 일에 값싼 노동력으로서 동원될 가능성이 높다. 결과적으로 완전시민과 이민 사이에 경계가 생기고, 이는 분단적 노동시장을 강화·재생산하게 될 것이다. 이민이 국민경제에 해를 끼치는 것이 아니라 오히려 경제성장에 기여하고 있다고 생각된다면, 기본소득을 시민권에 한정하지 않고 국내에 거주하는 모든 사람들이 누릴 수 있는 생존권으로서 확립할 수 있는 선택지가 생기게 된다.

이와 같이 기본소득도 복지국가와 마찬가지로 국민국가라는 벽에 직면하게 된다. 그러나 기본소득은 복지국가와 같이 정의상 국경을 초월할 수 없는 것은 아니다. 경제격차가 큰 국가 사이에서 공통 기본소득을 설정하기는 어렵겠지만, 국경을 초월한 경제권에서의 실현은 가능할 것이다. 또한 지역화폐에 의한 운영을 생각한다면 국경 내에서의 또는 국경을 초월한 기본소득권을 구상하는 것도 가능할 것이다. 국경을 초월한다는 의미에서는 국경을 파괴하는 경제행위에 대하여 국제적인 과세를 행하고 그것을 재원으로 하여 세계 버전의 기본소득을 구상하는 것도 가능할 것이다.

과연 기본소득은 복지국가를 초월할 것인가? 노동과 복지의 형태를 수정하여 개인의 선택의 자유를 높인다는 점에서 지금까지의 복지 체제로부터 한걸음 전진한 것이다. 그렇지만 기본소득은 복지국가의 유산 위에 세워져 있으며 복지국가를 결코 부정하는 것이 아니다.

참고문헌

| 국내 문헌 |

논문

곽노완(2007). "기본소득과 사회연대소득의 경제철학".『시대와 철학』. 18(2). pp. 83-218.

곽노완(2009). "신자유주의와 실질적 자유지상주의의 경제철학".『사회와 철학』. 18. pp. 1-32.

곽노완(2010). "여러 가지 기본소득과 21세기 변혁의 주체".『진보평론』. 45. pp. 44-78.

구인회·백학영(2008). "사회보장의 사각지대: 실태와 영향요인".『사회보장연구』. 24(1). pp. 175-204.

김교성(2009). "기본소득 도입을 위한 탐색적 연구".『사회복지정책』. 제36권 제2호. pp. 33-57.

김교성(2013). "한국의 복지국가, 새로운 좌표가 필요한가?",『사회복지정책』. 40(1). pp. 31-59.

김은하·박경하(2011). "대안적 복지국가 체제 구축을 위한 시론".『복지국가, 가능한 대안인가?』. 한국사회복지연구회 2011년 추계학술대회 자료집.

김환석(2006). "우리 사회 갈등, 해법은 없는가?".『새길이야기』. 서울: 도서출판 새길.

서정희(2008). "시민권 담론의 두 얼굴 - Marshall의 사회적 시민권에 대한 재해석을 중심으로".『사회복지연구』. Vol. 38. pp. 147-165.

신복기·이명현·강대선(2010). "한국에서의 기본소득 도입을 위한 우선순위 설정에 관한 연구".『한국 복지지형의 담론』(한국사회복지정책학회 2010 추계학술대회자료집). pp. 359-386.

심광현(2011). "기본소득, 노동(운동)과 문화(운동)의 선순환의 고리".『도시인문학연구』. 3(1). pp. 141-200.

은혜·연구공간 L(2010). "삶 정치적 기본소득을 위하여".『진보평론』. Vol. 45. pp. 99-117.

이명현(2010). "시민권과 기본소득". 『사회보장연구』. 26(4). pp. 433-457.

이명현(2007). "유럽에서의 기본소득 구상의 전개 동향과 과제 -근로안식년과 시민 연금 구상을 중심으로-". 『사회보장연구』. 제23권 제3호. pp. 147-169.

이명현·강대선(2011). "한국에서의 기본소득 도입을 위한 우선순위 설정에 관한 연구 -AHP 방법론을 적용하여". 『사회복지정책』. 38(2). pp. 39-64.

최종렬(2004). "신뢰와 호혜성의 통합의 관점에서 바라 본 사회자본". 『한국사회학』. 38(6). pp. 97-132.

단행본

김원섭(2013). 『복지 사각지대 현황과 해결방안』. 한국재정학회·한국조세연구원.

장지연 외(2011). 『노동시장 구조와 사회보장체계의 정합성』. 한국노동연구원.

전해영·조규림·오준범(2013). 『최근 10년간 일자리 구조 변화와 특징』. 현대경제연구원.

| 일본 문헌 |

논문

駒村康平(2007). 「就勞を中心にした所得保障制度」. 岡澤憲芙·聯合綜合生活開發研究所編, 『福祉ガバナンス宣言』. 東京: 日本經濟評論社.

宮本太郎(2004). 「ワークフェア改革とその代案 新しい連携へ?」. 『海外社會保障研究』. No. 147. pp. 41~55.

宮本太郎(2010). "二つの自由への福祉國家改革". 『自由への問い②社會保障』. 東京: 岩波書店.

福士正博(2006). "完全從事社會と參加所得-綠の社會政策に向けて". 『思想』. 第983号.

山崎望(2005). "再配置されるシティズンシップ". 『思想』. 第974号.

山森亮(2011). "生きていることは勞働だ". 『生活保障と支援の社會政策』. 東京: 明石書店.

関曠野(2010). "ベーシック·インカムをめぐる本当に困難なこと". 『現代思想』. Vol. 26-2. 東京: 靑土社.

立岩眞也(1998).「一九七○年」.『現代思想』. Vol. 26-2, 東京: 靑土社.

田村哲樹(2009). "足場とブレーキー希望の條件としてのベーシック・インカム". 東大社研・玄田有史・宇野重規 編, 『希望學4 希望の始まりー流動化する世界で』. 東京大學出版會.

田村哲樹(2010). "ベーシック・インカム, 自由, 政治的 實現可能性".『自由への問い② 社會保障』. 東京: 岩波書店.

단행본

Amartya Sen(1999).『不平等の再檢討』. 池本幸生ほか譯. 東京: 岩波書店.

Habermas, J.(1987).『コミュニケイション的行爲の理論(下)』. 東京: 未來社.

Werner, G. W.(2007).『ベーシック・インカム 基本所得のある社會』. 東京: 現代書館.

岡澤憲芙 外(2007).『福祉ガバナンス宣言』. 日本經濟評論社.

宮本太郎(1999).『福祉國家戰略 スウェーデンモデルの政治經濟學』. 東京: 法律文化社.

今村仁司(1998).『近代の勞動觀』. 東京: 岩波新書.

埋橋孝文(2011).『福祉政策の國際動向と日本の選擇』. 東京: 法律文化社.

武川正吾(2008).『シティズンシツプとベーシック・インカムの可能性』. 京都: 法律文化社.

武川正吾・宮本太郎(2012).『グロバリゼーションと福祉國家』. 東京: 明石書店.

福原宏幸(2007).『社會的排除/包攝と社會政策』. 京都: 法律文化社.

山森亮(2009).『ベーシックイ・ンカム入門－無條件給付の基本所得を考える』. 東京: 光文社新書.

小澤修司(2004).『福祉社會と社會保障改革』. 京都:高管出版.

岩田正美(2008).『社會的 排除 －參加の缺如・不確實かな歸屬』. 東京: 有斐閣.

日本財政法學會 編(2001).『社會保障と財政』. 東京: 龍城出版.

立岩眞也・齋藤拓(2010).『ベーシック・インカム －分配する最小國家の可能性』. 京都: 靑土社.

齊藤純一(2005).『自由』. 東京: 岩波書店.

King, Martin(1999).『黑人の進む道：世界は一つの屋根のもとに』. 東京: 明石書店.

村岡到(2010).『ベーシック・インカムで大転換』. 東京: ロゴス.

| 서양 문헌 |

논문

Arber, S. and Ginn, J.(1995). "The Mirage of Gender Equality: Occupational Success Within the Labour Market and Within Marriage". British Journal of Sociology. Vol. 46. No. 1. pp. 21-43.

Roemer, J.(1992). "The Morality and Efficiency of Market Socialism". Ethics. Vol. 102. pp. 448-464.

Brown, W. and Thomas, C.(1994). "The Alaska Permanent Fund: Good Sense or Political Expediency?". Challenge. September-October. pp. 38-44.

Bentham, J.(2006). "The IPPR and Demos: Think Thanks of the New Social Democracy". The Political Quarterly. 77(2). pp. 166-174.

Cohen, G. A.(1985). "Self-Ownership, World Ownership and Equality, Part 2". Social Philosophy and Policy. No. 3. pp. 77-96.

Cox, C. H.(1998). "The Consequences of Welfare Reform". Journal of Social Policy. 27(1). pp. 1-16.

Dore, R.(1996). "A Feasible Jerusalem?". The Political Quarterly. Vol. 67. No. 1. pp. 58-63.

Elster, J.(1987). "Comment on Van der Veen and Van Parijs". Theory and Society. Vol. 15. pp. 709-721.

Goodin. R. E.(2001). "Something for Nothing?". in Cohen, J. and Rogers, J. eds. (2001). What's Wrong with a Free Lunch?. Beacon Press.

Gorz, A.(1992). "On the Difference Between Society and Community, and Why Basic Income Cannot by Itself Confer Full Membership of Either". in Van Parijs, P.(ed.). Arguing for Basic Income. London: Verso.

Habermas, J.(1995). "Citizenship and National Identity". in Beiner, R. ed. Theorizing Citizenship. State University of New York Press.

Iversen T. and A. Wren(1998). "Equality, Employment and Budgetary Restraint: The Trirenma of the Service economy". World Politics. 49.

Meade, James(1984). "Full Employment, New Technologies and the Distribution of Income". Journal of Social Policy. Vol. 13. No. 2. pp. 129-146.

Meade, James(1990). "Topsy-Turvy Nationalisation." Basic Income Research Group Bulletin. No. 10. pp. 3-4.

Movimento Lotta Femminile, Padova(1971). "Programmatic: Manifesto for the Struggle of Housewives in the Neighbourhood". in Socialist Revolution. No. 9. 1972.

Offe, C.(1993). "A non-productivist design for social policies". in Coenan, H. & Leisnik, P.(eds). Work and citizenship in the new Europe. Aldershot: Edward Elgard.

Offe, C.(1996). "Full Employment: Asking the Wrong Question?". in Eriksen, E. O. and Loftager, J.(eds). the Rationality of the Welfare State. Oslo: Scandinavian University Press.

Offe, C.(1997). "Towards a New Equilibrium of Citizens' Rights and Economic Resources?". in OECD ed.. The Globalising Economy. OECD Publishers.

Offe, C.(2005). "Wasteful Welfare Transactions: Why Basic Income Security in Fundamental". in Guy Standing(ed.). Promiting Income Security as a Right: Europe and North America. Anthem Press.

Pateman, C.(2004). "Democratizing Citizenship: Some advantage of a Basic Income". Politics & Society. 32. pp. 89-105.

Rehn, Gösta(1977). "Towards a Society of Free Choice". in J. J. Wiatr and R. Rose(eds.). Comparing Public Policies. Ossolineum, Wroclaw.

Streek, W. and Kathleen, T.(2005). "Introduction: Institutional Change in Advanced Political Economies". in Wolfgang Streek and Kathleen Thelen eds. Beyond Continuity: Institutional Change in Advanced Political Economies. Oxford University Press.

Van der Veen R. J. & Van Parijs, P.(2006). "A Capitalist Road to Communism". Basic Income Studies. 1(1). pp. 22-35.

Van der Veen, R. J. & Van Parijs, P.(2006). "A Capitalist Road to Global Justice: Reply to Another Six Critics". Basic Income Studies, De Gruyter. Vol.1(1). p. 1-15.

Werding, M.(2005). "In Work Benefits: Curing Unemployment among the Low-skilled in Germany". in Saunders P.(ed.). Welfare to Work in Practice. Ashgate Publishing Limited.

White, S.(1997). "What Do Egalitarians Want?". in Franklin, J.(ed.). Equality. London: IPPR.

단행본

Atkinson, A. B.(1996). Income and Welfare State: Essays on the Britain and Europe. Cambridge: Cambridge University Press.

Bacon, R. and Eltis, W.(1978). Britain's Economic Problem: Too Few Producers. London: Macmillan.

Barnett, C.(1987). The Audit of War. London: Macmillan.

Beck, U.(1992). Risk Society. London: Sage.

Beveridge, W.(1944). Full Employment in a Free Society. London: George Allen & Unwin.

Brittan, S.(1995). Capitalism with a Human Face. Aldershot: Edward Elgar.

Brittan, S. and Webb, S.(1990). Beyond the Welfare State. Aberdeen: Aberdeen University Press.

Commission on Social Justice(1994). Social Justice: Strategies for National Renewal. London: Vintage.

Crosland, A.(1956). The Future of Socialism. London: Leonard Parsons.

Dean, H.(2002). Welfare Rights and Social Policy. New York: Prentice Hall.

Dryzek, John S. and Patrick Dunleavy(2009). Theories of the Democratic State. Palgrave Macmillan.

Esping-Andersen, G.(1990). The Three Worlds of Welfare Capitalism. Cambridge: Polity Press.

Esping-Andersen, G.(1999). Social Foundations of Postindustrial Economies. Oxford: Oxford University Press.

Fitzpatrick, T.(1999). Freedom and Security: An Introduction to the Basic Income Debate. London: Macmillan.

Fitzpatrick, T.(2003). After the New Social Democracy: Social Welfare for the Twenty-First Century. Manchester University Press.

Fraser, D.(1984). The Evolution of the British Welfare State. London: Macmillan.

Fraser, D.(1997). Justice Interruptus. Cambridge: Polity Press.

Freedman, Milton(1962). Capitalism and Freedom. Chicago: University of Chicago Press.

George, V. and Wilding, P.(1976). Ideology and Social Welfare. London: Routledge and Kegan Paul.

Ghai, D. ed.(2006). Decent Work: Objectives and Strategies. International Labour Office.

Ginsberg, N.(1979). Class, Capital and Social Policy. London: Macmillan.

Gorz, A.(1985). Critique of Economic Reason. London: Verso.

Green, D.(1993). Reinventing Civil Society. London: IEA.

Gutmann, A. and Thompson, D.(1996). Democracy and Disagreement: Why Moral Conflict Can not be Avoided in Politics and What Should be Done about It. The Belknap Press and Harvard University Press.

Habermas, J.(1975). Legitimation Crisis. London: Hutchison.

Hayek, Freidrich August von(1944). The Road to Serfdom, George Routledge & Sons.

Hayek, Freidrich August von(1960). "Freedom in the Welfare State". in The Constitution of Liberty. University of Chicago Press.

Hayek, F. A.(1976). Law, Legislation and Liberty. Vol. 2. London: Routeledge.

Hobson. B & Lister. R.(2002). Citizenship in Barbara Hobson. Jane Lewis and Birte Siim eds. Contested Concepts in Gender and Social Politics. Edward Elgar.

Jordan, B.(1987). Rethinking Welfare. Oxford: Blackwell.

Jordan, B.(1989). The Common Good. Oxford: Blackwell.

Kymlicka, W. & Norman, W.(1995). Return of the Citizen: A Survey of Recent Work on Citizenship Theory in Beiner ed. Theorizing Citizenship. State University of New York Press.

Lange, O. and Taylor, F. M.(1938). On the Economic Theory of Socialism. Minneapolis: University of Minnesota Press.

Lister, R.(2003). Citizenship: Feminist Perspectives. New York University Press.

Lodemel, I. and H. Trickey eds.(2001). 'An offer you can't refuse': Workfare in international Perspective. The Policy Press.

Marshall, T. H. & Bottomore, T.(1992). Citizenship and Social Class. Pluto Press.

Marshall, T. H.(1981). The Right to Welfare. London: Heinemann.

Marx, Ive.(2007). A New Social Question?: On Minimum Income Protection in the Postindustrial Era. Amsterdam University Press.

Miliband, R.(1994). Socialism for a Sceptical Age. Cambridge: Polity Press.

Mishra, R.(1977). Society and Social Policy. London: Macmillan.

Morgan, P.(1995). Farewell to the Family?. London: IEA.

Nadasen, P.(2005). Welfare Warriors: The Welfare Rights Movement in the United States. New York: Routledge.

Negri, A.(1989). The Politics of Subversion: A Manifesto for the Twenty-First Century. Cambridge: Polity Press.

O'Neill, J.(1993). Ecology, Policy and Politics. London: Routledge.

OECD(1999). Benefit Systems and Work Incentives.

OECD(2005). Employment Outlook.

Offe, C.(1984). Contradictions of the Welfare State. London: Hutchison.

Offe, C.(1985). Disorganised Capitalism. Cambridge: Polity Press.

Paine, T.(1795-1996). "Agrarian Justice". in The Pioneers of Land Reform. Thomas Spencer. William Ogilvie·Thomas Paine. Introduction by Max Beer. London: Bell and Sons. 1920, 四野宮三郎譯(1920). 『近代土地改革思想の原流』. お茶の水書房.

Paine, T.(1969). Rights of Man. Harmondsworth: Penguin.

Pateman, C.(1987). The Sexual Contract. Cambridge: Polity Press.

Pateman, C.(1989). The Disorder of Woman. Cambridge: Polity Press.

Peck, J.(2001). Workfare State. New York: The Guilford Press.

Pierson, C.(1991). Beyond the Welfare State?. Cambridge: Polity Press.

Philippe Quirion(1995). Les justifications en faveur de l'allocation universelle: une presentation critique. pp. 2-3.

Quaid, M.(2002). Workfare: Why Good Social Policy Ideas Go Bad. University of Toronto Press.

Raventós, D.(2007). Basic Income: The Material Conditions of Freedom. London: Pluto Press.

Rawls, J.(1972). A theory of Justice. Oxford: Oxford University Press.

Rawls, J.(2001). Justice as Fairness: A Restatement. ed. Erin Kelly. Harvard U. P.

Rimlinger, G.(1971). Welfare Policy and Industrialization in Europe, America and Russia. New York: John Wiley & Sons.

Robertson, J.(1974). Profit or People?. London: Calder&Boyars.

Robertson, J.(1985). Future Work. London: Gower/Maurice Temple Smith.

Robertson, J.(1989). Future Wealth: A New Economics for the Twenty-first Century. London: Cassell.

Roemer, J.(1994). A Future of Socialism. London: Verso.

Russell, B.(1966). Roads to Freedom. London: Unwin.

Sarfati, H. and G. Bonoli eds.(2002). Labour Market and Social Protection Reforms in International Perspective: Parallel or converging tracks?. Ashgate Publishing Limited.

Schmidt, V. A.(2002). The Future of European Capitalism. Oxford University Press.

Suplicy, E. M.(2010). The Citizen's Basic Income: A very nice proposal for Brazil and Korea. Basic Income for All. Seoul Basic Income International Conference. pp. 147-169.

Tawney, R. H.(1931). Equality. George Allen & Unwin.

Taylor-Gooby, P. and Dale, J.(1981). Social Theory and Social Welfare. London: Arnold.

Titmuss, R.(1974). Social Policy: An Introduction. London: Allen & Unwin.

Van Parijs, P.(1995). Real Freedom For All: What can Justify Capitalism. Oxford University Press.

Vic George & Paul Wilding(1976). Ideology and Social Welfare. London: Routledge & Kegan Paul.

Walter, T.(1989). Basic Income: Freedom from Poverty, Freedom to Work. London: Marion Boyers.

Walzer, M.(2004). Politics and Passion: Toward a More Egalitarian Liberalism. Yale University Press.

White, S.(2003). The Civic Minimum: On the Right and Obligations of Economic Citizenship. Oxford University Press.

Wilkinson, Richard G.(2005). The Impact of Inequality: How to Make Sick Societies Healthier. The New Press.

Wilson, S.(2004). The struggle over Work: The End of 'Work' and Employment Alternatives for Post-industrial Societies. London and New York: Routledge.

| 국내외 인터넷 자료와 잡지, 신문 기사 |

강남훈. "2012년 기준 한국형 기본소득 모델". 인터넷 게재 자료. 기본소득한국네트
　　워크 인터넷 카페(http://cafe.daum.net/basicincome).
최병호. "빈곤정책, 수요자 중심으로 개편되어야". 『한겨레신문』 2013년 5월 13일자.
　　한겨레 인터넷신문(http://www.hani.co.kr/arti/opinion/because/587199.html).
통계청. 「2012년 1월 고용동향」. 사회통계국 고용통계과 보도자료. 2012년.
"각국에서 시행되는 기본소득제". 『르몽드 디플로마티크』 2013년 5월호. 한국판 제56호.